程砚秋画传

主编 周庆富

文化艺术出版社
Culture and Art Publishing House

图书在版编目（CIP）数据

程砚秋画传 / 周庆富主编. -- 北京：文化艺术出版社, 2024. 10. -- ISBN 978-7-5039-7731-2

Ⅰ. K825.78-64

中国国家版本馆CIP数据核字第20247CC902号

程砚秋画传

主　　编	周庆富
责任编辑	刘　颖　赵吉平　李梦希
责任校对	董　斌
书籍设计	赵　蠹
出版发行	文化藝術出版社
地　　址	北京市东城区东四八条52号　（100700）
网　　址	www.caaph.com
电子邮箱	s@caaph.com
电　　话	（010）84057666（总编室）　84057667（办公室） 　　　　84057696—84057699（发行部）
传　　真	（010）84057660（总编室）　84057670（办公室） 　　　　84057690（发行部）
经　　销	新华书店
印　　刷	北京雅昌艺术印刷有限公司
版　　次	2024年10月第1版
印　　次	2024年10月第1次印刷
开　　本	787毫米×1092毫米　1/8
印　　张	69
字　　数	150千字　图片600余幅
书　　号	ISBN 978-7-5039-7731-2
定　　价	880.00元

版权所有，侵权必究。如有印装错误，随时调换。

《程砚秋画传》为中国艺术研究院2024年度基本科研业务费资助项目成果

编辑委员会

——

主　编　周庆富

编辑委员（按姓氏笔画排序）

王　礼　王　红　王　馗　刘　颖

刘晓辉　孙红侠　李　玲　李梦希

吴新苗　张　静　陈　曦　邵晓洁

周庆富　郑　雷　赵　蓉　赵　矗

赵景勃　徐福山　曹　川　斯日古楞

程受珩

编辑部

统　筹　王　馗　郑　雷

评传撰写　孙红侠

画传整理　李　玲

年谱编订　程受珩　曹　川

图片初选　刘晓辉

附录整理　韩雨晴

杂务处理　尹丹琦

序

中国戏曲研究院是中国艺术研究院的前身，创建于1951年4月3日。程砚秋先生是中国戏曲研究院建院时，由中央人民政府政务院任命的副院长，他生命后期的重要工作都融入到这里的学术、艺术体系建构之中。

作为京剧艺术的一代宗师，程砚秋先生最为人所熟知的是他的程派艺术。沉郁顿挫、幽咽婉转的程腔、程派，传承百年，浓缩了他苦痛的学艺经历，也展示了他独特的个人风格，更寄寓了他刚柔并济、爱憎分明的生命理想。20世纪30年代，他赴欧考察，开眼看世界，用世界眼光来观照传统戏曲的改良发展；他主持中华戏曲专科学校，用极具现代意义的戏剧观、教育观来培养戏曲新一代；他秉持独立的民族尊严，拒绝为侵略者演戏，避居京郊青龙桥躬耕务农……他的人格、艺品彰显了中国戏曲至为优秀的传统，也成为中国艺术研究院七十多年来传承不息的精神标识。

程砚秋先生对中国艺术研究院戏曲学术的贡献，不仅仅在于他创造的程派艺术，从20世纪50年代开始至今，一直是这里戏曲研究的重要课题；更重要的是他秉持的调查研究之风，一直渗透到戏曲学的方法中，与戏曲学多样的调查方法相映成趣，甚至与音乐、美术等学科的调查方法，共同展示着艺术学科各有差异的研究路径。

在中华人民共和国成立不久，程砚秋先生就开启了他对西北、华北、西南等地区的戏曲考察之旅。这些调研或者在所在地切实采访了解地方戏曲的传承，或者与老艺人共同切磋表演技艺，或者广泛搜集剧本文献和音乐资料，甚至还直接推动了十二木卡姆的录音整理工作。在西北调研过程中，程砚秋先生所做的调查工作，无论是资料储备，还是方法指导，都为中国戏曲研究院在成立之时的工作，奠定了重要的学科研究基础。他提出的《全国戏曲调查计划大纲》《全国戏曲总志》《中国戏曲通典》《中国戏剧史》《中国音乐史》《中国歌曲史》等学科设计和方案纲要，全面观照中国戏曲，已然为此后戏曲"一史一论"的著述，"戏曲志"、戏曲"大百科全书"的编撰，乃至近年才完成的戏曲普查工作，做了长远和理性的规划。

2024年是程砚秋先生诞辰120周年，戏曲研究所的同人们延续此前编撰《张庚画传》《梅兰芳画传》《郭汉城画传》的创意，组织编撰《程砚秋画传》，以此缅怀前贤，致敬传统。2024年也是习近平总书记主持召开文艺工作座谈会十周年，中国艺术研究院正在努力按照总书记的倡导，积极构建有中国特色的艺术学学科体系、学术体系、话语体系，守正创新，勉力前行。《程砚秋画传》的编撰亦即戏曲研究所进行体系构建的重要内容。

中国艺术研究院院长
2024年8月22日

目 录

Contents

壹	程砚秋评传	001
贰	程砚秋画传	027
叁	程砚秋年谱	451
肆	附　录	487
伍	后　记	541

壹

程砚秋评传

程砚秋评传

孙红侠　撰写

程砚秋（1904年1月1日—1958年3月9日），原名承麟。满族，生于北京。早年艺名菊侬，后为艳秋，号玉霜，1932年改名为程砚秋，字御霜。程砚秋是杰出的京剧表演艺术家，京剧程派艺术的开创者。他从小接受传统梨园幼功训练，是京剧表演传统最忠实的继承者，又以艺术天赋和具有高度自觉性、创造性的艺术实践超越了传统，立足于传统戏曲完备而严整的美学体系与艺术积累，创建了京剧程派艺术，将京剧的旦行表演艺术推上了新的高度。

一、转益多师，创制程腔（1910—1924）

（一）卖身学艺

程砚秋6岁时家道中落，拜师荣蝶仙，签订"关书"，学艺8年，荣蝶仙为其赐名菊侬。荣蝶仙，原名荣春善，花旦兼刀马旦艺人，出自陆华云、胡素仙长春班。在程砚秋自己的回忆中，学艺经历是"童年时代最惨痛的一页"[1]，食宿由师父供给，但要做荣蝶仙家中的杂事，整个童年与少年都在辛苦中度过。和那个年代所有拜师学戏的伶人一样，程砚秋吃够了"打戏"的苦，荣蝶仙打的伤，于二十多年后考察欧洲时，才在德国医生那里得到了治疗。虽然学艺的经历使他身受创伤，但他对师父仍然恭敬有加，对于其技艺的传授，始终心怀感恩。

程砚秋跟随荣蝶仙练幼功，并习跷功、把子功、毯子功。丁永利以武戏《挑滑车》为他开蒙，荣蝶仙亲授头本《虹霓关》，后陈桐云教其花旦戏《打樱桃》《打杠子》《铁弓缘》。在随陈啸云学习青衣开蒙戏《彩楼配》时，陈根据程砚秋的嗓音条件，确定了他习唱功为主的青衣行当，又学《宇宙锋》与《祭江》《祭塔》《二进宫》。

1915年，11岁的程砚秋在浙慈会馆"借台"演出。浙慈会馆位于北京崇文门外三里河东大市，名票聚集的"春阳友会"与余叔岩、赵桐珊在那里演出。年轻的程砚秋起步于此，因老夫子陈德霖有"石头"之号，而他的嗓音酷似老夫子，得到"小石头"的美誉，这是赞

---

[1] 程砚秋：《我所走过的道路》，载中国戏曲研究院编《程砚秋文集》，中国戏剧出版社1959年版，第3页。

美少年程砚秋在嗓音上接近前辈，大有可期。

程砚秋第一次正式登台是在东安市场丹桂园，此后为"正乐三杰"之一的芙蓉草（赵桐珊）唱开场戏。这一阶段程砚秋初出茅庐少年成名，与孙菊仙合演《朱砂痣》《桑园寄子》，与刘鸿升合作《辕门斩子》，和女老生李桂芬合演《武家坡》《玉堂春》。

（二）受益瘿公

"热泪纵横怜叔老，苦心惨淡忆瘿公。"[1] 罗瘿公是程砚秋艺术生涯里最重要的良师益友，在程砚秋的回忆中，"如果没有罗老师对我的关心，对我的教育，就没有我的今天"[2]，"我之有今天，是全凭罗老师的心血浇灌"[3]。罗瘿公，号瘿庵，晚号瘿公，广东顺德人，生于北京，辛亥革命后出任总统府秘书等职。袁世凯称帝后，他选择退出政坛，辞官隐居而纵情诗酒。罗瘿公欣赏程砚秋的艺术才华，因而称赞他"除却梅郎无此才，城东车马为君来"[4]，"纷纷子弟皆相识，只觉程郎是可儿"[5]。对程砚秋艺术天赋的认可与欣赏，使他成为程早期艺途上的知音和艺术观念的同行者、引路人。

程砚秋进入倒仓期后，许少卿邀约程去上海演出，荣蝶仙应允。罗瘿公惋惜程砚秋的嗓子，借贷七百银元，为程砚秋赎身，让他提前一年从荣蝶仙处出师。仗义疏财的罗瘿公将彼时程砚秋之名"程菊侬"改为"程艳秋"，字"玉霜"，堂号"玉霜簃"。此后，罗瘿公为程砚秋制订了完备的学习计划：随京剧刀马旦、武旦艺人"九阵风"阎岚秋学皮黄，随昆旦乔蕙兰及昆曲笛师谢昆泉、张云卿学昆曲，所用工尺谱曲本由罗瘿公亲自手抄。基本功之外，程砚秋在罗瘿公的影响与安排之下修习书法，临摹《张猛龙碑》，和汤定之学习国画，和高紫云学习拳剑，素负诗名的罗瘿公则亲授诗词歌赋。

程砚秋得益于这个阶段的学习经历，武功为他之后的"剑舞"等提供了艺术创造的基础，昆曲的研习则让他在身段与唱念的技艺层面获得了更为规范和严

---

[1] 田汉：《悼党的戏曲战士程砚秋同志》，载中国戏曲研究院编《程砚秋文集》，中国戏剧出版社1959年版，第6页。
[2] 程砚秋著，程永江整理：《程砚秋日记》，时代文艺出版社2010年版，第49页。
[3] 程砚秋著，程永江整理：《程砚秋日记》，时代文艺出版社2010年版，第52页。
[4] 程永江编撰，北京市政协文史资料委员会编：《程砚秋史事长编》（上），北京出版社2000年版，第45页。
[5] 程永江编撰，北京市政协文史资料委员会编：《程砚秋史事长编》（上），北京出版社2000年版，第46页。

整的训练。罗瘿公给程砚秋的学习安排，重要的意义在于提高了程砚秋的文化修养。这种培养方式打下了程砚秋日后成为艺术大师的文化基础，更使他成为梨园中不多见的、具有学者与文人气质的艺术家。

（三）拜梅学王

罗瘿公着意让程砚秋拜梅兰芳为师，1919年，15岁的程砚秋拜25岁的梅兰芳为师。此后，梅兰芳亲传程砚秋《贵妃醉酒》，程砚秋为梅兰芳配演《上元夫人》《天河配》《大观园》《打金枝》等戏。

拜梅的同时，罗瘿公要程砚秋拜师王瑶卿。这不仅因为王是程按照梨园习俗在出师后要拜的最为适合的一位"带道师"，更重要的意图是希望他在大马神庙得到真传。程砚秋幼年时期音质纯清、嗓音高亢，但变音期出现了旦角演员最忌讳的共鸣位置后移而形成的闭口音，属于音色大忌。因为这种声音欠缺了京剧旦行嗓音最看重的宽亮和圆润，是"祖师爷不赏饭"了。王瑶卿几番思忖以后决定根据程砚秋的嗓音，在唱法方面另辟蹊径。《贺后骂殿》，又名《烛影记》，早期是以须生为主的老戏，后为陈德霖所擅，陈之后就几乎没人唱了，但王瑶卿觉得这个戏适合程砚秋的嗓音。《贺后骂殿》的身段脚步，王瑶卿都按照谢双寿的路子来，没有过多改动，他为程砚秋真正动的是唱法。王要求程重视吐字的出字、归韵、收声诸法，又务使字的头、腹、尾各部分过渡隐而不显，要求他的发声全部建立在用气息支持的基础上。虽有"鬼音"，但是在高音上用"脑后音"，将音量控制到细如游丝的程度，以表现委婉哀怨的情感。隐蔽缺点不如彰显优点，以四两拨千斤。这就是王瑶卿的高明之处，也是他对程砚秋点石成金的所在。王瑶卿亲授程砚秋的戏还有《二堂舍子》《芦花河》《雁门关》《武家坡》《三击掌》。

1923年到上海演出时，程砚秋把《贺后骂殿》作为打炮戏。这出不常见于舞台的戏，以程独特的委婉凄怆的唱腔与哀怨激越之情红遍上海滩，成为"程腔"的奠基之作。

（四）程腔初呈

"栽成桃李妍春日，制出声腔咽夜波。"[1]这是田汉悼念程砚秋时概括出的程砚秋艺术风格与演唱特色。

1　田汉：《悼党的戏曲战士程砚秋同志》，载中国戏曲研究院编《程砚秋文集》，中国戏剧出版社1959年版，第5页。

幽咽委婉、冠绝剧坛的程腔在1921年到1924年这一时期经历了初步的积累和成型，逐渐得以确立。这一时期，在罗瘿公为程砚秋记下的"玉霜簃剧目"中，程擅演的京昆传统戏与新编戏已达百出，他的合作者也渐渐覆盖了当时梨园几乎所有的名角儿。1920年，程砚秋搭余叔岩班，与余合演《打渔杀家》《审头刺汤》《御碑亭》等；与师父梅兰芳合演《天河配》《上元夫人》等。1921年，搭高庆奎、朱素云合组的庆兴社，演出于华乐园，与高庆奎合演压轴戏《游龙戏凤》，后合作昆曲大轴戏《奇双会》。

1922年至1923年间，是程砚秋由演出传统戏为主转向演出自己的独门新戏的转折期。1922年1月28日，正月初一，程砚秋独立挑班的"和声社"成立，老生有郭仲衡、刘景然，旦角有吴富琴、荣蝶仙，净行有郝寿臣、侯喜瑞，小生有金仲仁、王又荃，等等。独立挑班，对于程腔与程派的形成具有重要的意义。因为此后程砚秋开始开辟自己的戏路，编演自己的本戏。

和声社第一出戏是《龙马姻缘》。罗瘿公编剧、王瑶卿安腔，还请来魏喜云布置尺寸的轻重缓急，穆铁芬指导板式，乔蕙兰指导演唱技巧，阎岚秋排身段。正月十四，和声社打炮戏《龙马姻缘》演出于中和园（中和戏院旧称中和园），大获成功。这充分说明，程砚秋的程腔在创始之初是在众多表演传统的积累与推进中完成的。1923年3月10日，和声社演出《红拂传》，其中"见春光"一段的载歌载舞，末场【南梆子】的舞剑，直追梅兰芳《别姬》中的"剑舞"。这出戏的成功，继《龙马姻缘》后再次确立了程砚秋在剧坛的地位。1923年5月，和声社首演《花舫缘》，虽演绎的是唐伯虎惊艳追舟的旧传奇故事，但当时的小报却记载程砚秋的演出效果是"婉转清悠的唱腔，自然传出其满腔的幽怨"[1]。6月，和声社首演《花筵赚》，此戏由罗瘿公根据"香令风流成绝调"的明代传奇大家范文若的昆曲旧本而改为皮黄，被时评誉为"备极生动""做工精细极矣""做工白口均极隽美"[2]。1923年7月，程砚秋又推新戏两出，一出《贺后骂殿》，一出《鸳鸯冢》。如前所述，《贺后骂殿》是王瑶卿对程砚秋因材施教、点石成金之作。《鸳鸯冢》则是传统京剧中不多见的殉情悲剧，因其艺术性与文学性

---

[1] 程永江编撰，北京市政协文史资料委员会编：《程砚秋史事长编》（上），北京出版社2000年版，第118页。
[2] 程永江编撰，北京市政协文史资料委员会编：《程砚秋史事长编》（上），北京出版社2000年版，第120页。

而成为程派代表作。

这一期间，经过王瑶卿全面加工整理的《琵琶缘》《玉堂春》《探母回令》《六月雪》也相继推出。罗瘿公还为程砚秋创作和改编了《龙马姻缘》《梨花记》《花舫缘》《红拂传》《孔雀屏》《玉镜台》《风流棒》《鸳鸯冢》《赚文娟》《玉狮坠》《青霜剑》《金锁记》。这些剧本都突出程砚秋的表演特色；这些戏的创腔、身段与唱法，多受益于王瑶卿；这些戏的伴奏合作者为名琴穆铁芬。因此，这一阶段，这些剧目创作实践对程腔的产生具有非常重要的意义。

这些戏的创排与演出，体现出程腔重要的特点。无论是窦娥还是贺后，程砚秋舞台上的女性形象，都兼具温柔和刚劲。程砚秋塑造这些女性形象的方式千变万化，但唱为第一：激越高亢时可以响遏行云，纤细柔弱时也并不消沉，恰恰是蓄势待发，寓刚于柔，绵里藏针，一泻千里。程腔的音色和声情自带着骨子里的刚劲，与人物的性情紧密结合，于如泣如诉中锋芒逼人。这种唱法是程砚秋根据自己脑后音的特点，再依据戏剧情境，采用迂回婉转的独特唱法和断续相连的气息运用所成，以气催声，以气发声，以腔就字，以声传情，这种音色和腔调独特的演唱方法更加生动地充盈了程砚秋在这些悲剧色彩浓郁的作品中所塑造人物的情绪。因此，俞振飞说"程腔"的"唱腔特异之点"正在于此。[1] 程砚秋创腔时的原则，第一条就是"符合剧情"[2]，符合者为好腔，不符合则为花腔，这是他学王拜梅而根据自身特点独辟蹊径的艺术创造。程砚秋的技术运用从来和王瑶卿一贯秉持的"书情戏理"之观念一脉相承，绝非单纯炫技。他的音色和演唱之贵处、妙处更在于：声中有情，以声传情，一切声音的、音色的高低抑扬都为了人物情感之表达而服务。唱之于程派，非单纯技巧与形式，而是思想与感情的表达手段，标志着程砚秋作为表演艺术家的风格独特性。

1923年10月，程砚秋在上海演出《红拂传》，环立而观者众。"艳色天下重，秋声海上来"，这副巨大的对联宽两尺，长八尺，由罗瘿公手书，悬挂于台前。

1924年秋，罗瘿公逝于北京。他对程砚秋的感情早已从欣赏、爱护、培育转变为情同父子的忘年之

1　参见俞振飞《谈"程腔"——悼砚秋同志》，载李鸣春策划《说程砚秋》，中国戏剧出版社2011年版，第88页。
2　程砚秋：《创腔经验随谈》，载中国戏曲研究院编《程砚秋文集》，中国戏剧出版社1959年版，第155页。

交。罗瘿公晚景略显凄凉，为程砚秋打本也成了他的寄托与追求，病逝前他还托付好友金仲荪继续为程砚秋写戏。1924年罗瘿公逝后，程砚秋的艺术历程进入了新的阶段。同年8月，程砚秋改组"和声社"为"鸣盛社"，于三庆园以《汾河湾》为打炮戏，此后以梁华亭为经理，金仲荪为编剧，王瑶卿任艺术指导。

二、新声旧曲，独树一帜（1925—1931）

1925年至1931年，是程砚秋的表演艺术趋向成熟与稳定的时期，也是程派剧目积累的重要时期。此前独立挑班，编演自己的独门本戏，使其有了充分开辟戏路、创制程腔的可能。1925年8月，程砚秋将"鸣盛社"改组为"鸣和社"，他跨越了程派艺术形成的早期阶段，经过了以独特声腔确立个人表演风格的阶段，而进入了完成剧目积累，使程派艺术真正走向成熟的时期。

19世纪末到20世纪初，正是因"诗界革命"引发"戏曲改良"而风云激荡的时代，戏曲的艺术功能与社会价值不断被思考和再认识。五四新青年对传统戏曲的批评虽激烈而新锐，但并未真正撼动旧梨园自身的观念和城市茶园里观众的趣味与欣赏习惯。那个时代里各京剧表演流派创始人，不约而同地开始了跨越京剧自身审美体系和价值体系的实践与思考，程砚秋正是其中的杰出代表。1925年以后，程砚秋进入了程派艺术进一步积累与沉淀的阶段。

程砚秋艺术风格的发展与成熟是与他的编剧合作者紧密结合的，罗瘿公和金仲荪的创作与程派剧目的创造和积累紧密结合。罗瘿公和金仲荪是程砚秋艺术生涯中重要的合作者，他们虽然没有直接参与五四新文化运动与新民主主义革命，但都具有爱国情怀、民本思想和进步意识，这些都通过艺术上的合作深刻地影响着程砚秋。罗瘿公与程砚秋的合作持续到1924年，他前后为程砚秋创作改编十二出剧目：《梨花记》《花舫缘》《红拂传》《玉镜台》《风流棒》《鸳鸯冢》《赚文娟》《玉狮坠》《青霜剑》《金锁记》《龙马姻缘》《孔雀屏》。罗瘿公的创作突出程砚秋的艺术个性与独特表演风格，对程腔程派的创建功莫大焉。这是程派形成的早期阶段，也是程砚秋通过作品在唱腔和唱法上树立个人艺术风格的阶段。

1924年罗瘿公逝后，素负诗名的金仲荪（1879—1945）不辜负罗瘿公的重托，为程砚秋写戏，后一起创办中华戏曲专科学校。以金仲荪为主为程创作的阶段，是程派艺术趋于成熟与稳定的重要阶段。金仲荪为程砚秋编写十余出戏，《聂隐娘》《梅妃》《沈云英》《文姬归汉》《勘情记》《柳迎春》《荒山泪》《春闺梦》等都为程派成熟期的代表性剧目。这些剧目的创作与演出，使程砚秋呈现出更为自觉、自主的艺术追求。通过这些剧目，程派艺术，无论是表演技艺还是文学价值，无论新声还是旧曲，都以独特的艺术风格独辟蹊径，程派艺术在这些艺术实践之下博观约取，水到渠成。

金仲荪具有民主革命思想，曾参加"二次革命"讨袁，后厌倦官场，改号"悔庐"，同挚友罗瘿公一起寄情梨园。他的剧作多以反帝反封建为主题，饱含家国情怀与民主思想，更具有时代精神。1925年首演于华乐园的《文姬归汉》，是新声翻旧谱之作，表演上具有唱功繁复、气充词沛的特点，文本曲词则是充满瑟瑟边风的纸上新词。该剧将长短句词体《胡笳十八拍》原词，融入【二黄慢板】，体现出不同以往，更不同于同时代剧作的浓郁的文学气氛。金仲荪笔下之曲词意境优美，但更意在彰显民族气节，以皮黄之音表达家国情怀。1926年5月首演的《沈云英》，演绎的是清人毛奇龄《沈云英传》，二十三场繁重唱做塑造了勇夺父尸的明代奇女沈云英。1931年8月首演于中和园的《春闺梦》，是金仲荪根据杜甫《新婚别》与陈陶《陇西行》"誓扫匈奴不顾身，五千貂锦丧胡尘。可怜无定河边骨，犹是春闺梦里人"的诗句翻演而来的。《春闺梦》的创作有非常明确的"非战"主题，程砚秋在演出时亲自写了《苦兵集》同时印行发售。程砚秋饰演的张氏以温柔形残酷，以缠绵衬惨烈，对使生灵涂炭的战乱纷争表达了以艺术形式完成的针砭和控诉。此后，金仲荪从川剧《江油关》移植而成的《亡蜀鉴》上演，让叛国之将马邈在舞台上身首异处，以舞台作品激发抗日斗志的用意也非常明显。《春闺梦》与《亡蜀鉴》这样的戏曲剧目，让京剧承担起了前所未有的社会责任，这些都标志着程砚秋戏剧观的全面成熟，更使他站到了时代的前沿。

这一时期的程派剧目以1931年1月26日首演于中和园的《荒山泪》最具有代表性。此剧最早的唱词有"愿国家从此后永久和平"之句，因而又名《祈祷和平》。李石曾评论《荒山泪》开了中国京剧的一个新纪元。[1] 与其他作品不同，《荒山泪》的创作，金仲荪

---

[1] 参见程永江编撰，北京市政协文史资料委员会编《程砚秋史事长编》（上），北京出版社2000年版，第280页。

从初稿到定稿，前后修改历时一年。《荒山泪》问世之际，正值战火连绵，而贪腐行径却大行其道，百姓苦不堪言之时，程砚秋和金仲荪从"苛政猛于虎"生发而成一个结构完整的故事，借乐府传心声，借古讽今，描写了明末济源县农民高良敏一家五口的人生悲剧，以儿媳张慧珠呼天抢地自刎而亡结尾，具有强烈的现实主义精神和社会现实意义。这部戏鲜明体现出程砚秋的表演特色，板式丰富，唱腔优美，身段全面。张慧珠于月明之夜等待盼望亲人归来的凄凉情境，通过程派唱腔特有的轻重缓急与抑扬顿挫表现出来，为"荒山逼税"后引刀自刎做了厚重的铺垫，焕发出感人的悲剧力量。具有现实主义色彩的唱词和具有叩问性质的独特表达，是以女性命运的缠绵凄惨表达具有社会意义的诘问，这些都使《荒山泪》具有鲜明的悲剧精神。

程派剧目早期积累的重要作品有《红拂传》《金锁记》《青霜剑》《鸳鸯冢》。这三出戏都有着相对一致的反抗封建专制、反抗黑暗现实的鲜明主题。《红拂传》，又名《风尘三侠》，红拂女张凌华是一个"美人巨眼识穷途"的女丈夫形象，虽然取材于唐人传奇《虬髯客传》，但主题与人物形象都超越了唐代传奇。一句"在相府每日里承欢侍宴，也不过与众女斗宠争妍"就唱出了一个不流于虚荣而向往自我独立的独特女性形象。《红拂传》的表演妙在"剑舞"，但在与同时期相似题材的比较中，仍能体现出其对文学性的独特追求。《金锁记》以明代叶宪祖传奇本为据，以传统京剧《六月雪》中《探监》《法场》等场次为基础而扩展为一个首尾完整的故事，窦娥的形象比传统戏更为清晰，突出了善良、柔韧的性情特征，更着力于展现只求平安的百姓"没来由遭刑宪受此磨难"，生活被无情毁灭之时的控诉和抗争意味。《青霜剑》，又名《烈妇报仇》，取材于明小说《石点头》中的《侯官县烈女歼仇》，罗瘿公编剧未成，王瑶卿与李释戡续编而成。民间公案故事中的传奇女子申雪贞，被程砚秋塑造为一个勇敢坚毅的全新形象，她不仅是一个能"青霜剑报冤仇贼把命丧，提人头到坟前去祭夫郎"的奇女子，更敢于以民间女子的身份和口吻触碰"糊涂官丧尽天良"这一层面的社会问题。其承受冤狱的态度，也不同于窦娥的逆来顺受和哀告苍天，而是走上个体的复仇与反抗之路。《鸳鸯冢》取材于清代传奇《蝶归楼》，但已经不再局限于才子佳人爱情故事的讲述，而是在五四精神感召之下，凸显了主张自由恋爱、反对包办婚姻的积极社会意义，也充分体现出了程砚秋艺术风格的悲剧性。

自古填词设场，乐人易，动人难，悲怆与凛然，缠绵与锋芒，是程砚秋剧目和表演的双重特点。程砚秋所塑造的女性人物形象，多为被压迫者，为沉默的大多数，天性善良但命运坎坷，因而充满抗争精神与悲剧内核。程派的剧目因此呈现出不同于以往、不同于同时代作品的特点，呈现出独具的人民性立场、现实主义情怀与悲剧精神。程派剧目所体现出的价值主题，提高了京剧的文学性。

程腔与程派独特的表演方法，与程派剧目所体现出来的价值主题相辅相成。幽徐委婉、一唱三叹的程腔，是程砚秋塑造悲剧女性形象的表现形式，更来自他对民族和国家、底层民众生活与现实的深切忧思，表达的是他独特而深沉的人生体验，体现的是他卓越的才情和非凡的艺术创造力。京剧在技术层面是相当成熟的，形成了完备而严整的美学体系。程派艺术的成就，绝非仅仅局限于创制新腔，更是立于京剧全部的艺术积累之上而成。风格是性情最妙的阐释，风格也是艺术家最好的署名。京剧流派艺术的深层本质，就是艺术家独特的风格表达。程派的形成，是流派创始人程砚秋的艺术创造力、天赋和性情的结晶。

三、办学游欧，与时共鸣（1931—1948）

1931年12月4日、11日，程砚秋在《北平新报》连载发表《检阅我自己》一文，对自己的"私有剧本"，也就是从《梨花记》到《春闺梦》十九出新编剧目，进行了回顾、检阅与反思。他谈到自己前后创作的一个转变："我的个人剧本，历来只讨论的社会问题，到此则具体地提出政治主张来了，所以到此就形成一个思想急转势。"[1]《检阅我自己》一文不仅体现了程砚秋戏剧观的更新，更表现出他对中国戏曲发展现状和前途的思考。这种思考，让他进入了艺术历程的下一个重要的阶段。

1932年1月1日，程砚秋在荀令香拜师礼上宣布将彼时"程艳秋"之名更为"程砚秋"，字"玉霜"改为"御霜"，书斋"玉霜簃"改为"御霜簃"。此后的时期，是程砚秋继表演艺术成熟而形成独特的风格之后，在戏剧观与教育观上发生变化的时期。

---

[1] 程砚秋：《检阅我自己》，载程砚秋著，丁纪红编《身上的事儿：程砚秋自述》，中国广播电视出版社2009年版，第39页。

（一）办学兴教

1929年前后，程砚秋与"中法教育基金会"中国代表团主席、国民党元老李石曾相识，这成为他赴欧考察戏曲音乐的"缘起"。[1] 李石曾在任国民政府中央研究院理事长期间，利用庚子赔款退款成立中华戏曲学院协会和中华戏曲学院，1929年至1930年间，分别更名为中华戏曲音乐学会和中华戏曲音乐院。南京戏曲音乐院同北平戏曲音乐院隶属于中华戏曲音乐院，北平戏曲音乐院齐如山任院长，梅兰芳任副院长；南京戏曲音乐院程砚秋、金仲荪任副院长；南京戏曲音乐院在北平又附设北平戏曲专科学校，后改名为中华戏曲专科学校（简称"中华戏校"）、中国高级戏曲职业学校，校长为焦菊隐。

1931年7月，程砚秋出任中华戏曲音乐院南京分院副院长。在中华戏曲音乐院任职期间，程砚秋有机会将他的戏剧观付诸实践。12月25日，程砚秋在中华戏曲专科学校做了一次重要演讲，讲稿后定名为《我之戏剧观》。在这篇讲话中，程砚秋表明了自己对于戏剧功能的认识，他阐明"戏剧不是'玩艺儿'"的观点，阐明"一切戏剧都有要求提高人类生活目标的意义，绝不是把来开心取乐的，绝不是玩艺儿"[2]。这是程砚秋戏剧观的体现，更是他独特的现代艺术教育观。

中华戏曲专科学校，校址设于北平崇文门外木厂胡同，学制6—8年，招收10—13岁具有高小文化程度的学生，男女兼收。于1930年9月1日招收学员，开课授业。程砚秋一直有将中华戏曲专科学校办成新型学校的想法，他要培养适合时代之戏剧人才。学校继承传统京剧口传心授的教学方式，但采用新式教育形式，废除梨园旧习，不拜祖师，不磕头，不打戏，不体罚，鼓励学生自尊、自重、自强。戏校重视文化课，学生除了学习京剧基本功外，必须学习文化课，每天四节文化课，要学习古文、历史、地理、美术、算术、音乐等。文化课教员有吴晓铃、陈墨香、徐凌霄、佟晶心、杜颖陶、翁偶虹等。此外，中华戏校具有更为开阔的教育视野，设有英文课，教师由焦菊隐亲自从燕京大学的学生中聘请。除了英文课，还有法文课，后来还加上了日文课，白玉薇等毕业生都能讲一口流利的英语。戏校还排练《少奶奶的扇子》

---

[1] 参见程永江《先父程砚秋赴欧考察戏曲音乐之缘起》，载程砚秋著，程永江整理《程砚秋日记》，时代文艺出版社2010年版，第101页。

[2] 程砚秋：《我之戏剧观》，载中国戏曲研究院编《程砚秋文集》，中国戏剧出版社1959年版，第17页。

等外译戏剧，目的是开阔学生的视野，体现出与传统科班的不同。

在中华戏曲专科学校的办学过程中，程砚秋身体力行改变着人们对伶人身份、对"玩艺儿"的庸俗理解，表达着对将表演艺术单纯视为技艺这种观念的排斥。他教导学生演戏要有自尊，演员不是戏子，这些都使中华戏校呈现出与传统科班的显著不同。程砚秋的教育观、艺术观，与传统京剧梨园截然不同，他以实际行动和现实思考更新旧剧的观念，以严肃的态度对待自己身上的技艺，体现了自觉的现代性追求。程砚秋的戏剧观及教育观，与"五四"以来文学革命和戏曲改良精神思潮一脉相承，强调艺术的社会功能和现实责任，强调艺术的功能要开通风气，反映时事政治，改良人生，改造社会。

程砚秋对学生的成长极为关心，中和戏院有两个固定包厢由学生观摩使用。程砚秋为戏校聘请名师，王瑶卿、高庆奎、曹心泉、吴富琴、阎岚秋、郭春山、陈丽芳、马连良的老师蔡荣贵、李少春的老师丁永利等善于教戏的师长都是程砚秋亲自请来的。戏校存在的十年之间，培养出"德""和""金""玉""永"五科，共三百余学生，宋德珠、王金璐、李金鸿、李玉茹、侯玉兰，以及后来更名为高玉倩的永字辈高永倩等都成为京剧名家。

1940年11月18日，创办了十年的戏校停办；1942年，彻底解散。

（二）赴欧考察

1932年，《剧学月刊》第1卷第3期上发表程砚秋《致梨园公益会同人书》，时间落款为1月3日，表明自己将于1月15日前后乘坐途经西伯利亚的火车前往欧洲考察。在这份宣言之中，程砚秋再次表明自己的戏剧观，阐明戏剧"不是'玩艺儿'"[1]，同时说明自己前往欧洲是为增进对于戏剧艺术的认识和要求。1月11日，梨园公益会为程砚秋举办赴欧游学饯别大会，120多名梨园同人出席。

1月13日下午，程砚秋从北平出发赴天津塘沽。杨小楼、余叔岩、梅兰芳、尚小云、荀慧生以及中华戏校师生数百人前来送行。程砚秋随后于塘沽乘坐轮

---

1 程砚秋：《致梨园公益会同人书》，《剧学月刊》1932年第1卷第3期。

船前往大连，再由大连穿越西伯利亚前往巴黎。1932年3月9日至1933年2月23日之间，程砚秋的日记[1]记述了他在欧洲看戏、听音乐会、看电影、参观东方博物馆、在国际新教育会议听演讲等活动。1932年8月12日至15日，程砚秋到访法国；1932年8月16日至11月7日，到访德国；1932年11月7日至1933年2月23日，访游瑞士；1933年2月25日至3月10日，访游巴黎、日内瓦、米兰、罗马、威尼斯。访欧期间，程砚秋在柏林音乐大学校长乔治·舒曼的陪同下参观了该校，欧洲的大学艺术教育不同于中国传统科班的教育方式，给了程砚秋观念上的冲击，更坚定了他要回国办戏曲教育的信念。

访欧期间，程砚秋观摩了歌剧、滑稽剧、民间杂技、马戏、话剧等当时上演于欧洲舞台的各类艺术，对于莱因哈特所讲的导演制度深以为是。西方戏剧的舞台置景、舞台灯光设计、转台的使用等技术手段让他赞叹不已。程砚秋在德国参加国际新教育会议期间，做了题为《中国戏曲与和平运动》的演讲，并即兴演唱了《贺后骂殿》与《荒山泪》。在郎之万用法语解说了《荒山泪》这个"非战故事"的情节和背景后，全场观众高呼"和平万岁""停止战争"。1933年，种种原因使得一度想继续留在欧洲的程砚秋不得不放弃原计划中的英国之行而提前回国，结束了前后历时一年零三个月的访欧行程。

回国后，程砚秋写出长达两万余字的《赴欧考察戏曲音乐报告书》，由世界编译馆北平分馆于1933年8月出版发行。报告书上篇记述了他赴欧考察的主要过程，下篇则是总结和思考。程砚秋表达了对民族艺术形式的自信，认为中国戏剧有自己的优点，如非写实的布景、提鞭当马、搬椅作门都是西方戏剧不可取代的，最后还论述了独白与来源于武术的舞术的价值。在这份报告书的最后，程砚秋列出了19条建议，体现了程砚秋强烈的戏曲改良愿望和创新意识，更体现了他以世界性的眼光观照中国传统戏曲的思考。无论这些观点在实践层面的意义和作用如何，这都是程砚秋具有现代性意识与视野的表现。

赴欧考察，使程砚秋具有了中西融通的视角，同时游学欧洲以后，程砚秋更加重视艺术的社会功能。1933年，程砚秋还于《剧学月刊》（1933年第2卷第7、8期合刊及第10期）发表《话剧导演管窥》，分29

---

[1] 参见程砚秋《赴欧考察戏曲音乐日记》，载程砚秋著，程永江整理《程砚秋日记》，时代文艺出版社2010年版，第162—206页。

条详尽论述了与现代剧场艺术相关的方方面面。赴欧考察以及随后的理论思考，体现了程砚秋戏剧观的进一步成熟，也体现了他立足于民族文化自信面对西方戏剧时呈现出的开放性、现代性的态度。对于舞台化妆、背景、灯光、音乐等一切要与表演相协调的愿望，则体现了他将剧场艺术视为统一整体的艺术创作观念。对舞台表情规范化的要求，体现了他对京剧表演规范性的追求和对表演随意性的排斥。对科学发声方法的论述，体现的是程砚秋从个体经历出发对于戏曲教育的思考。他本人少年时深受倒仓之苦，所以他呼吁戏曲教育中对科学发声予以重视，对科学训练方法予以重视，这对后来的戏曲教育实践至关重要。对于导演地位的论述，体现了他对主角中心制与导演中心制的思考。凡此种种，都体现了程砚秋戏曲舞台艺术观念的丰富与更新，具有鲜明的现代意义。赴欧考察，对于程砚秋个人艺术风格的成熟和发展是至关重要的，程砚秋的欧洲之行正如他出行的目的——"志在沟通中西戏剧艺术"[1]，中国戏曲独特的舞台美学原则，也通过程砚秋的介绍为欧洲所知，"净幔"这一中国戏剧的布景原则受到了欧洲戏剧创作者的重视。

程砚秋对导演地位的推崇，背后是程砚秋对旧戏班"台上见""幕表戏""抱总讲"等习俗与制度的一次反思。为了遏制戏班之间的恶性竞争，京剧戏班几乎从不排练，拿到的剧本都是因人而异，最后由"抱总讲"来统一排场面。各路名角儿讲究"台上见"。这当然是基于戏班经济收入角度的考虑，但对舞台艺术的成熟，对戏剧文学的确立和发展是非常不利的。程砚秋对导演制的呼唤体现了对这种散乱状态的不满，他将演戏作为职业，希望剧场艺术走向职业化与正规化的道路。因此，程砚秋对于戏曲导演地位的观点，背后不是简单的提高导演地位的主张，而是表达他将舞台艺术视为整体而要重新确立的一整套舞台创作制度的愿景，他要求从剧本创作到舞台排练，形成一度二度创作完整有机的整体。

（三）与时共鸣

这一时期，是程派剧目完成积累的成熟阶段，也是他形成了独立的戏剧观后更为自主自觉地进行创作实践的时期。赴欧考察归来后，由于具有了中西融通的视角，他对艺术的功能、社会责任的认识发生了相

---

[1] 程砚秋：《致本所同人书》，载程砚秋著，程永江整理《程砚秋日记》，时代文艺出版社2010年版，第149页。

应的转变，这些转变都更为深刻地凝结在他的艺术实践之中。这一时期最重要的剧作成就以翁偶虹编创的《锁麟囊》为代表。翁偶虹为程砚秋新编过四出戏——《瓮头春》《锁麟囊》《女儿心》《马昭仪》，其中由程砚秋自己从《剧说》中选材的《锁麟囊》为程派集大成之作。《锁麟囊》，又名《牡丹劫》，首演于上海黄金大戏院，吴富琴、芙蓉草、孙甫亭、刘斌昆、李四广、慈少泉、张春彦等为其配演。程派剧目无论结局是否大团圆，都具有悲剧的气质，这和程砚秋的表演风格互为表里、相得益彰。《锁麟囊》就是这样一部代表作，虽然是常见的大团圆结局，但全剧弥漫的却是"休恋逝水、早悟兰因"般生难预料的悲怆情怀，即使是通过梅香和碧玉两个角色的设置穿插了那么多插科打诨、嬉笑怒骂，但精神内核和打动人心的仍然是其中蕴含的悲剧气质。

除了鲜明的文学性，《锁麟囊》在程派剧目中的经典地位来自唱腔、表演上的杰出成就与独特风格。在《锁麟囊》中，唱段打破了以往唱词字句的限制，用大量的长短句给创腔留下了巨大空间，京剧各行唱腔、各种板式的经验，有效地集中于一剧，变通而不为旧有的程式所拘，唱腔设计十分注意有利于嗓音特长。

程砚秋严格讲究四声，让唱念表演更加精致化，更具有文人化特点。《锁麟囊》句子的结构与平仄声的用法都非常严谨，以"当日里好风光忽觉转变"一段【西皮原板】为例，从唱词上看是京剧唱词中少有的长短句式，却也成了一种符合情绪的新形式。程砚秋在这部戏里采用勾、挑、撑、冲、拨、扬、掸、甩、打、抖等多种技巧组成的水袖功以及其他身段完成独具程派特色的表演。程派的身段表演是时刻与音乐、演唱节奏一致而密切相连的，这种特点与其讲究做派的表演，极其契合歌舞并做的艺术法则。《锁麟囊》的琴师是以弓法顿挫技巧见长的周长华。周与司鼓白登云合作，与制琴名匠史善朋制出不同蛇皮蒙筒的新琴，首用于《锁麟囊》。"做"与"唱"的统一，剧目与表演相得益彰的特点，最终造就了程派表演艺术的特征，发展了王瑶卿以来"花衫"行的艺术表演原则，因此一经上演，立刻走红，历经加工整理，终成程派经典。《锁麟囊》是集程派艺术之大成的巅峰之作。

从《鸳鸯冢》《青霜剑》到《春闺梦》《荒山泪》，再到《锁麟囊》，剧作的叙事精神虽然与明清传奇戏曲一脉相承，但相比较于传统戏，一是更突出了反封建的意识，二是具有鲜明的现实主义精神，三是戏剧形象都呈现了中国女性的辛酸命运以及坚韧、善良、温柔等传统性情和美德，具有感动人心的悲剧意蕴。综观程派剧目呈现出的特点，这些作品都充分彰显了程砚秋卓越而非凡的艺术创造力，也以文学性为基础给京剧旦行的表演艺术带来了全新的面貌，更体现出程砚秋对戏剧艺术功能的认识和自觉追求。程派剧目在程腔具有的声腔表演艺术成就的基础上，以做功、身段等表演艺术，具有时代性的舞台艺术理念以及独立的文学性表现平民阶层的生活与情感的主题立意，传达了程砚秋自己对京剧艺术完整的理解、研究和认知，实现了舞台性独树一帜的创造、更新和挥洒，这正是程派的艺术理想所在。

程砚秋艺术真正产生强大影响力的时期，正是中华民族在最危难的血火中抗争的时期，是新民主主义革命的重要时期，他独创的这些以爱国主义与民主主义为主题的剧作，显现了鲜明的价值追求，更使自己的艺术创造具有了鲜明的时代特征和社会意义。1937年4月，程砚秋改组"鸣和社"为"秋声社"。程砚秋为他的剧团取名"秋声社"，用意为以深沉激越的秋声催人奋进，表明在民族危亡时刻，绝不作玉树后庭之音，不将自己的艺术庸俗化的凛然态度，这一切都标志着他以自身独特的艺术实践和创造诠释着戏剧的功能与意义。正是这些，使程砚秋的技艺超越了艺术欣赏的层面，获得了观众与时代更深刻的共鸣。

1933年11月，程砚秋以全新的面目在上海演出《玉堂春》，他削弱传统戏中"审花案"的情节渲染，着力演绎玉堂春蒙受的冤情。这样的演出方式是程砚秋戏剧观在舞台实践上的又一次体现。1934年10月，程砚秋与俞振飞先生重排《春闺梦》，这一次排演参考借鉴了他在赴欧考察期间看的非战戏剧作品《无穷生死路》中的舞台灯光效果，在传统的京剧舞台上使用了灯光、布景来烘托戏剧情境，不仅在形式上焕然一新，更达到了渲染气氛的强烈效果。此后，演《春闺梦》时，他使用小提琴伴奏；演《锁麟囊》时，吸收了好莱坞女明星麦克唐纳的歌唱旋律；《女儿心》中的身段借鉴芭蕾舞动作。程砚秋用这些手段羚羊挂角无迹可求，千头万绪化他为我，都为剧情、人物、表演而服务，跨越技术层面的借鉴和模仿而进入艺术创造的境界，这是程砚秋的高明之处，更是他开放、现代的戏剧观念的体现。《女儿心》由翁偶虹创作，1941年程砚秋率秋声社排演，塑造了不同以往的百花公主形象，扎大靠，使双戟，文武并重，并借鉴了芭蕾舞的舞蹈化为京剧的身段。此后，翁偶虹又将《武昭关》改编为《马昭仪》，同年，程砚秋与俞振飞合作再次演出《红拂传》。

程砚秋向来不辞出演义务戏，但抗日战争之时，义务戏却常常暗含机关。日本侵略者想通过各种名目的义务戏来制造虚假的繁荣，甚至胁迫梨园公会为"支援皇军"而组织京剧名角儿演义务戏。1943年，程砚秋选择归隐田园。从此，他在颐和园西北青龙桥附近的农宅开始了务农生活。他荷锄种地，并为自己的门楣写下一副对联："荷锄事耕农，杜门谢来往；殷勤语行人，早做退步想。"

四、鼎新革故，理论自觉（1949—1958）

1949年1月31日，北平和平解放。3月27日下午，周恩来同志前往西城报子胡同18号登门拜访程砚秋。程砚秋未在家中，徒弟王吟秋接待，周恩来留言。当晚六点，周恩来在北京饭店设宴，接见出席世界保卫和平大会的中国代表团成员并发表讲话，程砚秋应邀前往并随后在怀仁堂演出了《锁麟囊》。程砚秋的人生从此进入了新阶段、来到了新起点。

（一）启昧开新

程砚秋是京剧表演艺术家的同时，也是情感深沉的爱国主义者。抗日战争期间，他的选择充分体现了民族气节与爱国情怀。中华人民共和国成立后，鼎新革故，万象更新，旧艺人成为新中国的文艺工作者，戏曲从业者获得了千百年以来前所未有的社会地位。对程砚秋而言，发生变化的不仅是他的身份地位，更是自我的定位。党和政府给予的政治身份使他有着高度的荣誉感和责任感，1949年后的程砚秋，承担并参加了各种性质的演出任务和文化交流活动，他以饱满的热情投身其中。

1949年，程砚秋时隔17年再度访欧，这次是以中国代表团成员身份前往世界保卫和平大会，和曹禺、丁玲、徐悲鸿、田汉、洪深等同行。代表团回国途中经过莫斯科时，程砚秋又一次观摩了苏联的剧场艺术，并在西蒙诺夫主持的招待会上，和田汉合演了《打渔杀家》。1949年9月，程砚秋与梅兰芳、袁雪芬、周信芳作为戏曲界代表，参加了中国人民政治协商会议第一届全体会议。这一阶段程砚秋的演出丝毫没有因为身份的变化而减少，从1949年11月开始，程砚秋率秋声社前往西安演出《春闺梦》《锁麟囊》等，12月前往沈阳，在中共东北局礼堂演出《金锁记》；1950年参加全国戏曲工作会演；1951年3月23日，程砚秋被中央人民政府政务院任命为中国戏曲研究院副院长；1952年10月6日至11月14日，文化部举办第一届全国戏曲观摩演出大会，程砚秋整理重排了《三击掌》参加会演，获得大会荣誉奖；1952年，"秋声社"更名为"程砚秋剧团"，同年他自编自导自演的《英台抗婚》公演；1953年是新中国成立后程砚秋演出频率最高的一年，他率程砚秋剧团辗转上海、苏州、旅大（今旅顺、大连）、南京、天津、哈尔滨等地，几乎是以每隔一两天就演出一场大戏的频率演出了包括不常演出的《马昭仪》在内的所有程派剧目。

1953年10月4日，程砚秋以中国人民第三届赴朝慰问团第一总分团副团长的身份到朝鲜慰问演出，10月21日前往前线演出《审头刺汤》，体现了程砚秋的爱国精神。

（二）戏曲考察

开展对地方戏的调查研究是程砚秋在20世纪50年代最重要的工作内容之一。1949年11月2日，程砚秋开始了中华人民共和国成立后第一次戏曲调查研究。他与秋声社成员乘坐火车从北京先到了郑州，然后乘坐大卡车去了西安，在洛阳看了农民剧团演出的曲子戏《四进士》。这一次西北之行，他观摩了秦腔、眉户戏、灯影戏和傀儡戏，还收秦腔艺人李应真为徒弟。他对京剧以国剧自居的观念作了反思，认为看不起地方戏是错误的。西北归来，程砚秋写下《西北戏曲访问小记》[1]。在这篇考察报告中，程砚秋详尽记述了西北考察的过程，记述了由于对碑刻的发现而对秦腔所进行的重新思考，记述了对西北各种地方戏的印象与考察收获。通过调查研究，他发现了地方戏剧本缺乏的现实问题，并分析了"专门写剧本的人"为什么缺乏的两点原因，还据此对文联的工作提出了建议。1950年2月20日，周扬为此回复《关于地方戏曲的调查研究工作——致程砚秋先生的一封信》[2]。3月18日，程砚秋第二次致信周扬，在这封信里提交了《全国戏曲调查计划大纲》[3]。这份大纲建议将全国戏曲地方戏分为十二

---

1 参见程砚秋《西北戏曲访问小记》，载中国戏曲研究院编《程砚秋文集》，中国戏剧出版社1959年版，第213—218页。
2 参见周扬《关于地方戏曲的调查研究工作——致程砚秋先生的一封信》，载中国戏曲研究院编《程砚秋文集》，中国戏剧出版社1959年版，第219—221页。
3 程永江编撰，北京市政协文史资料委员会编：《程砚秋史事长编》（下），北京出版社2000年版，第600页。

个区域来调查，从"服装、道具、化装、演技、音乐、剧本、组织、生活、演剧情况、教学方法、分布区域、其他"这十二方面，采用"文字、乐谱、照相、电影、录音、模型拓片、图绘、图表"八个方法来进行。最重要的设想是希望在调查的基础上形成《全国戏曲总志》(包括若干单位的一个丛书)、《中国戏曲通典》(辞典及百科全书式的类书)、《中国戏剧史》、《中国音乐史》、《中国歌曲史》五部著作。[1]

程砚秋的第二次调查始于1950年4月。他率剧团赴山东演出，一边演出，一边再次考察山东地方戏音乐与剧团情况。在由青岛前往济南的途中，他前往博山、潍县(今潍坊)、周村等地，看了二十多种不同的地方小戏。在青岛，他看了柳琴戏和茂腔，采访了邓国社、董长河两位老艺人。在潍县，他前往寒亭镇(今寒亭区)调查。在淄博，他前往周村，拜访五音戏名家鲜樱桃，学习五音戏，并和艺人们切磋表演技艺，和河北梆子演员任勇奎讨论梆子的兴衰，并得出"传留下他们的绝技，确是一种必需而且急需的工作"[2]的结论。在山东调查期间，程砚秋对山东易俗社非常关注，这个受陕西易俗社影响而存在过的班社留有三百多部剧本。

程砚秋的第三次调查始于1950年7月。1950年4月结束山东的演出后，程砚秋自徐州返京，致函西南军政委员会副主席王维舟将军，表达了去西南调查戏曲的意愿。同年6月，程砚秋携剧团自北京前往徐州演出，演出之后并没有跟随剧团返回北京，而是于7月19日和杜颖陶、胡天石、徒弟李丹林从徐州出发前往西北。7月22日，他乘坐火车到达西安，马健翎与秦川亲自接待，习仲勋当晚设宴。从23日开始，程砚秋观摩赵安子的全本《穆桂英》、梁花侬的《大名府》，并在日记里详细记载了对汉中二黄的印象。7月29日，马健翎与封至模、黄俊耀送程砚秋前往兰州，再从兰州前往新疆。8月6日，在王震将军的安排下，程砚秋乘坐飞机到达乌鲁木齐。在新疆，他看了蓝月春演的《洗浮山》，与解放军第九军政委张仲瀚合演《汾河湾》《贺后骂殿》。8月30日，喀什文艺界与程砚秋举办座谈会期间，程砚秋对当地的维吾尔族老艺人哈西木的艺术非常感兴趣。哈西木给程砚秋讲述了十二

---

[1] 参见程砚秋《关于地方戏曲的调查计划》，载中国戏曲研究院编《程砚秋文集》，中国戏剧出版社1959年版，第221—224页。
[2] 程永江编撰，北京市政协文史资料委员会编：《程砚秋史事长编》(下)，北京出版社2000年版，第606页。

套大曲，程觉得这美妙的管弦合奏乐有可能是北宋以后，在喀什地区留存的一千多年前的旧遗产——隋唐大曲。10月13日，程砚秋返回兰州。但随即又去了青海，他在塔尔寺观看了藏族的音乐与歌舞，以及流行在甘肃和青海的花儿。11月3日后，程砚秋从青海返回兰州，再经西安返回北京。这一次考察，历时四个月，行程三万里。12月10日，程砚秋将《全国戏曲音乐调查工作报告》及专函呈送周扬副部长。程砚秋的报告分为四大部分，在第三部分中汇报了十四条考察心得，并附七条建议。

程砚秋的第四次考察始于1951年2月。程砚秋率秋声社前往中南地区，于汉口观摩汉剧与楚剧，又前往重庆观摩川剧，会见阳友鹤、周慕莲。此后，他奔赴西南再次开启了地方戏调查。4月18日，他从重庆乘车前往昆明，之后前往遵义、贵阳、安顺等地，他详细了解了花灯、滇剧，记录了剧本。西南之行，程砚秋观摩花灯、滇剧、楚剧等地方戏，搜集了500多个地方戏剧本，录制了100多张唱片，满载而归。

（三）高瞻远瞩

程砚秋的戏曲调查，从艺术层面上看，源于他对戏曲艺术不断精进的实践需求，更源于他对戏曲艺术审美价值的深刻认识。他之所以不辞辛苦，到当时边远地区进行民间戏曲、民间音乐的调查研究和广泛搜集，首先源于他在丰富京剧艺术的路上始终具有向民间艺术学习的态度。程砚秋的地方戏曲调查，更是一次有计划有准备、系统而深入的自觉行为，是在戏曲改革背景之下开展的，体现了他对民族传统艺术的深厚感情和认真态度以及对民族文化的严肃立场。程砚秋的地方戏曲调查是人民文艺和传统文艺相互衔接的一次努力，是他走上戏曲研究院的领导岗位后为戏改做的准备工作。程砚秋的地方戏曲调查是中国戏曲研究院戏曲调查工作的重要组成部分，也是中国戏曲研究院理论联系实际的学术传统的重要组成部分，以戏曲实践者与艺术研究相结合的形式，开创了戏曲研究的新学风。程砚秋的地方戏曲调查积累了重要的戏曲研究资料，更重要的是与同时代的新文艺工作者、戏曲研究者们共同奠定和确立了中国戏曲研究院戏曲研究的新方法，最终也融入了中国艺术研究院剧种调查、少数民族戏剧研究、戏曲志编撰等多个方面的理论研究中，确立了中国艺术研究院理论联系实际、理论指导实践、实践推进理论的学术立场与工作原则。

从 20 世纪 30 年代《赴欧考察戏曲音乐报告书》的书写开始，程砚秋便将自己的戏剧观应用于其戏曲教育实践、艺术传承和学术研究中。中华人民共和国成立后，他践行延安时期以来重视民间剧团、民间文艺的调查研究之风，通过四次地方戏调查研究完成了多篇论文与一系列思考。1950 年 11 月 27 日，程砚秋宣读《在全国戏曲工作会议上介绍西北戏曲调查概况及戏曲改革中的问题》，在向周扬汇报并得到相应的批复之后，程砚秋又提出《关于地方戏曲的调查计划》，这是一份更成熟的思考成果。他建议组织全国戏曲调查团来完成此项重要的工作。在这份建议书中，他提出用文字、乐谱、照相、电影、录音、模型拓片、图绘、图表等手段来记录地方戏，并提出调查所得的材料，除用以充实戏曲博物馆、图书馆以外，还应当用于编撰《全国戏曲总志》《中国戏曲通典》《中国戏剧史》《中国音乐史》《中国歌曲史》。程砚秋的建议是一个设想，更是一个框架，是他处在中国戏曲研究院领导者位置上对戏曲研究的高瞻远瞩，也是他采用马克思主义的立场和方法所做的理论贡献。这些建议和设想，如今有的已经完成，有的还在继续推进中，它们无不体现着程砚秋与中国戏曲研究院对民族文化遗产所具有的文化价值的深刻体认。

（四）理论总结

这一时期，程砚秋的地方戏调查与表演理论的总结，都建立在他对传统文化的深刻理解之上。他说："我深切地体会到：在表演艺术上，祖先给我们留下的遗产是这样的丰富，真是值得我们中国人自豪。这样丰富的遗产，就看我们怎样去学习它，怎样去好好运用它，来从事我们的创造。"[1] 1956 年后，程砚秋将主要的精力投入到讲学、写作与收徒上。1956 年 6 月 18 日至 9 月 28 日，中国戏曲研究院举办第二届戏曲演员讲习会，程砚秋讲授《略谈旦角水袖的运用》，后发表于《戏曲研究》1957 年第 1 期。他在 1957 年文化部召开的全国声乐教学会上发言后，将讲稿整理为《谈戏曲演唱》，发表在 1957 年第 6 期《戏剧报》上，文中总结了水袖的"十个字"用法，并从自己的表演出发阐释"四功五法"的含义。

1957 年，程砚秋在中国音乐家协会和中国戏曲研究院举办的戏曲音乐座谈会上做了《创腔经验随谈》

---

[1] 程砚秋：《略谈旦角水袖的运用》，载中国戏曲研究院编《程砚秋文集》，中国戏剧出版社 1959 年版，第 19 页。

的发言，修改补充后发表于《戏曲研究》1958年第2期，文中谈了他对京剧创腔的体会。[1]"声、情、美、永"，这四个字是他晚年对自身表演的理论总结。声，不仅是声音，更是音韵、声韵。关于如何唱准，程砚秋讲戏曲中自有一套办法。这些办法，受益于王瑶卿，更是受益于此前数百年京剧表演传统的积累。这不仅是程腔这一新腔重要的来源，更是对中国戏曲音乐理论的重要论述。在程砚秋看来，腔，这一民族独特的音乐理论话语，集中体现了音乐表现情节和人物的功能。因此，独树一格的程腔，不是单纯唱法和音色运用上的独特表现，更不仅是旋律的求新，而是一种对京剧音乐以及音乐与演唱所能蕴含的韵律性、艺术性的全新追求。

在1957年山西省第二届戏曲观摩演出大会上，程砚秋做了报告，后以《与青年演员谈如何学艺》为题发表于《戏曲研究》1957年第4期。报告中，程砚秋再一次阐释了戏曲舞台技术和舞台规律的重要性，强调了守成法与刻模子的重要性。在《戏曲研究》1958年第1期上，程砚秋发表《戏曲表演艺术的基础——"四功五法"》，这是由他在山西省第二届戏曲观摩演出大会上的讲话整理而成。在《戏剧论丛》1958年第1期上，程砚秋发表《谈窦娥》一文，回忆创演《金锁记》的过程。1956年，《荒山泪》拍摄为戏曲电影，程砚秋与吴祖光合作的这部影片成为他一生中唯一留存的舞台影像作品。在这一次的影像记录中，程砚秋用了二百多个水袖动作。以上这些艺术整理总结，是程砚秋对自己数十年的艺术实践的学术记录，不仅成为京剧程派艺术传承的重要理论指导，也深而广地辐射到中国戏曲众多剧种的艺术传承工作中，产生着持久的艺术引领价值。

1957年10月11日，程砚秋成为中国共产党预备党员，周恩来与贺龙为其入党介绍人，他从京剧表演艺术家成长为坚定的共产主义者。1958年3月9日，程砚秋突发疾病抢救无效，逝世于北京医院，停灵于嘉兴寺殡仪馆。3月14日，首都各界近千人参加遗体告别仪式，追悼会由郭沫若主持。

"人寿比花多几日，输他还有卖花声。"[2]这是程砚秋自己的诗句。在他去世后，程派艺术未成绝响，追

1　参见程砚秋《创腔经验随谈》，载程砚秋著，程永江整理《程砚秋戏剧文集》，文化艺术出版社2003年版，第427—484页。
2　程砚秋：《赠陈叔通先生诗（二首）》，载中国戏曲研究院编《程砚秋文集》，中国戏剧出版社1959年版，第245页。

随者众，痴迷者多，开枝散叶，桃李成蹊，花声袅袅。

结 语

20世纪20年代到20世纪中叶，是程派艺术逐渐走向成熟的时期，也是中华民族从鸦片战争的阴霾中走向五四运动，再走向新民主主义革命胜利的重要时期。在传统与现代鼎革之际，在时代风云激荡之时，从梅兰芳到周信芳，各京剧表演流派创始人，不约而同地开始了跨越京剧自身审美体系和价值体系的实践与思考，程砚秋正是其中的杰出代表。

在从传统走向现代的变革中，程砚秋以自己的艺术实践回应了风云变幻的时代。程派的剧目具有鲜明的文学性和价值追求，从《鸳鸯冢》《青霜剑》，到《春闺梦》《荒山泪》，再到《锁麟囊》，塑造的都是坚韧善良、命运坎坷而又充满抗争精神的女性形象，都具有鲜明的现实主义精神、爱国情怀、民本思想和进步意识。同时，程派剧目的艺术表现体现出程派声腔艺术成就与表演的独特风格，体现出音色、声情与人物形象、戏剧情境的紧密结合。程砚秋创造的独特唱法赋予了角色精当的情绪，使作品充满悲剧意蕴，具有悲怆气质，彰显悲剧精神。程派剧目与表演特点都充分彰显了程砚秋卓越而非凡的艺术创造力，也以文学性为基础给京剧旦行的表演艺术带来了全新的面貌，显示出程砚秋对戏剧艺术功能的认识和自觉追求。这源于他对民族和国家、底层民众生活与现实的深切忧思，表达的是他独特而深沉的人生体验，具有鲜明的时代特征、强烈的现实主义精神和社会意义。正是这些，使程砚秋的技艺超越了艺术欣赏的层面，获得了观众与时代深刻的共鸣。

1932年，程砚秋赴欧考察，随后形成的理论思考，以及此后主办中华戏校、主编《剧学月刊》、将戏剧观实施到具体教育当中等诸多实践，都体现了程砚秋具有中西融通视野的戏剧观，更体现出他立足民族文化、面向西方戏剧时呈现的开放性与现代性的态度。

程砚秋是情感真挚的爱国主义者，在民族危亡时刻，他以"秋声社"命名自己的剧团，表明绝不作玉树后庭之音，以激越的秋声激励爱国情怀的态度，这一切都标志着他以自身独特的艺术实践和创造诠释着戏剧的功能与意义。中华人民共和国成立后，鼎新革故，万象更新，程砚秋寸草春晖，鞠躬尽瘁。在走上中国戏曲研究院领导岗位后，他心怀对民族文化遗产所具有的审美价值与文化价值的充分自信和沉厚挚爱，心怀对党和人民戏曲文化事业的忠诚和热忱，完成四次地方戏曲调查研究，形成了多篇论文与一系列理论思考，是他以马克思主义的立场和方法所做的理论贡献。程砚秋的地方戏曲调查，从艺术层面上看，源于他对戏曲艺术不断精进的实践需求，更源于他对戏曲艺术审美价值的深刻认识，同时开创了中国戏曲研究院理论联系实际的学术传统，确立了中国艺术研究院理论联系实际、理论指导实践、实践推进理论的学术立场与工作原则。

在20世纪戏曲现代化的进程中，在民族化戏曲理论体系的建构中，程砚秋立足传统，走向现代，身处梨园，瞻望世界，他的艺术实践与理论思考具有高度的创造性、自觉性、现代性。他不仅是中国近现代最杰出的京剧表演艺术家之一，更以数十年的表演实践和理论积累推进民族化戏曲理论体系的建构与发展，在这一历程中，程砚秋先生功不可没，功莫大焉。

贰

程砚秋画传

艺术人生

20世纪的京剧艺术在社会转型、文化更新的时代里，进入全面蜕变和繁荣的发展阶段。程砚秋处于京剧全盛时期，他和众多流派艺术家一道，用自己光辉的艺术实践提升了这个剧种的艺术品位。幽咽婉转、曲折萦回的程腔，不仅昭示了程砚秋的创造苦心和美学精髓，也展现了前辈和同时的艺术家对京剧的集体贡献。然而程砚秋先生并未满足于此，他深入欧洲，广泛考察，传播中华文明，归来写成的《赴欧考察戏曲音乐报告书》显示了这种双向的文化交流。欧游形成的戏剧新观念使他的戏曲观有了更加开阔的表达，程砚秋提出："东方文化与西方文化是显然不同的，因而东方戏剧与西方戏剧也显然不同的。但是，看一看现代的趋势，一切一切都要变成世界整个的组织。""目前，我们的工作，就是如何使东方戏剧与西方戏剧的沟通。"（程砚秋：《致梨园公益会同人书》）程砚秋还引入"象征"一词，将中国戏曲描绘为"写意""象征"的，继梅兰芳之脚步向西方传播了中国戏曲文化后，而能"引西入中"，力图以"非写实"观念沟通中外戏剧，向外介绍中国戏曲的努力用意更深了一层。这种用意也体现在程派经典剧目《春闺梦》《锁麟囊》的舞台光影中，体现在中华戏曲音乐院的教学实践中，体现在他后半生为中国戏曲引领时代的各种考察与艺术实践中。

程砚秋以多样的艺术理论与实践相结合，为我们呈示了一个美妙而富于表现色彩的京剧流派，并以此为基础，展现出戏剧观念与文化观念的超前性，甚至具有"世界主义"的色彩，这在20世纪的中国戏曲界是相当罕见的。它反映了以程砚秋为代表的戏剧艺术家努力要使中国戏剧乃至中国文化赶上世界潮流、在与世界共同进步中拔得头筹的完美理想与良苦用心。

蕊寒香冷（1904—1924）

程砚秋生长于家道衰落的旗人家庭，自幼深受母亲熏陶，钟情于京剧。6岁被迫卖身学戏，到旦行艺人荣蝶仙家当手把徒弟。他经受住严酷的训练，打下了扎实幼功。程砚秋13岁开始登台唱戏，由于演出过度疲累，倒仓变嗓，恩师罗瘿公借款为其赎身。在罗瘿公的资助和指导下，程砚秋学诗文、临帖绘画、拍曲练声、操练拳剑，拜在梅兰芳与王瑶卿门下。他根据自己的嗓音条件，另辟蹊径，在音色、咬字、气息、节奏等歌唱表现方法上逐步形成自己的风格。1922年，年仅18岁的程砚秋自组和声社，先是以《战蒲关》《桑园会》《虹霓关》等讲究功底的传统戏，后继以罗瘿公编排的《龙马姻缘》《梨花记》《花舫缘》《红拂传》等十二出新戏轰动京沪。程砚秋如同一株历尽霜寒的菊花，渐渐绽开了枝叶和瓣蕊……

少年程砚秋

上图 ｜ 程砚秋诞生地北京西城德胜门内小翔凤胡同
下图 ｜ 1909年，程砚秋5岁时迁至前门外天桥东大市苏家坡

程砚秋的母亲托氏

程母托氏

程砚秋的母亲托氏，好听皮黄与梆子，家境尚可时经常带孩子出南城聆赏谭鑫培、路三宝等名角演戏。

1910年，6岁的程砚秋卖身学戏，母亲签下前后为期8年的契约，将他送至旦脚艺人荣蝶仙家里做手把徒弟。

荣蝶仙（1893—1945），字春善，满族。1905年入陆华云、胡素仙主办的长春科班学艺，与张春彦、李春林、李洪春为同门。初学武行，后改花旦兼刀马旦，武功斐然，善演《扈家庄》《能仁寺》等戏。荣蝶仙为王瑶卿外甥女婿，收程砚秋为手把徒弟，授业严酷刻薄，对跷功要求尤其严厉，故使程砚秋幼功扎实。程砚秋成名后，荣蝶仙在和声社担任社长（管事的经理），同台演出。后来荣蝶仙离家出走，1945年在武汉患病而亡，程砚秋一直担负奉养师娘和师门亲属的责任。

程砚秋的业师荣蝶仙

《战蒲关》，程砚秋饰徐艳贞

阎岚秋（1882—1939），工武旦，艺名九阵风。出身梨园世家，其父阎金福为清同光年间四喜班著名旦脚演员。阎岚秋幼入小天仙科班习刀马旦、武旦，武功扎实，跷功极佳。他文武皆能，昆乱不挡，兼演青衣、花旦，亦能反串武生、小生乃至丑角，戏路宽广。曾与谭鑫培、杨小楼、俞振庭等名家合作，以扮相俊美、武打敏捷著称，风格独特，豪迈与妩媚兼具，推进武旦艺术发展。程砚秋不仅向他学习武功，而且与他合作演出过《穆柯寨》等戏，打下了扎实的武功基础。

《穆柯寨》，程砚秋饰穆桂英，阎岚秋（右）饰杨宗保

阎岚秋

头本《虹霓关》，程砚秋反串王伯当，吴富琴（左）饰东方夫人

头本《虹霓关》，程砚秋饰东方夫人，阎岚秋（右）饰王伯当

程砚秋于学艺期间改汉姓，以名字"承麟"的首字谐音改姓"程"。他先从荣蝶仙、荣春亮、丁永利练基本功和打武把子，不久从陈桐云学花旦，学会《打樱桃》《打杠子》《铁弓缘》。因嗓音好，转学青衣，从陈啸云学《彩楼配》《宇宙锋》《祭江》《祭塔》《玉堂春》等青衣戏。

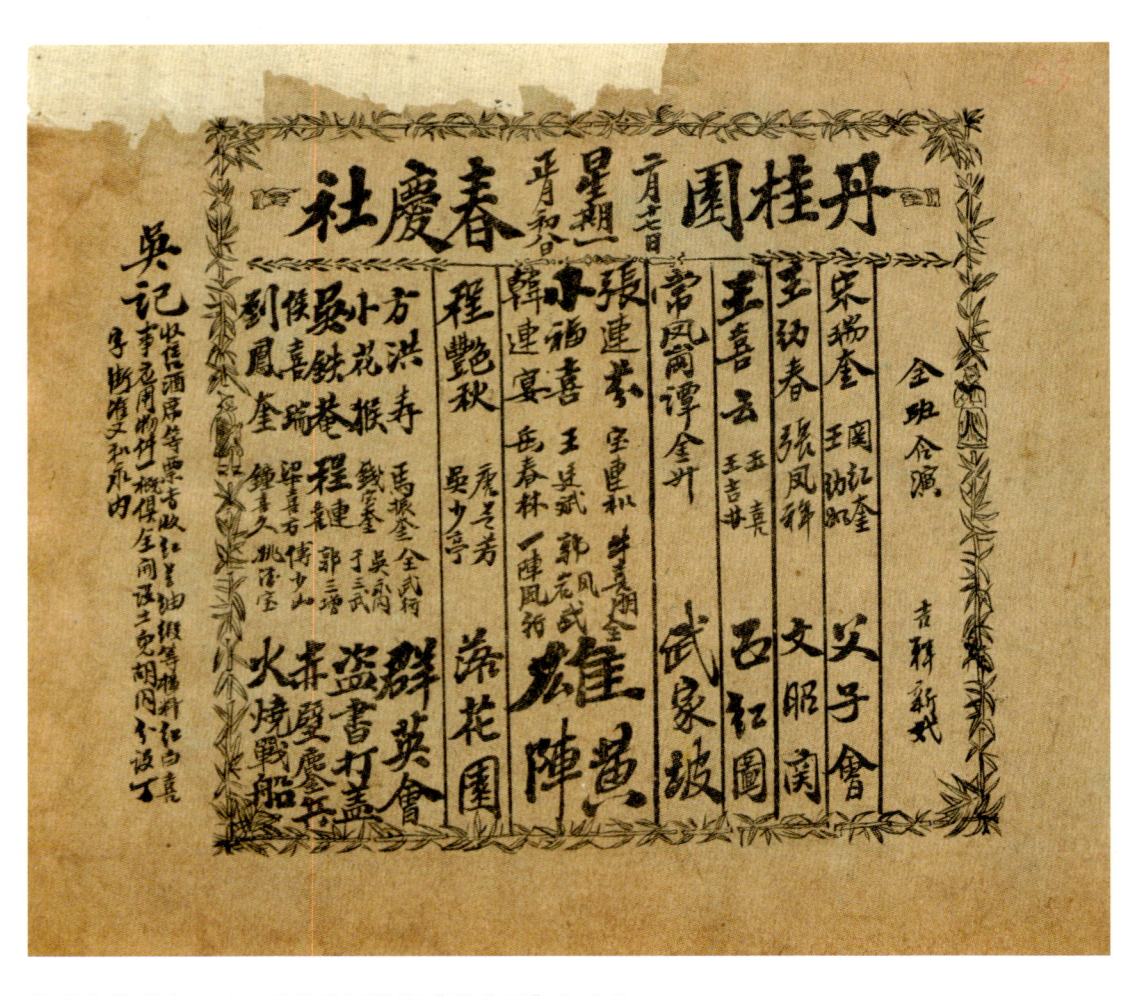

程砚秋搭班春庆社，于丹桂园演出《落花园》之戏单

程砚秋于中华舞台演出《探窑》之戏单

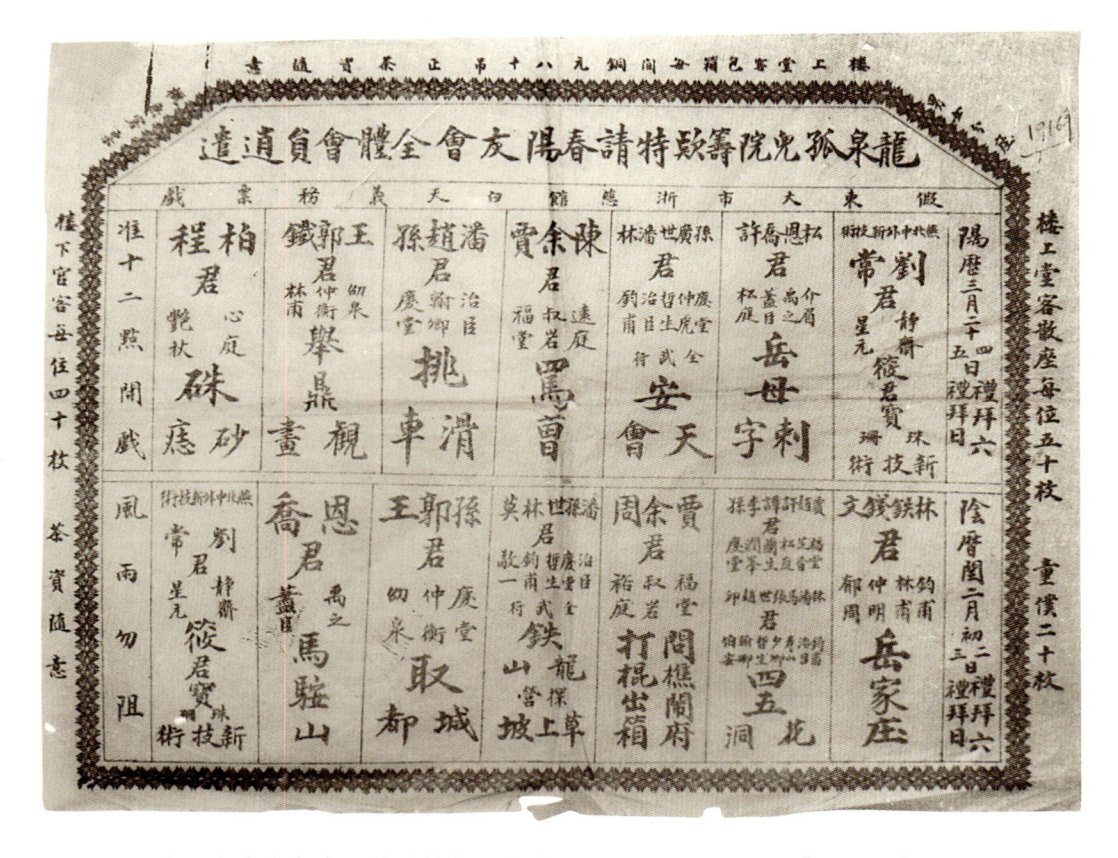

1917年，春阳友会为龙泉孤儿院筹款演出戏单，程砚秋出演大轴《朱砂痣》

春阳友会票房成立于1913年，会址位于崇文门外浙慈会馆，创办人为樊棣生。该票房行当齐全，人才荟萃，名角亦在此登台，在京城颇具盛名。1914—1916年，程砚秋学会不少青衣传统戏后，师父荣蝶仙让他在春阳友会借台练戏，后罗瘿公将其艺名"菊侬"改为"艳秋"。

开锣戏时之程艳秋

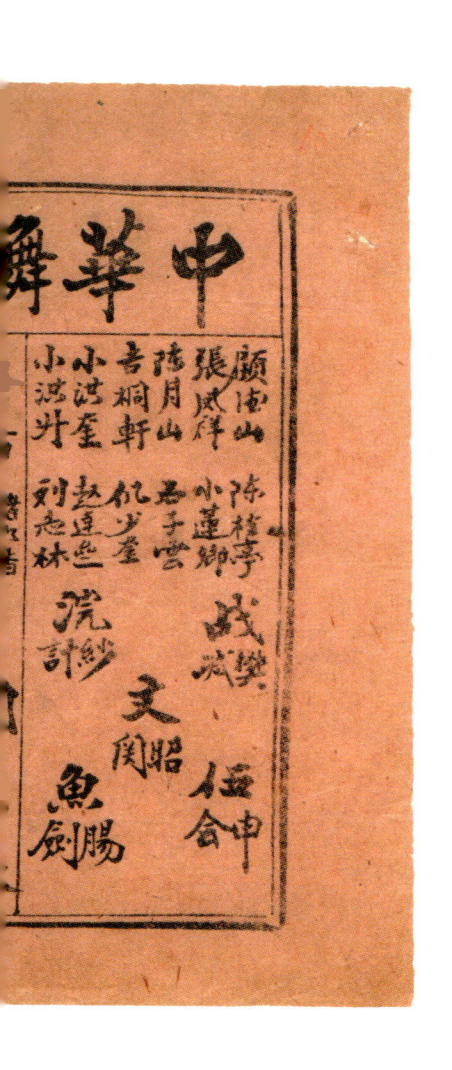

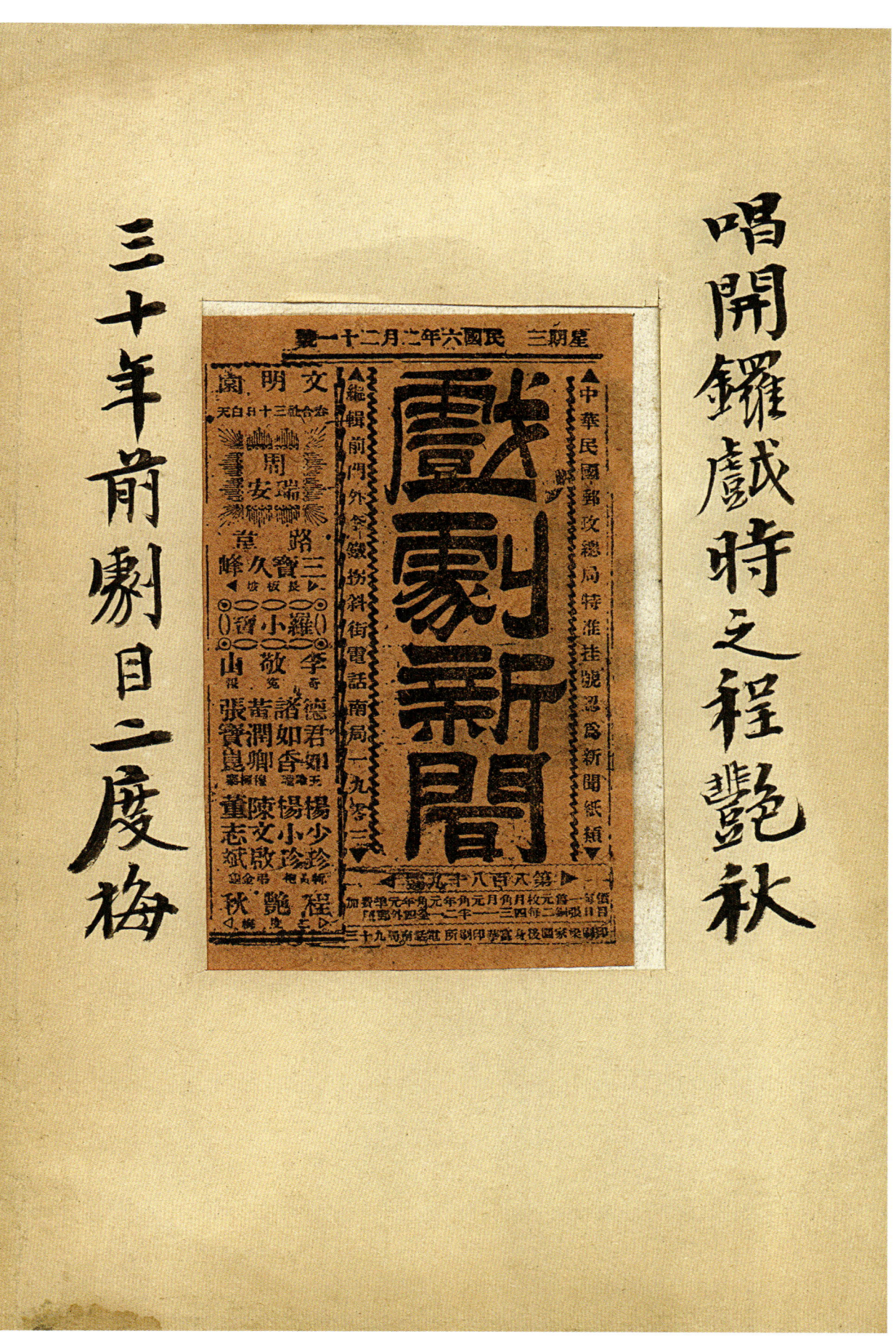

三十年前剧目二度梅

1917年，程砚秋在文明戏园唱开锣戏戏单，演出《二度梅》

《桑园会》，程砚秋饰罗敷

程砚秋与罗瘿公（右）

罗瘿公（1872—1924），名惇曧，字掞东，号瘿庵，晚号瘿公，广东顺德人。幼承家学，就读广雅书院，为康有为门生，博通文艺，兼善书法。晚清时曾任邮传部郎中。辛亥革命后历任总统府秘书，国务院秘书、参议等职，与主立帝制者意见不合，退出仕途。1917年程砚秋倒仓，师父荣蝶仙仍强其赴沪演出。罗瘿公力阻其南下，举贷筹款，为程砚秋赎身，此后悉心教其诗文、书法、绘画及音韵，培育程砚秋成才，并为其编写新剧。

罗先生对我的艺术发展给了很多的帮助……他给我规定出一个功课表来，并且替我介绍了不少知名的先生。这一阶段的学习是这样安排的：上午由阎岚秋先生教武把子，练基本功，调嗓子。下午由乔蕙兰先生教我学昆曲身段，并由江南名笛师谢昆泉、张云卿教曲子。夜间还要到王瑶卿先生家中去学戏。（程砚秋：《我的学艺经过》，载程砚秋著，丁纪红编《身上的事：程砚秋自述》，中国广播电视出版社2009年版，第8页）

程砚秋画传

王瑶卿（1881—1954），名瑞臻，字稚庭，号菊痴，艺名瑶卿，祖籍江苏淮阴（今淮安市淮阴区）。王瑶卿为晚清昆曲名旦王绚云之子，9岁习青衣，16岁入福寿班演出，1904年入选昇平署民籍教习。他向诸多名家请益，文武昆乱兼容，清末与京剧名宿谭鑫培、汪桂芬、钱金福、杨小楼等齐名，在京城名噪一时。王瑶卿中年以后侧重刀马旦与花旦戏，创出花衫行当，推动京剧旦脚表演艺术的发展，后来专事授业，因材施教，被梨园界尊称为"通天教主"。王瑶卿为程砚秋编曲创腔，指导演出，对程派艺术的形成与发展做出重要贡献。

瑶青太夫子存念 癸亥六月 程艳秋敬呈

1923年（癸亥），程砚秋敬呈王瑶卿之《红拂传》扮装照

红拂传

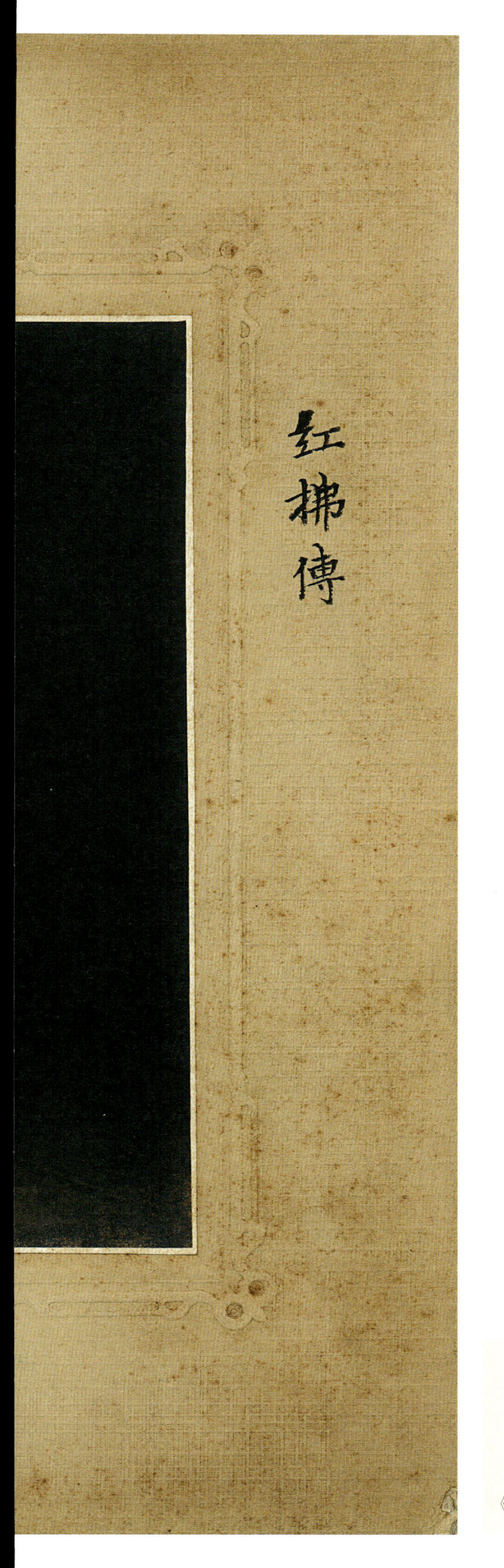

金仲荪（1879—1945），名兆棪，字仲荪，号悔庐，浙江金华人，1906年考入京师大学堂师范馆（北京师范大学前身），创办新报，主张革命，为国民党国会议员，后脱离政坛，接替罗瘿公为程砚秋编剧制曲，致力于戏曲教育，曾担任中华戏曲专科学校校长等职，为程派艺术的发展做出贡献。

扫码欣赏
《红拂传》唱段

乔蕙兰（1859—1929），字纫仙，号郑芗，清末民初著名昆旦艺人，幼年入佩春堂习昆旦，曾搭三庆、四喜、鸿庆奎等戏班，擅演《折柳》之霍小玉、《藏舟》之邬飞霞、《偷诗》之陈妙常、《盗绡》之红绡、《戏叔》之潘金莲、《说亲回话》之田氏、《游园惊梦》之杜丽娘等，1884年入选昇平署进宫承差，晚年以授艺为主。梅兰芳、程砚秋、尚小云均受其教益。

昆曲《牡丹亭·游园》，程砚秋饰杜丽娘，吴富琴（右）饰春香

程砚秋画传

曹心泉（1864—1938），名澐，字心（沁）泉，昆曲音乐家，安徽怀宁人，出身昆曲世家，幼承家学，从陆炳云学昆生，后又拜徐小香为师，因嗓败而改习场面，得三庆班曲师钱青望真传，善吹笛，兼工月琴，精音律，致力于戏曲音乐研究及制谱。民国以后，他历任南京戏曲音乐院北平分院特约研究员、中华戏曲专科学校歌剧系主任等职，留下多种珍贵曲谱及著作。

程砚秋在《虹霓关》中反串王伯当

寿亭老师武术精通道德纯备守身如玉尚义轻财励气节
侠抱谦冲众皆醉而独醒澹泊宁静自乐其天 砚秋术

道根晚堕无以为报摄待教图影用申景仰 辛巳季夏弟子程砚秋谨识

北平东方摄影

1941年，程砚秋与武术家张寿亭合影

紫云老师 六旬双庆

多福引年

受业 程砚秋敬祝

程砚秋送给武术老师高紫云的条幅

罗先生给我介绍一位武术先生学武术，因为我们舞台上所表现的手眼身法步等基本动作，与武术的动作是非常有联带关系的，学了武术，对我演戏上的帮助很大。我二十岁排演新戏《聂隐娘》时，在台上舞的单剑，就是从武术老师那儿学会了舞双剑后拆出来的姿势，当时舞台上舞单剑的，还是个创举呢。（程砚秋：《我的学艺经过》，载中国戏曲研究院编《程砚秋文集》，中国戏剧出版社1959年版，第43页）

程砚秋画传 | 047

梅兰芳

《上元夫人》戏单

《上元夫人》剧照，程砚秋在梅兰芳新戏《上元夫人》中饰演许飞琼

1919年，经罗瘿公介绍，程砚秋拜梅兰芳为师，执弟子之礼。此后，亦师亦友的两位艺术家扬帆逐浪，各创流派，共同推进京剧旦角表演艺术的繁荣时代。

张嘉璈（1889—1979），字公权，银行家，曾任中国银行总行副总裁、总经理，倾全力支持程砚秋的艺术创新，成为程党骨干。

李石曾（1881—1973），著名社会活动家、革命家和教育家，名煜瀛，字石曾，籍贯河北高阳，出身晚清显宦世家，1902年赴法留学，与张静江、吴稚晖等人在巴黎成立"世界社"，倡导赴法勤工俭学运动，参与创办中法大学、世界书局、中央研究院、故宫博物院多项事业。程砚秋游欧及办学均受到李石曾的影响和支持。

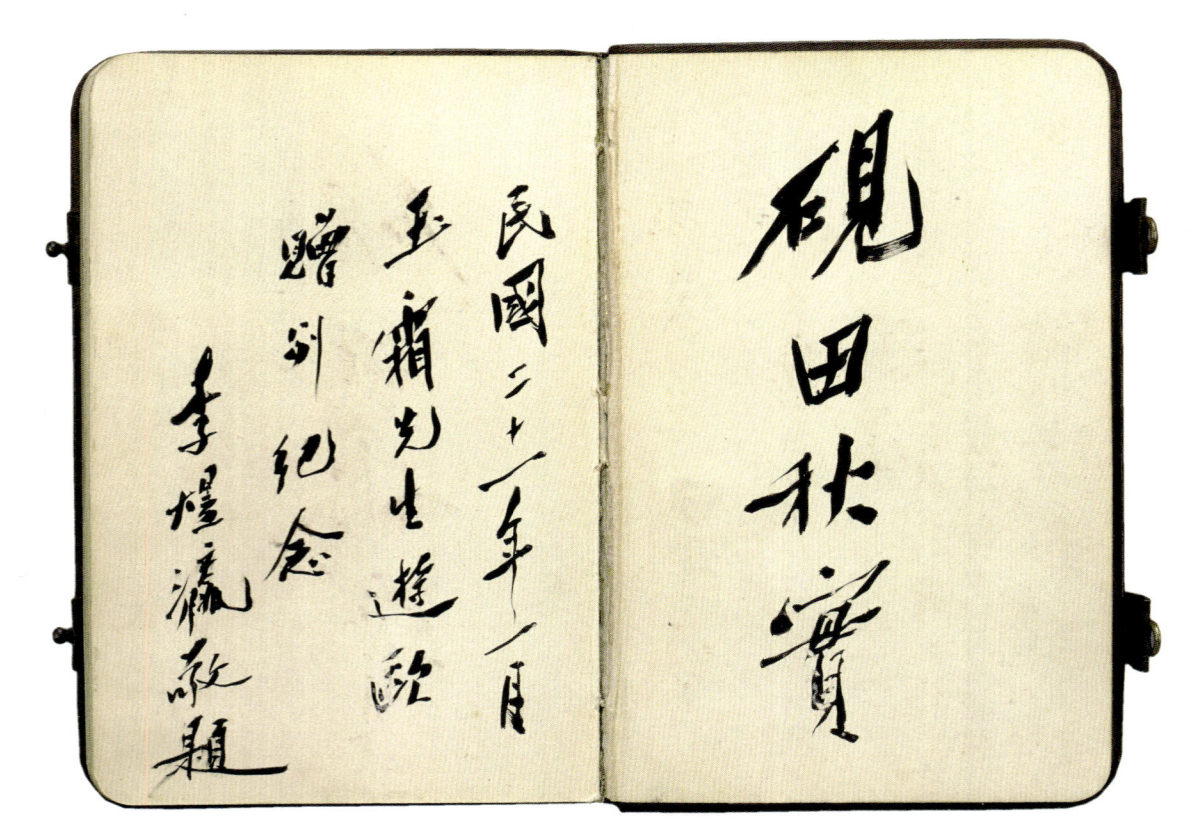

李石曾在程砚秋手册上题写游欧临别赠言

陈叔通（1876—1966），清末翰林，曾参加戊戌维新运动，辛亥革命后任第一届国会众议院议员、上海商务印书馆董事、浙江兴业银行董事等职，在政治、经济、教育、报业方面均有声望，新中国成立后，历任中央人民政府委员、政协全国委员会副主席等职务。陈叔通是程砚秋一生重要的严师诤友。

袁伯夔（1879—1939），名思亮，字伯夔，籍贯长沙湘潭。其父袁树勋为清末大臣，官至两广总督。袁伯夔曾任北洋政府工商部秘书、国务院秘书等职，袁世凯复辟后，弃官居上海，工诗文，藏书大家，为罗瘿公挚友，全心辅佐程砚秋。

1926年，程砚秋（后排左三）于上海与金仲荪（后排左一）、潘志铨（后排左二）、袁伯夔（后排左四）、周梅泉（后排左五）等合影

陈德霖（1862—1930），名钧璋，字麓畊，著名京剧旦脚演员，祖籍北京，于全福班学昆旦，后转入三庆班和四喜班学昆曲和京剧，功力深厚，昆乱不挡，会戏极多，创造京剧青衣演唱艺术新高峰，被誉为"青衣泰斗"，1890年被选为昇平署教习，京剧多位名旦如王瑶卿、梅兰芳、尚小云、程砚秋等均列其门下受教。

砚秋聘妻之父，为昔年名旦果湘林，湘林为余紫云之婿，余叔岩之姐夫，砚秋则紫云之外孙女婿也，以老亲之互相联贯，则梅兰芳亦成为姻亲矣。果湘林为王瑶卿之弟子，故砚秋之对于瑶卿为晚两辈，陈德霖于砚秋为太老师，而德霖又为叔岩之妻父，故砚秋对于德霖又为太姻丈也。
（张馨子编著：《歌舞春秋》，广益书局1951年版，第71页）

徐凌霄（1882—1961），原名仁锦，曾用名徐彬，字云甫，斋名为凌霄汉阁，祖籍江苏宜兴，清末民初著名记者、教授及京剧评论家。在南京戏曲音乐院北平分院研究所担任研究工作，创办《剧学月刊》，并任教于中华戏曲专科学校。新中国成立后，于北京大学从事整理古籍工作，后受聘为北京文史馆馆员。

杜颖陶（1908—1963），著名戏曲研究家，籍贯天津，就读于天津南开中学，后入北平艺术专门学校，长于戏曲、小说、声韵学、文献学研究，为《剧学月刊》《华北日报·俗文学》主要撰稿人，与曹心泉、陈墨香等是程砚秋剧团的主要幕僚。1951年中国戏曲研究院成立后担任资料室主任。（杜洙提供）

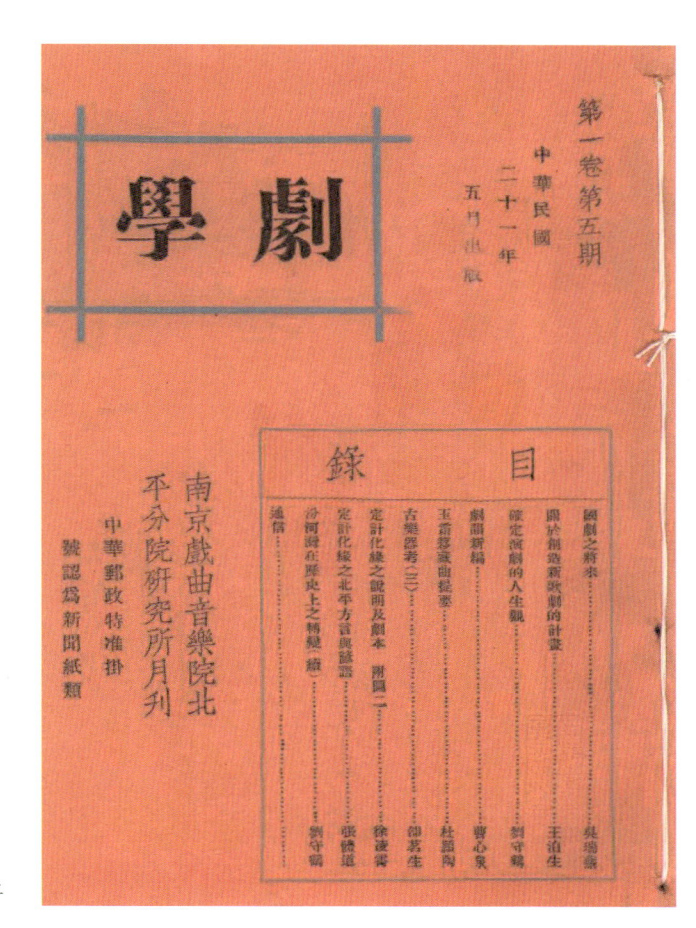

《剧学月刊》1932年第1卷第5期封面。徐凌霄、杜颖陶为《剧学月刊》学术骨干

程砚秋与李释戡（前左）、罗瘿公（前右）、萧紫亭（后右）合影

上图 | 1923年，程砚秋与罗瘿公（前排左一）、吴富琴（前排左二）、齐如山（前排左三）、许伯明（后右）合影

下图 | 1923年，程砚秋与吴富琴（左一）、许伯明（右一）、金仲荪（右二）合影

程砚秋（左三）、陈叔通（左二）、袁野鹤（左四）等游览北平崇效寺赏牡丹

程砚秋与梁华亭（左一）、陈叔通（左二）、许伯明（左三）、许姬传（左四）、许源来（左六）合影

中華民國廿五年一月十三日即乙亥十二月十九日同攝於莫干山方氏小築東籬下雪深數尺寒氣襲人玉霜將北還度歲矣越二十日丙子正月初十日株通補記

禦霜來海上索此景為記驗因以贈之廿九年四月十七日即庚辰三月初十日株通記

1936年，程硯秋與陈叔通于莫干山合影，1940年，陈叔通题记

程砚秋与余叔岩（左）合影

余叔岩为程夫人果素瑛的舅舅，他精通戏曲音韵。程砚秋在浙慈会馆曾与余叔岩同台，并参加过余的中兴社，合作过《御碑亭》《打渔杀家》《审头刺汤》等戏。程砚秋借鉴余派创腔之奥妙，触类旁通，在音韵与行腔上所得颇多。

程砚秋与高庆奎（中）、荣蝶仙（右）合影

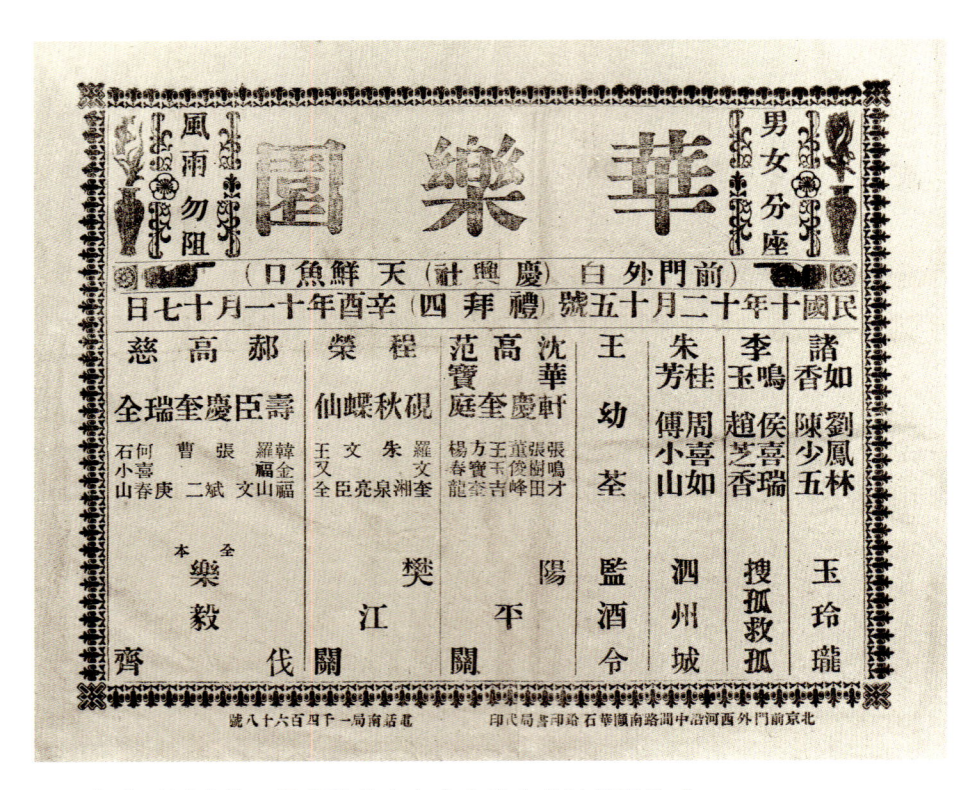

1921年华乐园戏单，程砚秋曾在高庆奎的庆兴社搭班演戏

1932年1月5日，程砚秋与梅兰芳（左）于梅宅合影

1928年，程砚秋与梅兰芳（前）、尚小云（后）合影

《西厢记》，程砚秋饰崔莺莺，梅兰芳（左）饰红娘，尚小云（右）饰张生

硯秋老棣惠存

兄姜妙香敬贈

姜妙香赠给程砚秋的题字照片

按照传统，北方京剧演员都会若干出昆曲，这是由于昆曲历史悠久，在唱念、表演上都有一套程式规范，演员学艺时以它打基础，很有好处。但是，一般说来，他们的昆曲，唱念总还带有京剧味儿，积渐成习，未可非议。惟有砚秋同志的昆曲不是这样，唱念很有南昆风格。（俞振飞：《程砚秋与昆曲》，载中国戏曲家协会北京分会程派艺术研究小组编《秋声集——程派艺术研究专集》，北京出版社1983年版，第64页）

程砚秋与俞振飞（左一）、许源来（左二）、许伯遒（左三）雅集清唱

《玉霜簃十八岁生日名贤书画册》封面

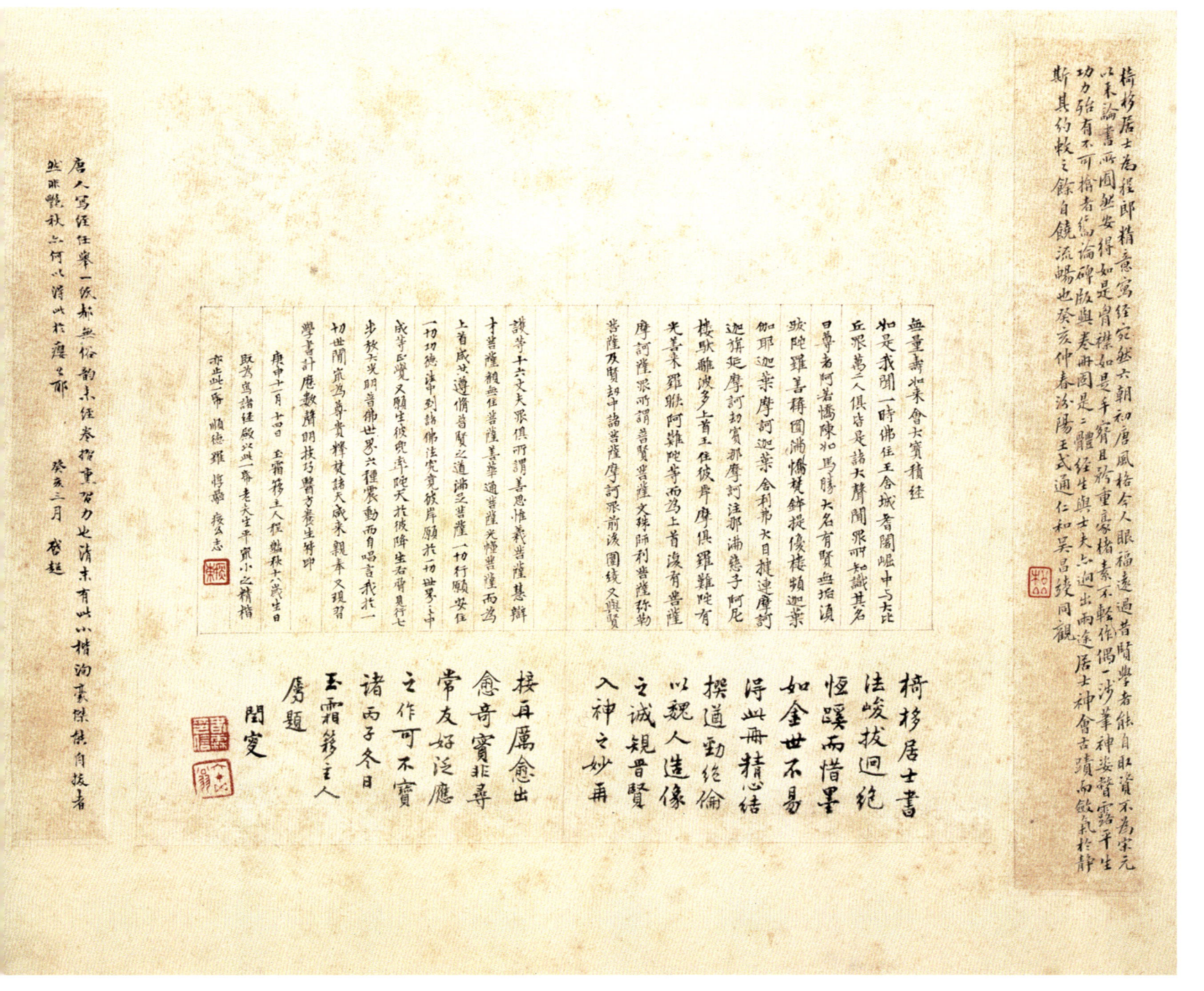

罗瘿公为程砚秋虚岁18（实为16）生日抄经，祈愿"化除凶厄，增益智慧，一切诸魔恶道远离，长依法光，永不退转"。后1923年有梁启超、王式通、吴昌绶等名流题记

1918年，梁启超受罗瘿公嘱托为程砚秋题诗

1942年除夕，程砚秋重展《玉霜簃十八岁生日名贤书画册》有感

金仲荪重抄赵剑秋题赠玉霜簃生日诗句

1922年10月12日（农历八月二十二），程砚秋首次赴沪演出亦舞台戏单

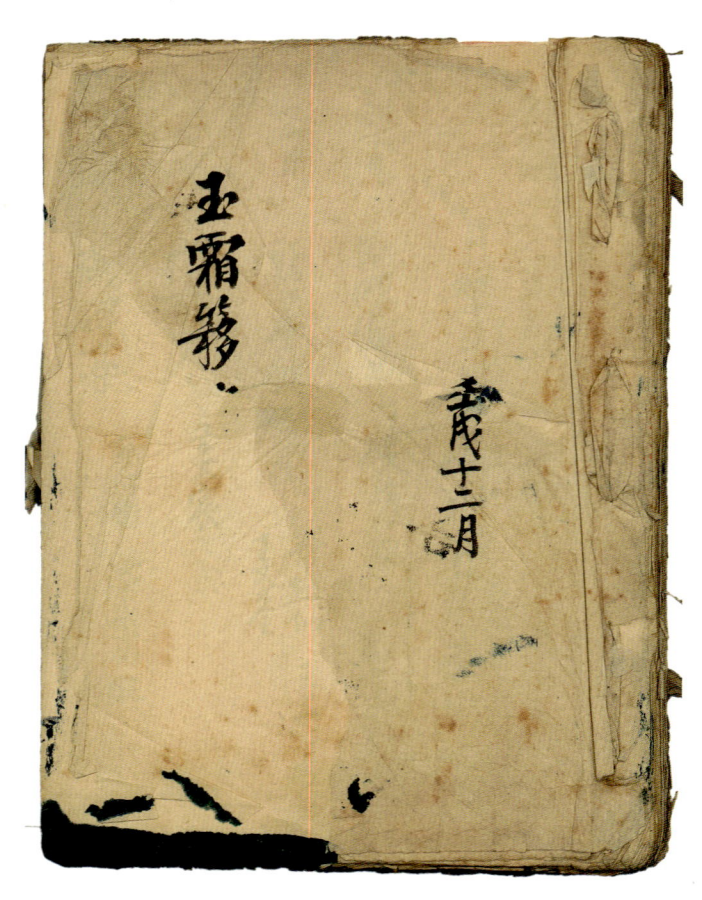

1922年12月，玉霜簃演出日志封面

1922年，程砚秋独立挑班，成立和声社，同年10月首次赴沪演出，以《女起解》、头本《虹霓关》、《汾河湾》、《玉堂春》、《御碑亭》等旧戏打炮，之后演出新戏，好评如潮，声誉鹊起。

扫码欣赏
《御碑亭》唱段

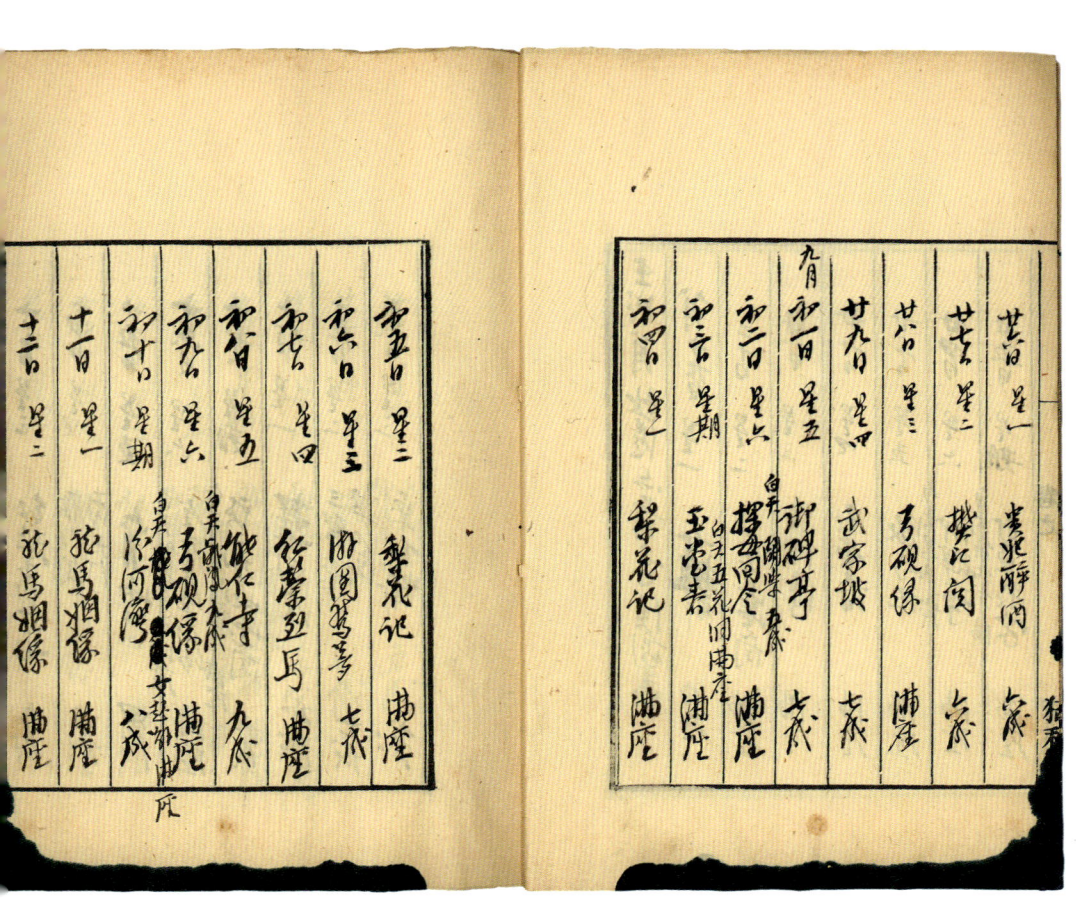

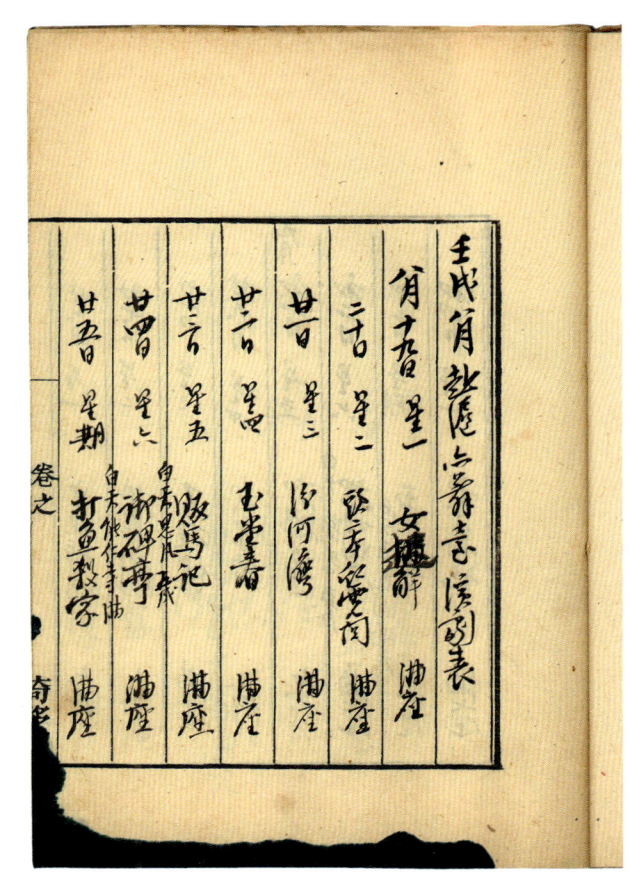

1922年10月，首次赴沪演出日志，记录农历八月十九至九月十二所演剧目

康南海
吴東邁
吴昌碩
麥曼宣
王聘三
程豔秋
王雪丞
鄧華石
王震
陳青郡
朱古澂
況夔生
余壽千
汪頌年
曹梅朸

南園大會圖

壬戌九月十三日南園主人簡照南以豔秋至滬開大會集者一百十人列圖內二十七人 庵公并記

勞敬修
陳秉謙
貴子怡
許秦雲
周松雲
鄧秋枚
簡照南 夫
張
甘翰臣

1922 年，程硯秋首次赴沪，结识罗瘿公的友人金仲荪及袁伯夔、袁帅南，此后频繁书信往来，交谊甚密。罗瘿公逝世后，金仲荪成为程硯秋的专职编剧。程硯秋赴沪期间，近代实业家简照南在南园聚集上海名流欢迎程硯秋到沪演出

潘园欢迎摄影

法领事 咸尔遜
英领事 马丁
主人 潘陈宝娥
马丁夫人
主人 潘志铨
美领事 雅克博
程艳秋
袁帅南
金兆梭

1922年，上海英资买办富商潘志铨在潘园欢迎程砚秋到沪

上图 | 程砚秋与潘志铨（中）及外国领事（右）合影
下图 | 程砚秋（前排右二）携夫人参加潘志铨宅中宴会活动

1922年，程砚秋唱堂会时与剧团成员合影。后排左起：吴富琴、程砚秋、谭小培、王蕙芳、荣蝶仙；前排左起：佚名、王又荃、韩世昌、金仲仁、郝寿臣

程砚秋画传

程砚秋的岳父果湘林

程砚秋的岳母余素霞

1923年4月26日，程砚秋与果素瑛结婚。岳父果湘林原为旦行艺人，当过"手把徒弟"，后创业经营房产和戏园，程砚秋与岳父有共同的学艺经历，彼此融洽；岳母余素霞的父亲是余紫云，三弟为余叔岩。程砚秋与妻子相敬相爱，始终如一。

果湘林（右）《三娘教子》剧照

1925年的果素瑛

1923年4月26日，程砚秋与果素瑛结婚行礼

1926年，程砚秋与母亲托氏（中）、妻子果素瑛（右）于香港

癸亥十二月

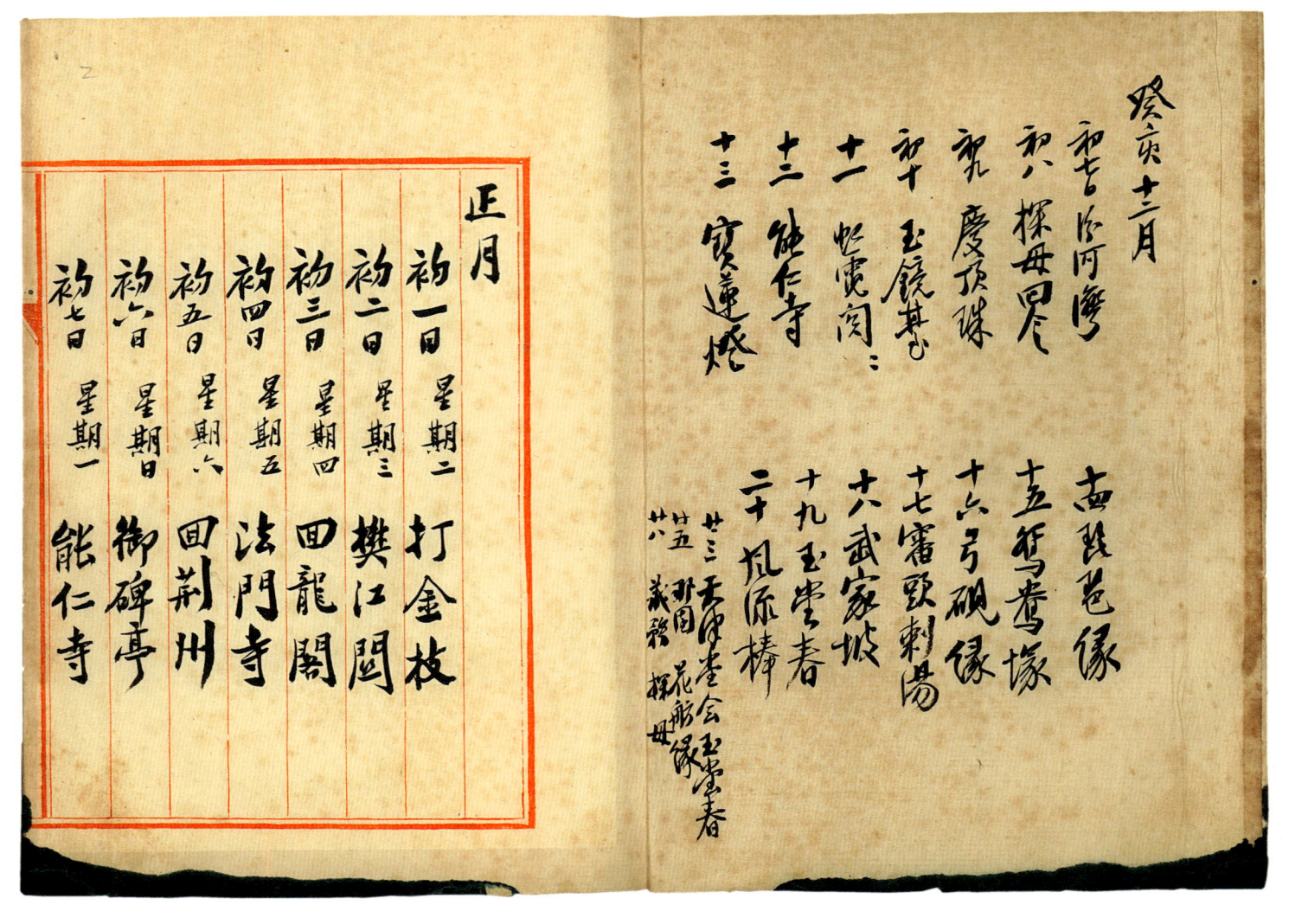

初七 探母回令
初八 探母回令
初九 庆顶珠
初十 玉镜其?
十一 忤贤阁
十二 能仁寺
十三 宝莲灯

古城起解
十五 驾鸯塚
十六 弓砚缘
十七 审头刺汤
十八 武家坡
十九 玉堂春
二十 孔派棒

廿三 王宝钏 玉堂春
廿五 廿八闯 花船缘 探母
廿二岁散戏

正月

初一日 星期二 打金枝
初二日 星期三 樊江関
初三日 星期四 回龙閣
初四日 星期五 法門寺
初五日 星期六 回荆州
初六日 星期日 御碑亭
初七日 星期一 能仁寺

1923年腊月至1924年正月的演出记录

《能仁寺》，程砚秋饰张金凤，吴富琴（右）饰何玉凤

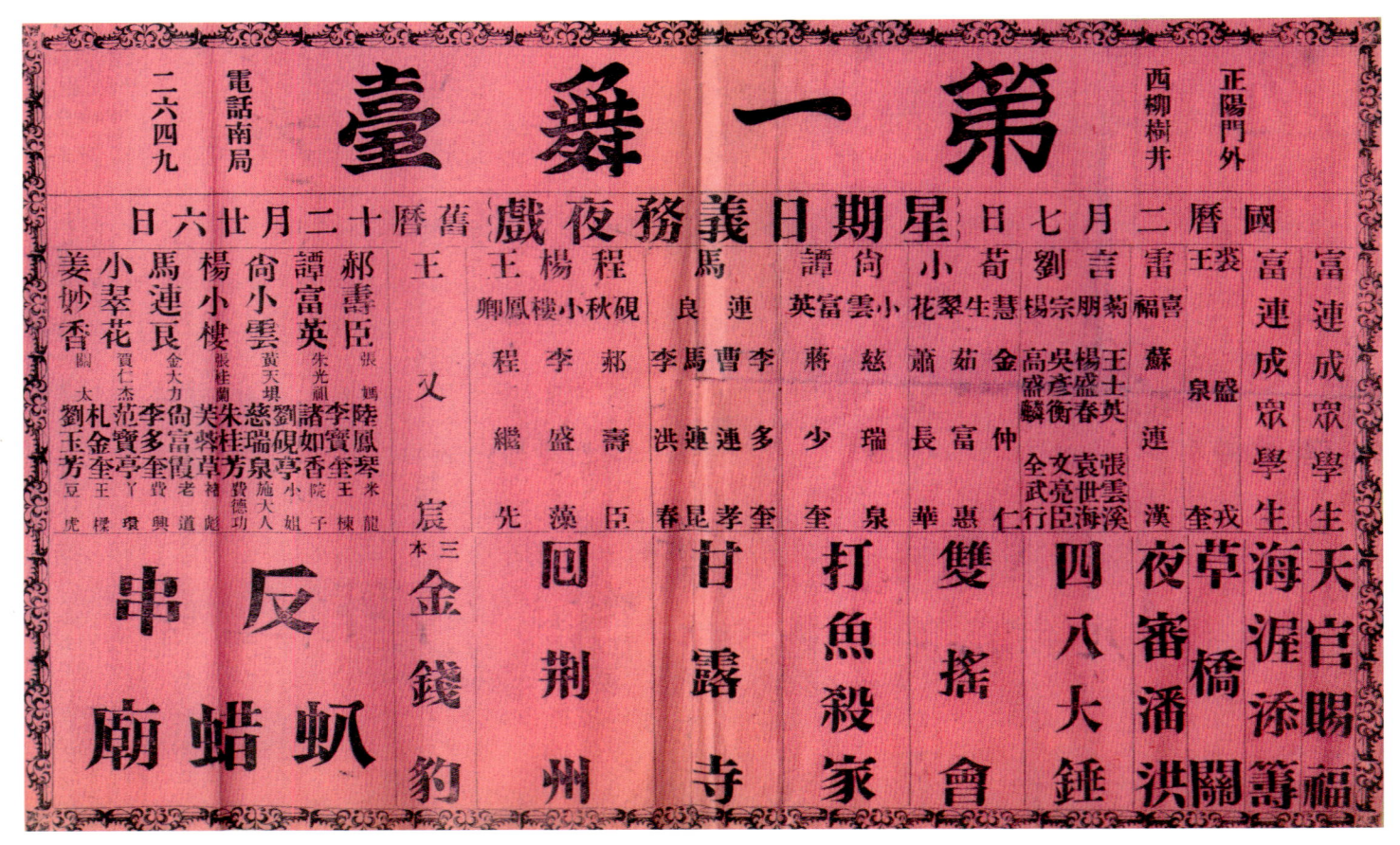

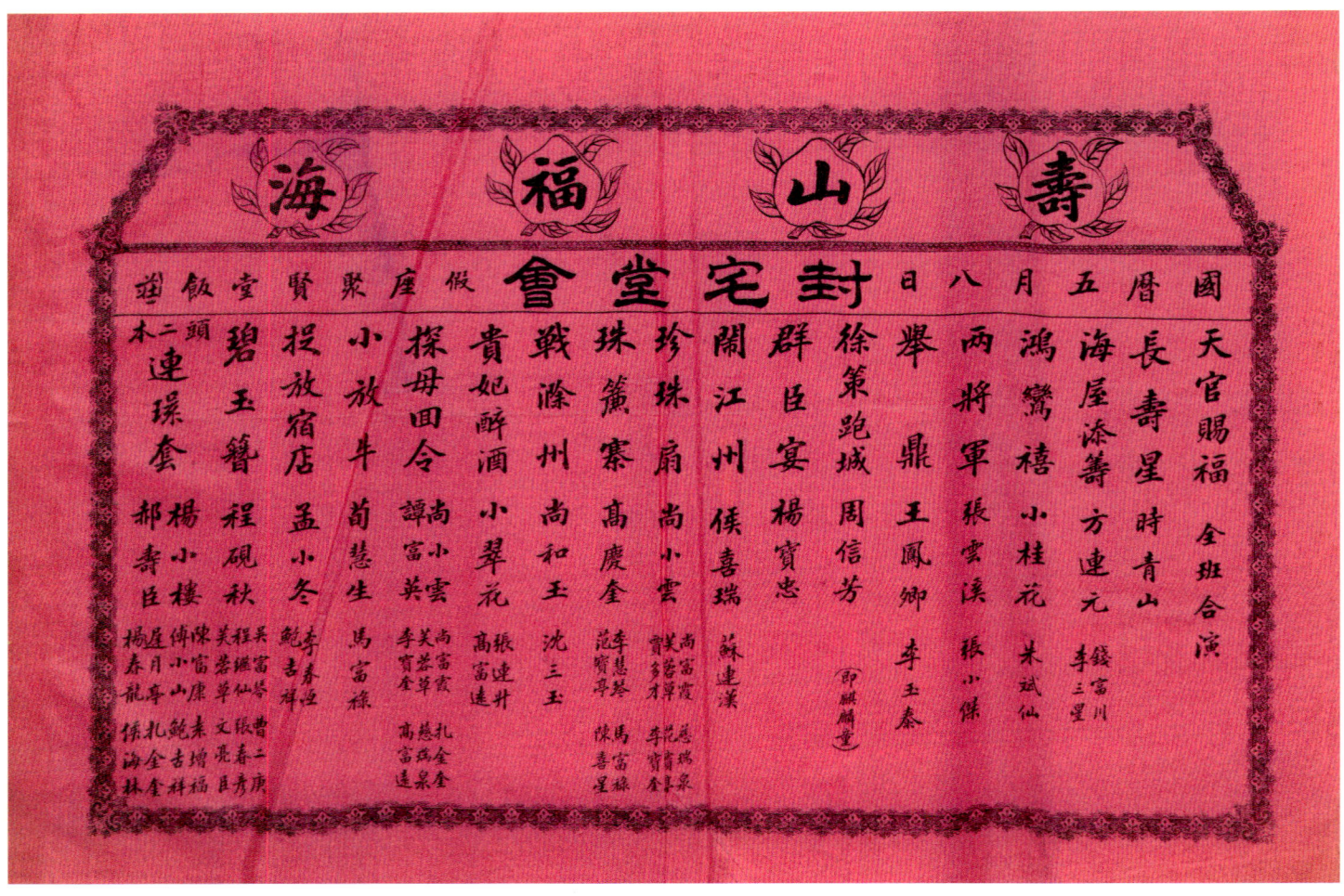

上图 | 第一舞台义务戏戏单，程砚秋与杨小楼、王凤卿主演《回荆州》
下图 | 封宅堂会戏单，程砚秋主演《碧玉簪》

《红拂传》，程砚秋饰红拂，郭仲衡（右）饰李靖

罗瘿公从1922年至1924年9月逝世前，为程砚秋编写了《龙马姻缘》《梨花记》《红拂传》《花舫缘》《玉镜台》《风流棒》《鸳鸯冢》《孔雀屏》《赚文娟》《玉狮坠》《青霜剑》《金锁记》十二出新戏。罗瘿公认为程砚秋应当创造合乎自己个性、发挥艺术特长的剧目，程砚秋在人物、情节、唱做方面都逐步走上艺术个性之路。

《罗瘿师遗墨》封面

1924年9月16日,罗瘿公逝世。程砚秋遵其遗嘱,葬罗瘿公于西郊八大处之四平台,为纪念恩师,辍演将近两月。

程砚秋在罗瘿公墓前留影

《霜杰集》封面与内容

右侧页（十五）：

风雅何人作总持老夫无日不开眉纷纷子弟皆相识祇
觉程郎是可儿
紫稼当年绝代人梅村蒙叟足相亲而今合待樊山老评
尔筵前一曲新

　　　　　　　　　　　　　　　　　　　癭　公

有述

金缕初解鸟高飞谁道轻抛旧舞衣柳絮作团春烂漫随
风直送玉郎归
羽林旧是从龙族土室竟为雏凤巢手挈琼枝还阿嬭感
深甯惜泪痕抛
要与梅花作代兴他年信汝是传镫纷纷余子徒为尔务
力当登最上层
径与移居傍梅坞开时教诵老夫诗晓风丽日么絃罢促

左侧页（十四）：

窃持此以自解悔庐附识

怀癭师

明月似诗魂见月不见人回想伤心语时时泪满襟西山
虽在望独坐欷良辰供影亲罍酒聊以尽我心恩义实难
忘对月倍伤神

　　　　　　　　　　　　　　　　　玉霜原作

诗类

赠程郎

　　　　　　　　　　　　　　　　　癭　公

程艳秋京旗人父荣某国变后冠汉姓父殁寄养
伶人荣蝶仙家延师教艺习青衫三年始出奏技
今十六岁矣余屡闻人誉艳秋未之奇也一日观
梅郎剧罢杨子穆生盛道艳秋声色之美遂偕听
曲一见惊其慧丽聆其音宛转妥贴有先正之风

《霜杰集》内文页

《霜杰集》，1927年9月出版，搜集题赠玉霜簃的诗文、报刊评论及新编各剧说明，为程砚秋早期重要文献资料。

花菊郁金（1925—1931）

程砚秋经历梨园种种历练，犹自强不息，力争上游，勇于革新。1924年罗瘿公去世后，程砚秋开始独立承担唱腔设计、身段编排、舞台美术等工作，与担任编剧的金仲荪共同编创《梅妃》《文姬归汉》《荒山泪》《春闺梦》等经典名剧。程砚秋风华正茂，他的禀赋不仅在于舞台，还在于一生博览群书，他阅读《燕兰小谱》《顾曲麈谈》《曲论》等戏曲典籍，学习佟晶心、宋春舫的戏剧理论，关注新文化运动后的社会动向，对中外戏剧都有旺盛的求知心。1931年，27岁的程砚秋在报刊上发表文章，提出京剧需要现代化的问题；他发表《检阅我自己》和《我之戏剧观》两篇文章，提倡重视戏剧、艺人的社会定位和社会价值。在名扬四海、最受追捧之际，他深刻自我反省，建立起独立的戏剧观和艺术理念。

青年程砚秋

左图 | 《龙凤呈祥》，程砚秋饰孙尚香
右图 | 《四郎探母》，程砚秋饰铁镜公主

《二进宫》，程砚秋饰李艳妃，王泊生（左）饰杨波，徐凌霄（右）饰徐延昭

程砚秋在上海演出时，与自家鸣和社成员、当地配戏演员及经理、管事等合影。前排左起：林树森、郭仲衡、程砚秋、贯大元、王又荃、侯喜瑞；后排左起：吕月来、李桂芳、荣记大舞台王经理、小阿四、金庆奎、谢水福

1923年，程砚秋（左四）与彭筱秀（左一）、彭秀康（左二）、金仲荪（左三）等在北海公园合影。香港太平戏院托北京城南游艺园经理彭秀康邀约程砚秋赴香港演出

1926年7—8月，程砚秋带领鸣和社于香港演出43天，京昆新戏旧戏均获好评。7月2日，程砚秋赴港途中抵沪，精武会上海分会举办欢迎宴会后合影。"精武会"粤乐部成立于1918年，会员研究中西乐理，以改进国乐为目标，与上海粤侨为中心的中华音乐会关系密切，每月举办同乐盛会。程砚秋赴港演出之际，该会联合电影明星、旅沪粤人设宴欢迎。前排右起：彭秀康、周瑞安、吕文成、程砚秋、张织云、卜万苍；正对张织云后排戴眼镜者为编剧家郑正秋

1926年，程砚秋在香港留影

1926年，程砚秋（前排左二）与彭秀康（前排左一）及香港绅商合影

1926年，程砚秋（左三）与剧团成员在香港浅水湾合影

1926年，程砚秋（上排中）等在香港浅水湾海水浴场嬉戏

《文姬归汉》，程砚秋饰蔡文姬

程砚秋赴港演出，正值盛夏，观者挥汗如雨。程砚秋演《文姬归汉》则穿戴狐皮冠服，自始至终从容不迫，气度非凡。香港太平戏院两千座位皆满，还有许多站立观戏者，鼓掌叫好声震动屋瓦。

程砚秋画传

左图 ｜ 程砚秋便装照
中图 ｜ 1926年，程砚秋在澳门庭院中
右图 ｜ 1928年，程砚秋怀抱长子永光合影

程砚秋画传

程砚秋风华正茂

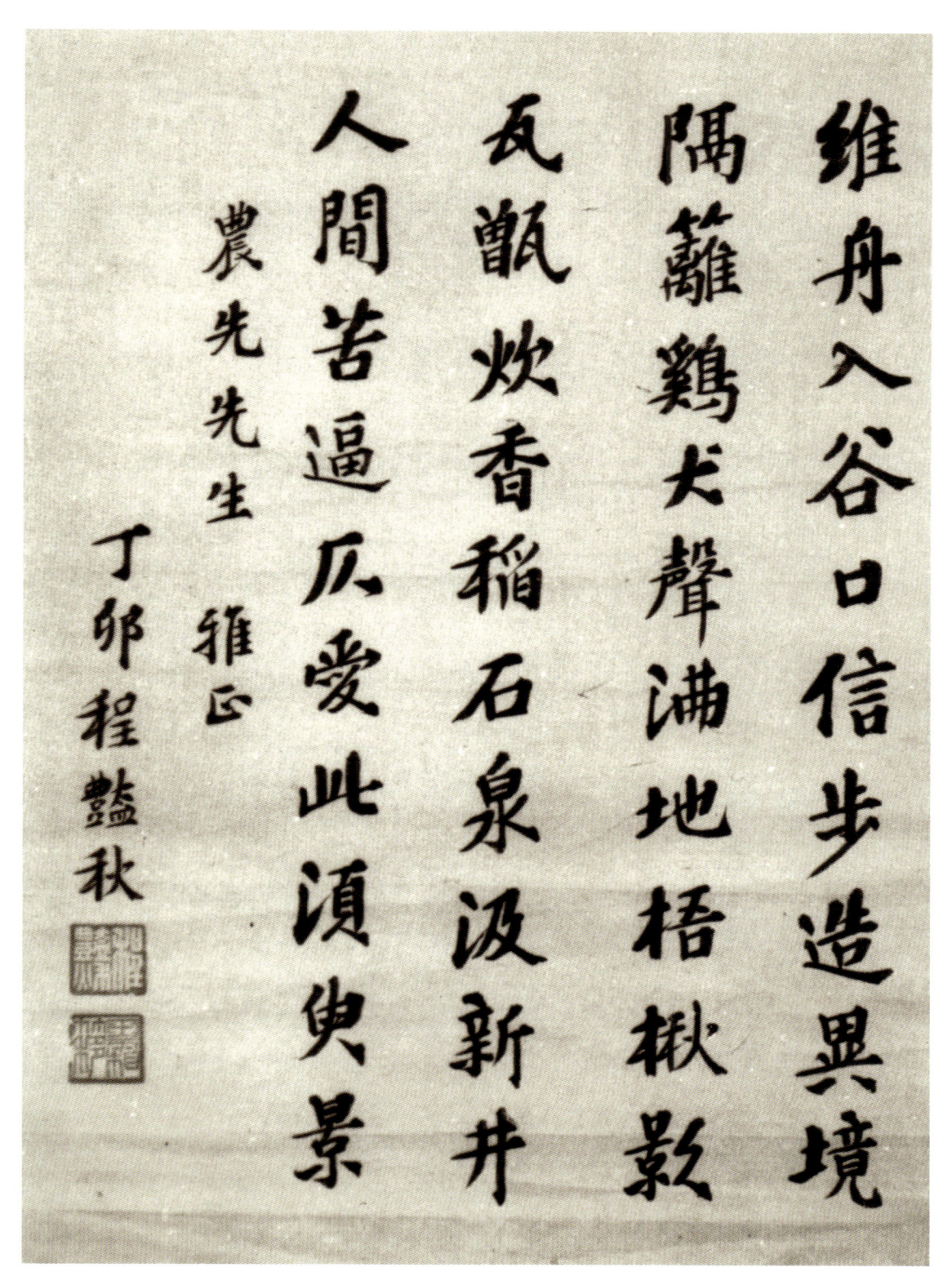

> 维舟入谷口信步造异境
> 隔篱鸡犬声满地梧楸影
> 瓦甑炊香稻石泉汲新井
> 人间苦逼仄爱此须臾景
>
> 农先先生 雅正
> 丁卯 程艳秋

1927年，程砚秋亲笔抄写陆游诗句赠农先先生。陆游泛舟游赏时，即景生情，步孟浩然《耶溪泛舟》韵赋诗十首，这是其中第二首，风格闲适古淡，真挚淳朴

1927年，《六五花洞》，左起：王幼卿、筱翠花、尚小云、梅兰芳、程砚秋、荀慧生，六人饰真假潘金莲

程砚秋画传

1928年4月8日，为修造东岳庙梨园祖师殿于第一舞台演出义务戏戏单

1930年，程砚秋重组鸣和社后，于9月至11月间第六次赴沪演出。时值中秋，冠生园总经理冼冠生、协理薛寿龄等迎宴程砚秋，恰逢欧碧馆主黄玉麟将赴滇南，因此设欢迎与饯行之宴。沪上报界达人周瘦鹃、严独鹤、余空我、蒋剑侯、舒舍予，画家吴天翁、丁悚，剧评家徐慕云等同席。宴毕后合影留念，王少楼为重组鸣和社后新请的生行艺人，此次沪上演出还特邀赵桐珊助阵。

上图 ｜ 1930 年，程砚秋赴沪期间与伶界、报界友人合影。一排左起：薛寿龄、赵桐珊、黄玉麟、程砚秋、王少楼、冼冠生；二排左起：徐慕云、周瘦鹃、孙雪泥、蒋剑侯、余空我、诸宛明、项康元、吴天翁；三排左起：陆澹安、严独鹤、丁悚、舒舍予、顾芷庵、顾国华、樊发源（陆康提供）

下图 ｜ 1931 年 9 月 12 日，第一舞台，北平梨园公益总会十六省水灾急赈义务戏戏单

程砚秋画传

左上 | 1928年，程砚秋（左八）与舒石父（左一）、梁华亭（左五）、许伯明（左六）、张体道（左七）、许姬传（左九）、王少楼（左十）、王晓籁（左十一）、姜妙香（左十二）等合影

左下 | 程砚秋（左五）与梁华亭（左二）、许姬传（左四）、王少楼（左六）、张体道（左七）、姜妙香（左八）、舒石父（左九）等合影

右图 | 合影。从左至右：沈雁冰、萧石朋、刘质平、佚名、易海翁、程砚秋、佚名、金仲荪、梁华亭、侯喜瑞、高登甲

上图 | 1931年6月，杜（杜月笙）氏家祠落成招待北平艺员合影
下图 | 1931年，御霜簃主赴申同人公饯纪念

程硯秋画传

1931年，汤定之为程砚秋绘贺年新春图

1931年7月，程砚秋手书陆游《临安春雨初霁》《哀郢》中堂

程砚秋喜欢抄录陆游诗。《临安春雨初霁》是陆游在家乡赋闲5年后，在临安等待觐见时所写。"小楼一夜听春雨，深巷明朝卖杏花"为名句，表面是清新隽永的春光，但国事家愁，志不得伸，愁绪一夜如雨。《哀郢》是屈原《九章》之一，陆游写楚国都城郢的盛衰。联想1931年程砚秋《荒山泪》《春闺梦》的首演，程砚秋手书《苦兵集》，以及中华戏曲音乐院分北平、南京两部分发展，半年后程砚秋即远赴欧洲考察等情况，我们看到他将末尾两句"离骚未尽灵均恨，志士千秋泪满裳"，从"秋"字开始字号写小，程砚秋以诗情诗意自况，吊古伤今而又踌躇满志。此篇两诗正是他内心巨大转折之际的映射。

上图 | 1931年冬月，金仲荪为程砚秋将赴欧洲而赋赠诗篇
下图 | 什锦花园程宅

左图 | 程砚秋藏王瑶卿画松、韩慎先补瀑布、金仲荪书题立轴四尺画
右图 | 于右任书赠程砚秋中堂

1932年1月8日，北平市长周大文于私宅设宴饯别程砚秋合影（辨识出部分人员并标识，请扫码查看）

程砚秋画传

1932年1月10日，中华戏曲音乐院南京分院欢送程砚秋赴欧合影。前排左起：刘守鹤、佚名、曹心泉、赵曾隆、程砚秋、赵新生、林素珊、荀慧生、陈墨香、徐凌霄；中排：张体道（左五）、金仲荪（左六）、邵茗生（左七）、许兴凯（左八）、杜颖陶（左九）；后排：焦菊隐（左一）、王泊生（左二）

程砚秋画传

1932年1月12日，李石曾组织的北平世界社联合各界于中南海福禄居举行盛会，公饯法国物理教授郎之万与程砚秋。出席者有郑毓秀、魏道明、周作民、于学忠、徐永昌、梅兰芳、张伯驹、余叔岩、齐如山、曹心泉、王泊生等。

1932年1月12日，北平世界社聚餐会合影

中华民国廿一年一月十二日北平

抱香枝头（1932—1948）

　　1932年1月至1933年4月，程砚秋游学欧洲，他学语言、看演出、探访剧团、与戏剧家交往、收集戏剧资料。他关怀整个中国戏曲界的改善与提高，演出经营制度、艺人生活福祉、戏曲教育和发展等问题，时刻萦绕在他心头。日本侵华战争的爆发使中国文化艺术的发展陷入停顿的局面，在此背景下，程砚秋并未懈怠。他将鸣和社改组为秋声社，希望以此凛冽之声唤起国民的注意。程砚秋率领秋声社新排了表现明末遗民抗敌的《费宫人》，与其他常规戏一起演出，南下北上，为各地的灾难筹款巡演。他拒绝为日伪演出，面对日伪的迫害，他归隐青龙桥耕种，深居农圃，显示出中国人不畏外侮、坚强不屈的气节。

程砚秋

程砚秋

1931年12月11日，程砚秋在《北平新报》上发表题为《检阅我自己》的文章，对自己的演出剧目进行回顾和反思。接着，他在12月25日面向中华戏曲专科学校学生发表了题为《我之戏剧观》的演讲，提出"演任何剧都要含有要求提高人类生活目标的意义"。1932年1月1日程砚秋生辰之际，他在报上刊登启事，宣布将"艳秋"改为"砚秋"，改字"玉霜"为"御霜"，此时程砚秋实满28岁。他由实践经验上升到理性自觉，开始深入思考戏剧与社会、思想与艺术、演员的存在价值等问题，在名扬四海、最受追捧之际，他深刻反省自我，建立自己的戏剧观和艺术理念。

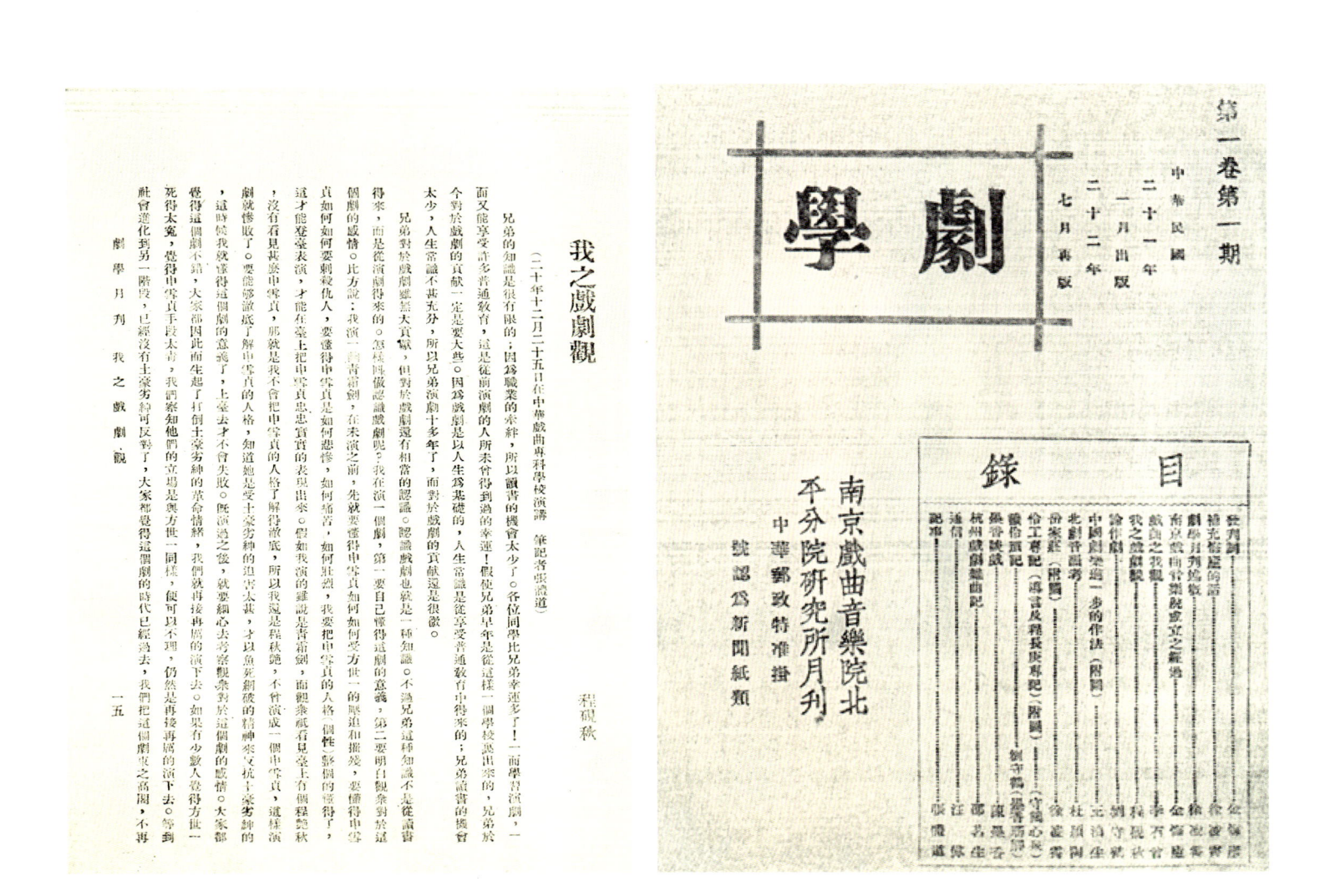

左图 | 程砚秋《我之戏剧观》发表于《剧学月刊》1932年第1卷第1期
右图 | 1932年1月出版的《剧学月刊》第1卷第1期目录

程砚秋：赴欧考察戏曲音乐报告书

1932年1月13日，程砚秋开启赴欧旅程

程砚秋的赴欧考察求学活动历时一年零三个月，其中既有加入以李石曾为团长的中国教育考察团，参加在法国尼斯召开的国际新教育会第六次大会的公共任务，也有寓居巴黎及柏林求学、观摩、研究、收集戏剧资料的个人活动。1933年4月返回北平，当时报刊广泛报道程砚秋的考察情况，同年8月，程砚秋发表《赴欧考察戏曲音乐报告书》。

1933年4月7日，程砚秋从欧洲返回北平，剧界同人及家人于前门火车站迎接

1933年4月29日，玉霜簃主游欧归国同人公宴，程砚秋（前排左四）与金仲荪（前排左二）、梁华亭（中排左四）、张体道（中排左五）、李伯言（中排左六）、袁野鹤（中排左七）、许志平（中排左九）、刘守鹤（后排左四）等合影

1933年12月，程砚秋赴济南演出时登泰山，于泰山顶镌刻"御霜"二字以明志

一件改革的事业，决不是个人的思想和能力所能成功的，伶界现在是一个很严重的时代，改革是不容再缓了。怕人家批评纠正，譬如讳疾忌医。但是有一点要求社会原谅的，现在的京剧，好像一幢旧房子，虽然急须改造，但是新屋未曾完工以前，是不能不加以保护的。因为在旧屋子也有旧屋子原价值，况这旧屋子下面，有许多我们伶界同业靠它来掩护，而且很有价值的旧房子修葺起来，或者比偷工减料的新屋子也许还来得可靠些。（《程砚秋访问记——对于改良旧剧的感想　新屋未成旧屋须爱护》，《新闻报》1933年11月4日）

1933年，程砚秋自欧洲归国时全家合影。前排左起：永光、永源、慧贞；后排左起：程砚秋、程母托氏怀抱永江、果素瑛

1934年，程砚秋夫人果素瑛（中）与永光（右一）、永源（右二）、慧贞（右五）、永江（右四）合影

程砚秋与永源（右一）、慧贞（右二）、永江（右三）合影

1938年，程砚秋夫妇与永源（左五）、永江（左三）、慧贞（左一）、静贞（左二）合影

1935年4月，程砚秋（前排左四）带领鸣和社到汉口和记大舞台演出

1935年5月，程砚秋带领鸣和社赴长沙演出，抵达即参观慈善教育家曹孟其创办的湖南省孤儿院。程砚秋在孤儿院发表讲话："对诸位小朋友说话，也离不开艺术二字……艺术化是要真、要美、要善，求学问便是真，有纪律便是美，讲道义便是善，讲求真美善，才可作好人，行好事。希望诸位小朋友无论在工在读，全向艺术化路上走去。"［转引自程永江编撰，北京市政协文史资料委员会编《程砚秋史事长编》（下），北京出版社2000年版，第380页］

1935年5月，程砚秋带领鸣和社赴长沙演出时，慈善教育家曹孟其于奇珍阁欢迎合影（辨识出部分人员并标识，请扫码查看）

1935年5月，程砚秋于长沙金星大戏院演出戏单，当地戏院底包为民乐大京班

上图 | 1936年，程砚秋与夫人果素瑛（左四）、李锡之（左一）在什锦花园程宅招待回国探亲的美国影星黄柳霜（左三）
下左 | 1937年，程砚秋（中）在家里与收藏家李荫轩（左三）等合影
下右 | 程砚秋夫妇与王吟秋等在燕京大学留影

1936年9月，RCA（亚尔西爱胜利）唱片公司在北平灌录唱片，于北京饭店欢宴各大艺员合影。前排左起：杨宝森、谭富英、梅兰芳、杨小楼、谭小培、程砚秋、刘砚芳；后排左起：蒲美钟、师耀章、姚玉芙、赫顿、李伯言、张体道、商行彦

《程砚秋专集》由黄金出版社于1938年11月、1940年4月、1941年10月分别出版过三个版本，主编为吴江枫、汪其俊等。这是为欢迎并纪念程砚秋到沪上演出而出版的专集，三个版本均设文字、唱词、剧照三部分内容，收录程砚秋剧目唱词、评价其艺术成就的文章，并附有多张摄影师现场拍摄的演出剧照及生活照，是记录程砚秋在上海演出的重要资料。

左图 ｜ 1938年版《程砚秋专集》
中图 ｜ 1940年版《程砚秋专集》
右图 ｜ 1941年版《程砚秋专集》

1937年4月21日，程砚秋改组鸣和社，正式成立秋声社，由吴富琴任社长，请李锡之协助顾问。同年7月，程砚秋、俞振飞为筹款义演赴太原，结束演出准备返回北平时，七七事变爆发，程砚秋等人坐汽车辗转赶返北平。程砚秋数月蛰居家中，拒绝为日伪演出，但他并未完全中断演出，因为"惟同业生活极窘，又届严冬，势又不能坐视，终须出为维持耳"（1937年12月写给好友袁帅南的信）。

1937年7月，程砚秋赴山西演出，交通部山西电政管理局电声国剧社欢迎程砚秋（前排右七穿西装者）、俞振飞（前排右八穿黑衣者）留影

交通部西山电政管理局电声国剧社欢迎程砚秋俞振飞

程砚秋画传

宴于程君艺及诸会员观李释戡邓子敬题
海中道比用雪

1940年5月,程砚秋(一排左十一)带领秋声社到山东烟台募款赈灾义演,端午节烟台市商会宴请后合影

1940年5—6月,程砚秋应山东烟台商会会长邹子敏等邀约,从上海黄金大戏院结束演期后,赴烟台丹桂舞台演出义务戏。

翁偶虹（张景山提供）

程砚秋书赠翁偶虹扇面（张景山提供）

1940年5月3日，程砚秋首轮演出《锁麟囊》戏单（张景山提供）

扫码欣赏
《锁麟囊》唱段

1942年4月26日，孟静斋假济南上海银行向程砚秋举行拜师典礼合影（辨识出部分人员并标识，请扫码查看）

1942年春夏两季，程砚秋率领秋声社演出于济南、青岛、烟台、上海、天津，9月结束沪上演出返回北平时，在前门东车站遭到铁路警宪盘查群殴，报复其多次拒绝为日伪演出的行为，戏箱亦遭破坏。之后程砚秋便归隐西山耕种，罢歌息演。

1943年年初，程砚秋开始在北平西山青龙桥务农

1943年9月10日 自己做饭，觉得由早至午甚忙，饭毕洗碗打扫完休息，真感到舒适，人应每日勤劳才感痛快，不然甚闲也不觉休息时之愉快。老范去八大处接老伴，李德久、刘涌泉兄来，留其食窝窝头，由我做饭，甚为有趣。[程永江编撰，北京市政协文史资料委员会编：《程砚秋史事长编》（下），北京出版社2000年版，第491页]

吃自己种的玉米　　　　　　　　　　　　　　　　　　　　　　　　　　　　荷锄种地

程砚秋临帖作画

程砚秋于西山青龙桥务农，深居农圃。此时他开始每天记日记，从日记中可以看到他盖房种地辨玉米，研究栽种芝麻用何种肥料、每日作画临碑帖，阅读《史记》《三国志》《明本纪》等典籍。

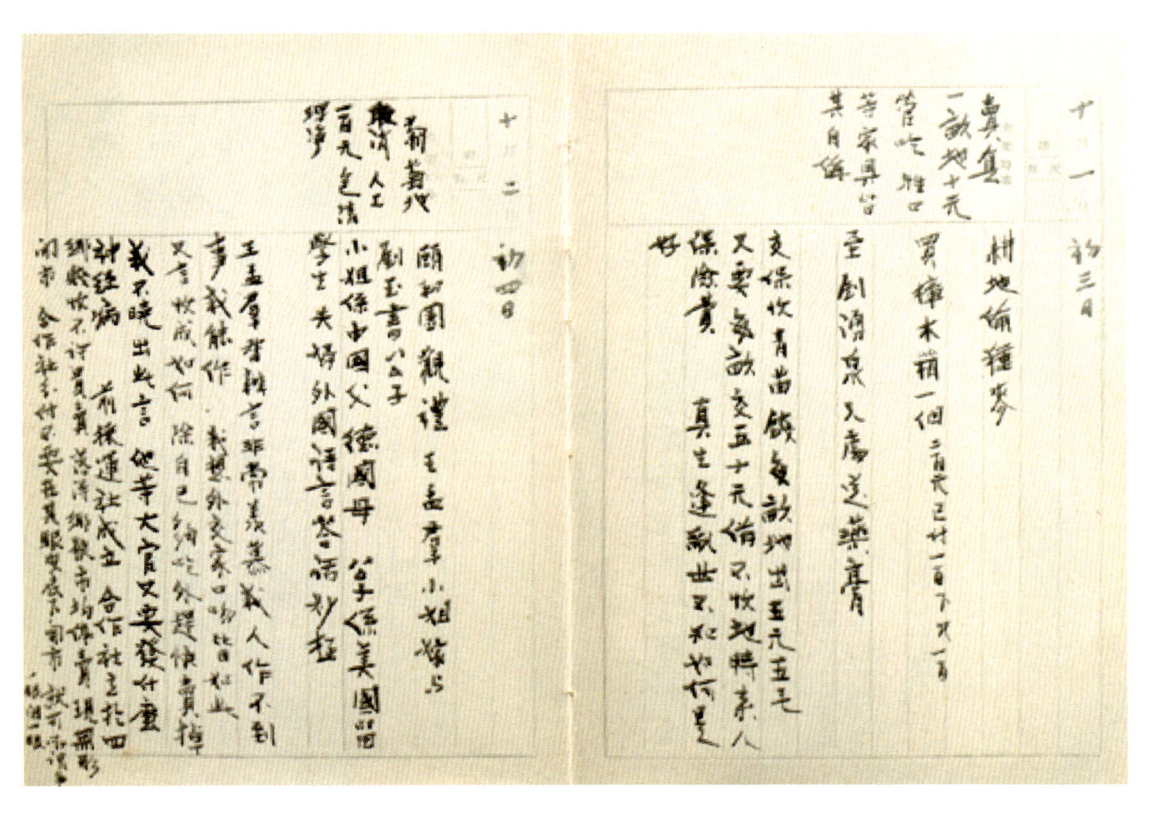

程砚秋在青龙桥务农期间的日记

程砚秋寓居青龙桥时期的信封、信笺（谷卿提供）

程砚秋在乡间小路散步

程砚秋与上海"三剑客",唐在炘(左一)、熊承旭(左三)、闵兆华(左四)

1946年程砚秋于沪上演出期间,发现三个热爱程派的年轻人:拉京胡的唐在炘是圣约翰大学土木工程系大学生,拉京二胡的熊承旭是中华职业补习学校学生,弹月琴的闵兆华是初中生。程砚秋非常喜欢他们,爱称他们为"三剑客"。

程砚秋在书房画梅花

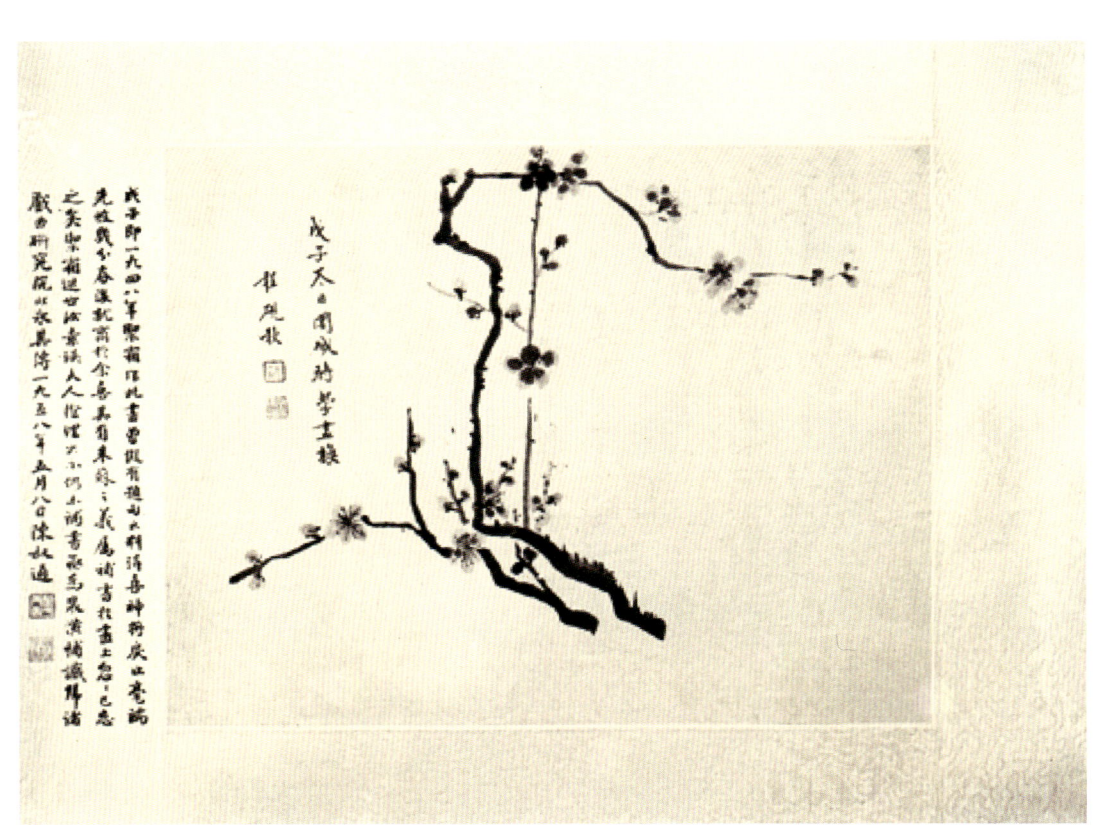

1948年，程砚秋所绘梅花图，陈叔通1958年题字

程砚秋画传 | 153

孤丛色艳（1949—1958）

中华人民共和国的成立为京剧和各种传统戏曲带来了崭新的生机。程砚秋人到中年，遇上新的社会体制，更有几分新鲜。新中国如同少年人的天下，充满了各种新的想法和规划，这让程砚秋觉得自己的戏剧理想有可能在这里付诸实现。他担任了中国戏曲研究院的副院长，参加了第一届全国戏曲观摩演出大会，又加入中国人民第三届赴朝慰问团赴朝鲜慰问演出，出国到德意志民主共和国、匈牙利等地参观访问。他亲赴西北考察地方戏曲剧种，又带领旅行剧团赴山东、徐州乃至西南一带考察，深入基层的生活加强了程砚秋与中国戏曲的联系，在此过程中形成了戏曲调查研究的方法，同时也对中国戏曲整体研究提出详细而宏观的构想，以后类似的研究法成为中国戏曲研究院的重要学术研究手段。可以说，后来的中国艺术研究院所采用的戏曲研究方法和戏曲理论体系建设有一些即源自程砚秋的戏曲考察及相关报告成果。

1957年，程砚秋便装照

焕然一新的程砚秋

1949年4月，程砚秋作为中国代表团成员参加第一届世界保卫和平大会，与徐悲鸿（左二）、曹靖华（左三）、戈宝权（左四）合影

1949年4—5月，第一届世界保卫和平大会召开，以郭沫若为团长，程砚秋与章伯钧、钱三强、翦伯赞、郑振铎、邓初民、曹靖华、马寅初、田汉、洪深、曹禺、艾青、丁玲、徐悲鸿、戴爱莲等人参加，在捷克斯洛伐克和苏联度过了两个月。程砚秋一直以来通过戏剧作品反对战争、追求和平，这次他作为中国文艺界的代表，成为一位真正的和平使者。

1949年5月，程砚秋参加世界保卫和平大会时，在布拉格与长子永光（左）团聚

程砚秋长子永光1934年10岁时赴日内瓦国际学校留学，父子两人阔别15年，于布拉格重逢。在会议期间，程永光帮助中国代表团做翻译工作。

1949年4月,程砚秋(左二)参加世界保卫和平大会时在捷克斯洛伐克首都布拉格留影

1949年7月,梅兰芳、程砚秋、熊佛西等参加中华全国文学艺术工作者第一次代表大会

程砚秋先生:

来示敬悉。上月廿日我去戴镜元同志处时,得由他引导入贵处参观,给我等印象极佳。光生有意研究马列主义,甚为钦佩。现赠送斯大林著《论列宁主义基础》及《中国革命读本》各一册,这是比较务易看的读本。希笑纳并祝

健康

任弼时 九月十日

1949年9月10日,任弼时给程砚秋的回信

1949年9月，程砚秋与袁雪芬（左二）、梅兰芳（左三）、周信芳（左四）参加中国人民政治协商会议第一届全体会议

1950年11月7日，程砚秋（前排左三）与兰州新生剧校同人合影

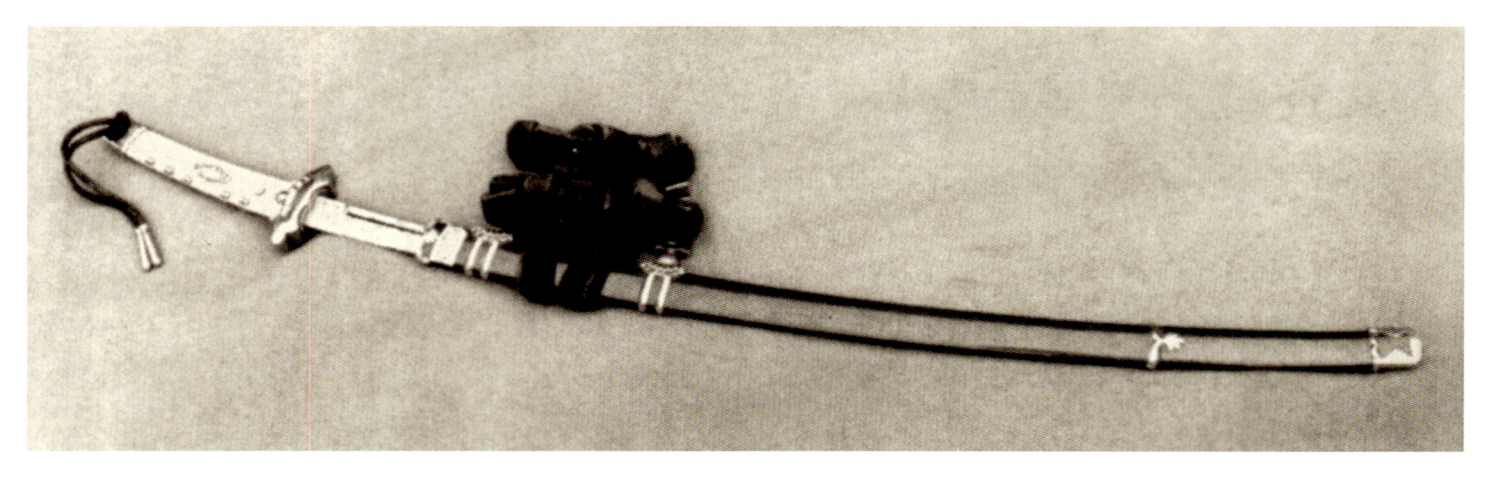

贺龙亲赠程砚秋抗日战利品——一柄日本军刀

1950年，田汉主持文化部戏曲改进局时邀请京剧老艺术家座谈合影（辨识出部分人员并标识，请扫码查看）

中央人民政府政务院任命程砚秋为中国戏曲研究院副院长的通知书及信封

1952年10月至11月，文化部在北京举办第一届全国戏曲观摩演出大会，程砚秋获得大会荣誉奖。从左至右：盖叫天、常香玉、程砚秋、周信芳、梅兰芳、袁雪芬、王瑶卿

上图 ｜ 程砚秋与梅兰芳（左三）、周信芳（左一）、马连良（左四）在朝鲜合影
下左 ｜ 1953年10月，程砚秋加入中国人民第三届赴朝慰问团，赴朝鲜慰问中国人民志愿军，与梅兰芳（左二）、周信芳（左一）在朝鲜合影
下右 ｜ 1951年11月16日，程砚秋将本年三月以来的全部工资捐献给抗美援朝的亲笔信

1953年12月，中国人民第三届赴朝慰问团完成任务回京后合影。一排左起：许姬传、张冶、马彦祥、周信芳、马连良、梅兰芳、刘芝明、程砚秋、马富禄、吴石坚、许俊、佚名

程砚秋（二排右四）、梅兰芳（二排左六）、周信芳（二排左四）、马连良（二排左七）等人在朝鲜与志愿军战士合影

程砚秋画传

1954年，第一届全国人民代表大会第一次会议期间，程砚秋（右一）与欧阳予倩（左二）、老舍（左四）等在中央戏剧学院合影

1954年，第一届全国人民代表大会期间在中南海合影。前排从左至右：徐肖冰、白杨、田华；中排：袁雪芬、常香玉、梅兰芳；后排：王昆、程砚秋、周信芳

1955年6—8月，文化部委托中国戏曲研究院举办第一届全国戏曲演员讲习会。黑龙江、内蒙古、陕西、河南、天津等11个省市梆子系统的几个主要剧种（秦腔、河北梆子、豫剧、晋剧、蒲剧等）40多位演员，多名导演、琴师参加培训。讲习会既安排授课，也有交流讨论、观摩京剧、歌剧、电影等活动。

1955年8月，程砚秋在第一届全国戏曲演员讲习会结业典礼上讲话

第一届全国戏曲演员讲习会结业典礼大会全体演员合影。程砚秋（二排左六）、梅兰芳（二排左九）、张庚（二排右七）

1955年4月，程砚秋（后排右六）参加梅兰芳、周信芳舞台生活五十年纪念会

1955年，中国戏曲研究院欢迎周信芳就任副院长，于颐和园听鹂馆联欢合影。一排左起：乔东君、陶仲儒、罗合如、程砚秋、周信芳、张庚、龚和德、萧晴

1955年，中国戏曲研究院四位副院长合影。左起：罗合如、程砚秋、周信芳、张庚

1955年9月，程砚秋与张庚（左）在德意志民主共和国莱比锡季米特洛夫纪念馆门前合影

上图 | 1956年11月，程砚秋随中国人民代表团参观苏联克里姆林宫
下图 | 1956年12月，程砚秋（右一）随中国人民代表团参观捷克斯洛伐克农庄

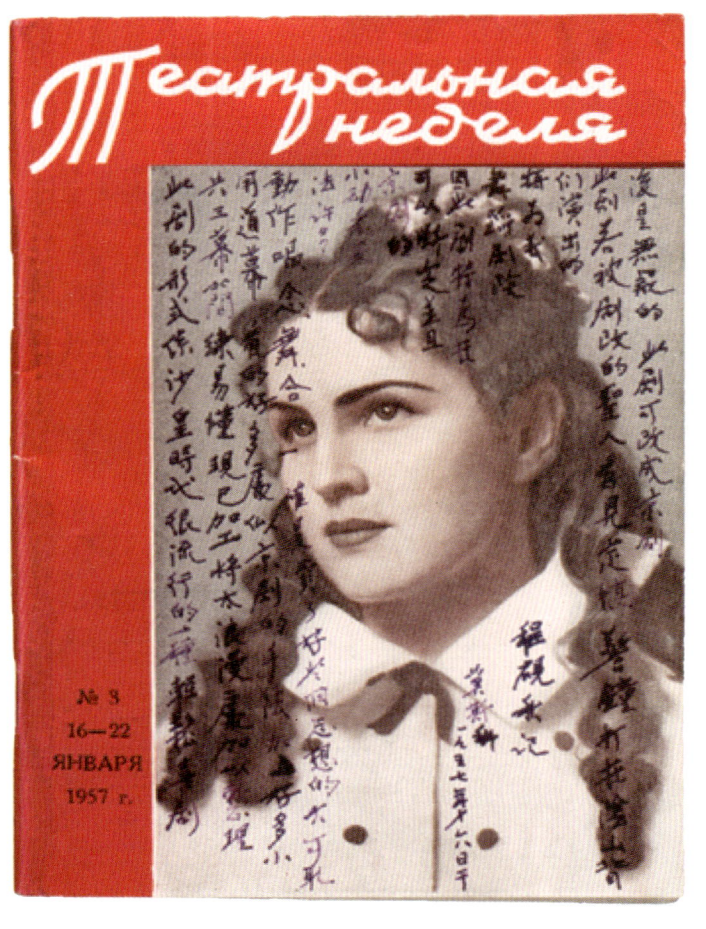

上图 | 1956 年 12 月，程砚秋与中国人民代表团在匈牙利观看演出后上台合影
下左 | 1957 年 7 月，程砚秋与唐在炘（左）在莫斯科合影
下右 | 1957 年 7 月，程砚秋赴苏联莫斯科参加第六届世界青年联欢节艺术表演评选委员会工作，他在《戏剧周刊》封面上记录了观剧心得

程砚秋全家福

程砚秋画传

1947年，程砚秋夫妇与儿子永江（左一）、女儿慧贞（右一）合影

1957年，程砚秋夫妇合影

1956年，程砚秋夫妇与长子永光（后排左一）全家及次子永源（后排左三）合影

上图 | 1956年，程砚秋的孙子受琨
　　　 3岁生日宴会
下图 | 程砚秋陪孙子放鞭炮

程砚秋画传

1956年1月4日,果素瑛52岁生日聚会。前排四人左起:程受璋(程砚秋长子程永光的大儿子)、果湘林、程受玲(程砚秋的外孙女)、果素瑛;后排左起:嘉柯琳(程砚秋长儿媳)、程砚秋、王吟秋、程颖怡(也叫程慧贞)、永寿(果素瑛的侄子)、果素瑛的姐姐、倪德岭(果素瑛的外甥)、易达美(程永江的女友)、倪德岭的妹妹　　(程永光拍摄)

安坐玉霜簃

程砚秋在程宅练拳、练剑

程砚秋在程宅练拳、练剑

程砚秋画传

程砚秋练嗓用的坛子

程宅大门

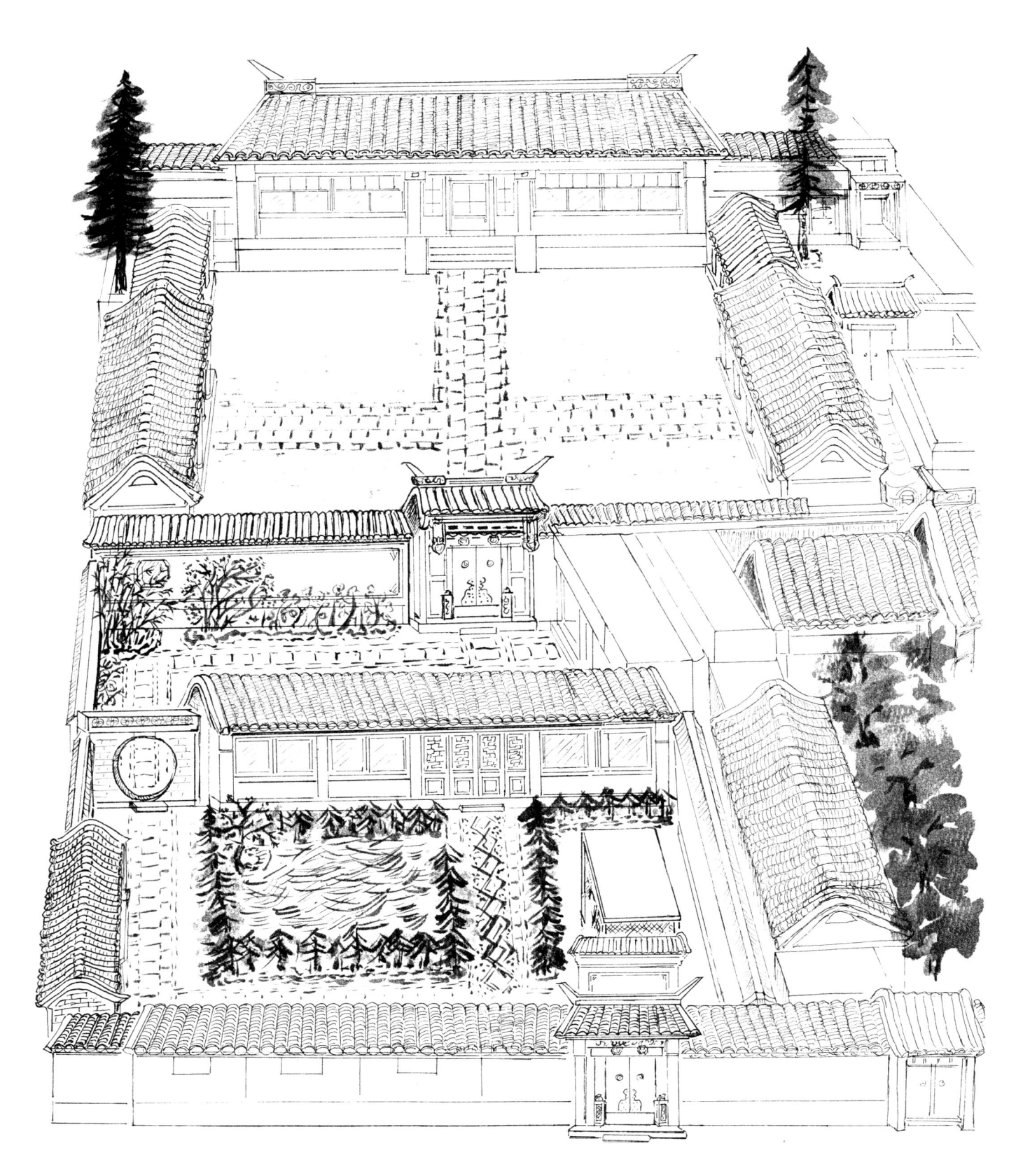

西四北三条 39 号程宅俯瞰图

父亲最早住在后院北正房的东耳房。父亲卧室犄角放着一个涂了褐色漆皮的瘦高长腿木架子，架子顶端装有半月牙形的木托，托着一个绿釉绳纹饰粗陶敞口坛子，其高度恰恰与父亲一米八的身量相合。最初我们不知道这是作什么用的，也不敢当面向父亲问询，日子长了，对这奇怪的装置也便习以为常了。

父亲每天起床晨练之后，便回屋洗漱，不久，便从他卧室传出念白的响亮声音。我常趴在窗户玻璃上向屋里偷窥，看到父亲站立在木架子前，面向坛子，一板一眼地念道"督廷大人……"（即《三堂会审》一场苏三的大段道白），接着又从一念到十。念白的喷口从坛子反弹而出引起全屋强烈的共振，声音传至户外犹如撕云裂帛般。（程永江：《我的父亲程砚秋》，时代文艺出版社 2010 年版，第 131 页）

1956年，程砚秋的《荒山泪》拍摄为彩色电影，导演为吴祖光

扫码欣赏
《荒山泪》唱段

程砚秋拍摄《荒山泪》期间与崔嵬（右）合影

1956年,《荒山泪》剧组在颐和园听鹂馆合影。后排左起第十一人是程砚秋,第十二人是果素瑛,第十五人是吴祖光。果素瑛前是她的外孙女程受珍(吴钢提供)

程砚秋 画传

1957年4月至5月，程砚秋自北京赴山西太原，代表文化部祝贺山西省第二届戏曲观摩演出大会举办。在太原的一个多月里，程砚秋广泛看戏、讲课，并向冀美莲、王秀兰、贾桂林、程玉英等演员传授身段、水袖表演技巧

程砚秋画传

1957年，程砚秋参加山西省太原市各界人民庆祝五一国际劳动节大会

1957年7月，程砚秋带领中国戏曲研究院同志到前门车站欢迎山西省蒲剧团到北京汇报演出

上图 | 1957年，程砚秋（右五）与徐兰沅（右三）、侯喜瑞（右二）等一起参加萧长华（右一）八十寿辰纪念会

下图 | 1957年，萧长华先生八十寿辰纪念会合影（局部）。前排左起程砚秋、老舍、陈半丁、侯喜瑞、梅兰芳、田汉、李伯钊

1956年冬，程砚秋随全国人民代表大会代表团访问苏联等国时，恰逢周恩来、贺龙率中国政府代表团在苏联访问。其间，周恩来曾对程砚秋说："砚秋同志，如果你申请入党的话，我愿意做你的入党介绍人。"贺龙也说："入党要有两个人介绍，我愿意做你的第二个入党介绍人。"……程砚秋于1957年提出了入党要求……周恩来特意在家中宴请贺龙夫妇、程砚秋夫妇。席后，周恩来、贺龙专门留程砚秋作了一次谈话。周恩来告诉程砚秋，自从1927年介绍贺龙入党之后，30年来再也没有介绍其他人入党。无论入党与否，都要有一个正确的态度，继续努力，争取做一个又红又专、合格的共产党员。[中共中央文献研究室周恩来研究组编著：《周恩来（1898—1976）》，四川人民出版社2009年版，第139—140页]

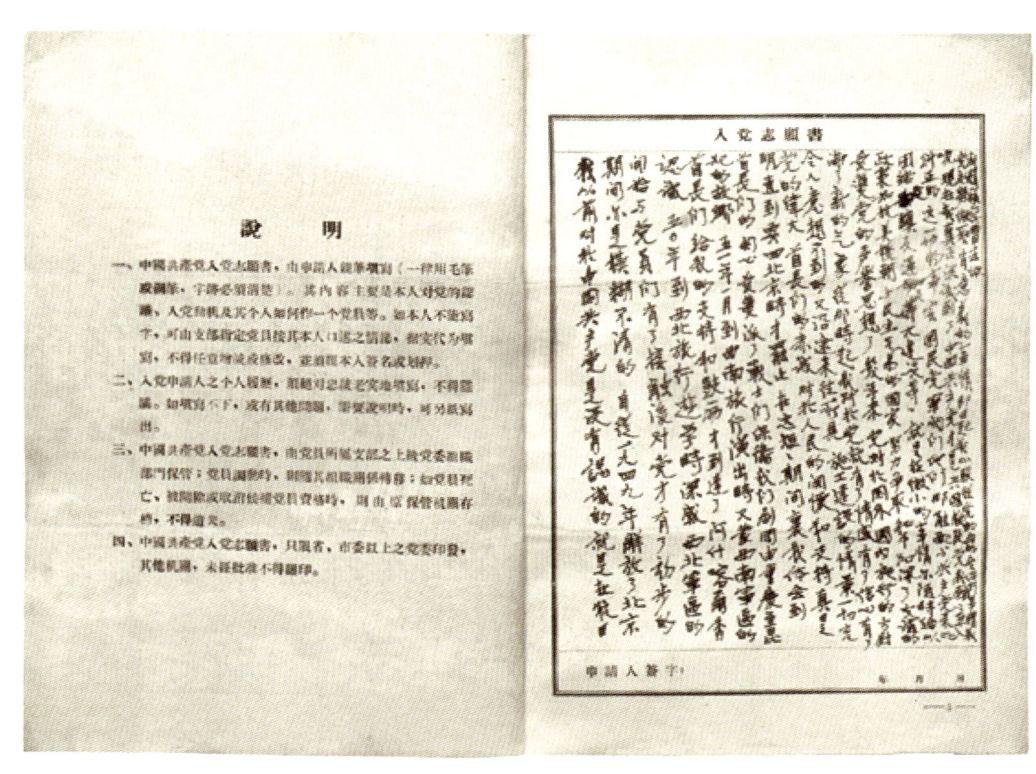

程砚秋填写的入党志愿书

1957年，程砚秋在颐和园留影

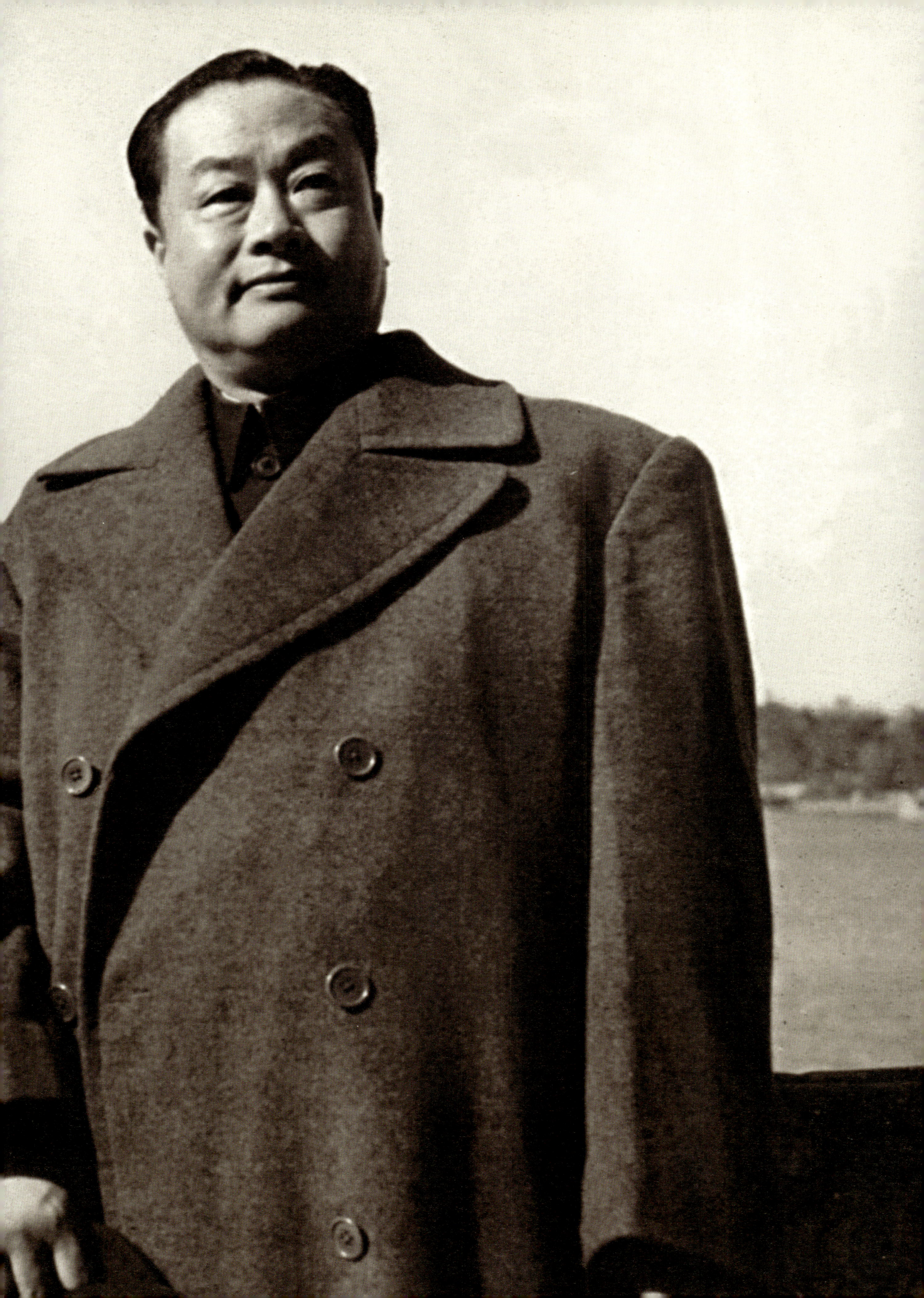

京剧艺术家程砚秋病逝

新华社10日讯 全国人民代表大会代表、中国文学艺术界联合会全国委员会委员、中国戏剧家协会常务理事、中国戏曲研究院副院长、著名京剧艺术家、中国共产党党员程砚秋同志因患心肌栓塞症和肺炎不治，于1958年3月9日下午六时二十分在北京医院逝世，享年五十四岁。

程砚秋同志灵柩已移至嘉兴寺，定于3月13日上午十时举行公祭。

程砚秋同志治丧委员会名单如下：

主任 郭沫若

委员（以姓字笔划为序）丁西林、王昆仑、田汉、刘芝明、齐燕铭、沈雁冰、马叙伦、马少波、马彦祥、周恩来、周扬、周信芳、周巍峙、尚小云、陈叔通、欧阳予倩、夏衍、罗合如、荀慧生、康生、盖叫天、楚图南、爱甫、阳翰笙、张庚、张梦庚、彭真、贺龙、梅兰芳、蔡楚生、萧长华、钱俊瑞

《人民日报》报道程砚秋病逝的消息

1958年3月9日，年仅54岁的程砚秋因工作忙碌突发心肌栓塞症和肺炎，经抢救无效逝世。正在出席成都会议的周恩来听到消息，特地指示在京的总理办公室工作人员代表他送了花圈。不久，程砚秋被追认为中共正式党员。[中共中央文献研究室周恩来研究组编著：《周恩来（1898—1976）》，四川人民出版社2009年版，第141—142页]

挂满悼词的玉霜簃

1958年3月14日，首都文艺界公祭程砚秋，郭沫若主持

"程砚秋同志逝世一周年纪念演出"结束后,王吟秋(左一)、李超(左二)、李蔷华(左五)、赵荣琛(左六)、梅兰芳(左七)、田汉(左八)、李世济(左九)、江新蓉(左十)、马少波(左十一)等合影留念

1959年3月9日至11日，中国戏剧家协会和中国戏曲研究院在北京人民剧场举办"程砚秋同志逝世一周年纪念演出"。由程门弟子王吟秋演出《贺后骂殿》《碧玉簪》，赵荣琛演出《荒山泪》，李蔷华、王玉敏演出《六月雪》，李世济、江新蓉等演出《锁麟囊》《春闺梦》《三击掌》《英台抗婚》等程派名剧。

程夫人与永光（左一）、永源（左四）、永江（左二）为程砚秋扫墓

鲜花环绕的程砚秋墓地

岁月流逝，程砚秋同志离开我们不觉已经五个年头了。在我们的记忆中，有过这样的艺术家，他们的艺术活动在一个时期也许曾经昭然煊赫于世，但随着时光的消逝，他们的音容便在人们的记忆中逐渐淡褪了。但也有这样的艺术家，他们的艺术生活，他们的艺术创造及其影响，不但不会与岁月共逝，相反地，却会随着时间的转移而日益扩大，日益深远，会使人们由于他们的逝世所造成的惋惜与追念之情，变得与日俱增，历久弥深。（冯牧：《秋声漫记》，载中国戏曲家协会北京分会程派艺术研究小组编《秋声集——程派艺术研究专集》，北京出版社1983年版，第1页）

菊坛新声

　　京剧自形成至雄居剧坛，一方面是由于名伶群星竞起，另一方面是由于新作名剧迭出，表演日新月异。20世纪20年代，名角中心制和编演新戏的潮流日益突出，名伶以竞演"私房本戏"角逐市场，赢取各自的艺术地位。程砚秋从演配角、演开锣戏起，边演边学。1917年至1921年的几年为程砚秋搭散班阶段，他曾先后搭入梅兰芳、余叔岩的"喜群社"，杨小楼、余叔岩的"中兴社"，俞振庭的"双庆社"，谭小培的"玉华社"，时慧宝的"裕群社"。1921年，程砚秋正式搭入高庆奎的"庆兴社"，挂二牌，营业鼎盛。1922年，程砚秋独立挑班的"和声社"成立，罗瘿公为之新创《龙马姻缘》《梨花记》《花舫缘》等私房本戏，轰动京沪。

氍毹翻旧

程砚秋的艺术积累始于对传统戏的学习，他早年跟随李洪春学习小生戏的把子打法；跟随阎岚秋学习青衣、花旦、刀马旦戏，苦练跷功；跟随乔蕙兰苦心学习昆曲的吐字发声和塑造人物的技法；再跟随梅兰芳，学习戏中的武功，又为梅兰芳配演《天河配》《上元夫人》等。这些都使他积累了丰富的舞台经验。一点一滴的积累，使程砚秋赢得了初步的声誉，扎实的传统戏根底为他进一步脱颖而出，形成自己的特色剧目做好了厚重的积淀。

二本《虹霓关》，程砚秋饰丫鬟

二本《虹霓关》，程砚秋饰丫鬟，吴富琴（右）饰东方夫人

二本《虹霓关》，程砚秋饰丫鬟，吴富琴（右）饰东方夫人

头本《虹霓关》，程砚秋饰东方夫人

《打渔杀家》，程砚秋饰萧桂英，贯大元（右）饰萧恩

《打渔杀家》，程砚秋饰萧桂英，徐凌霄（右）饰萧恩

《刺红蟒》，程砚秋饰红蟒精

《刺红蟒》，程砚秋饰红蟒精

《汾河湾》，程砚秋饰柳迎春，陈少霖（右）饰薛仁贵

《汾河湾》，程砚秋饰柳迎春，卢邦彦（右）饰薛丁山

《汾河湾》为京剧传统戏，徽剧、汉剧、川剧、秦腔均有此剧目，或称《打雁·回窑》。此戏为众多艺人的常演剧目，四大名旦饰演剧中柳迎春，各有千秋，程派亦有独到的艺术处理。程砚秋编创全本《柳迎春》，1930年7月首演于华乐戏院，与《金锁记》《朱痕记》一样，皆是将传统戏增益首尾，变作程派本戏，唱做等方面增添了个人特色，为推陈出新的重要典范。早年与程砚秋合作演薛仁贵的是高庆奎、王少楼等，后来为俞振飞、陈少霖、于世文等。

上图 ｜ 《汾河湾》，程砚秋饰柳迎春
下图 ｜ 1938年，天津新新大戏院《柳迎春》后台，程砚秋饰柳迎春，俞振飞（右）饰薛仁贵，曹二庚（中）饰乳娘，演"庙会说亲"身段神情

昆曲《游园惊梦》，程砚秋饰杜丽娘，俞振飞（右）饰柳梦梅

俞振飞于1931年北上参加程砚秋的鸣和社，1932年南归；1933年重入剧团，至1938年，两人合作前后有6年之久。

昆曲《游园惊梦》，程砚秋饰杜丽娘，俞振飞（右）饰柳梦梅

左图 ｜ 昆曲《游园惊梦》，程砚秋饰杜丽娘，吴富琴（左）饰春香
右图 ｜ 昆曲《游园惊梦》，程砚秋饰杜丽娘，宋德珠（左）饰春香

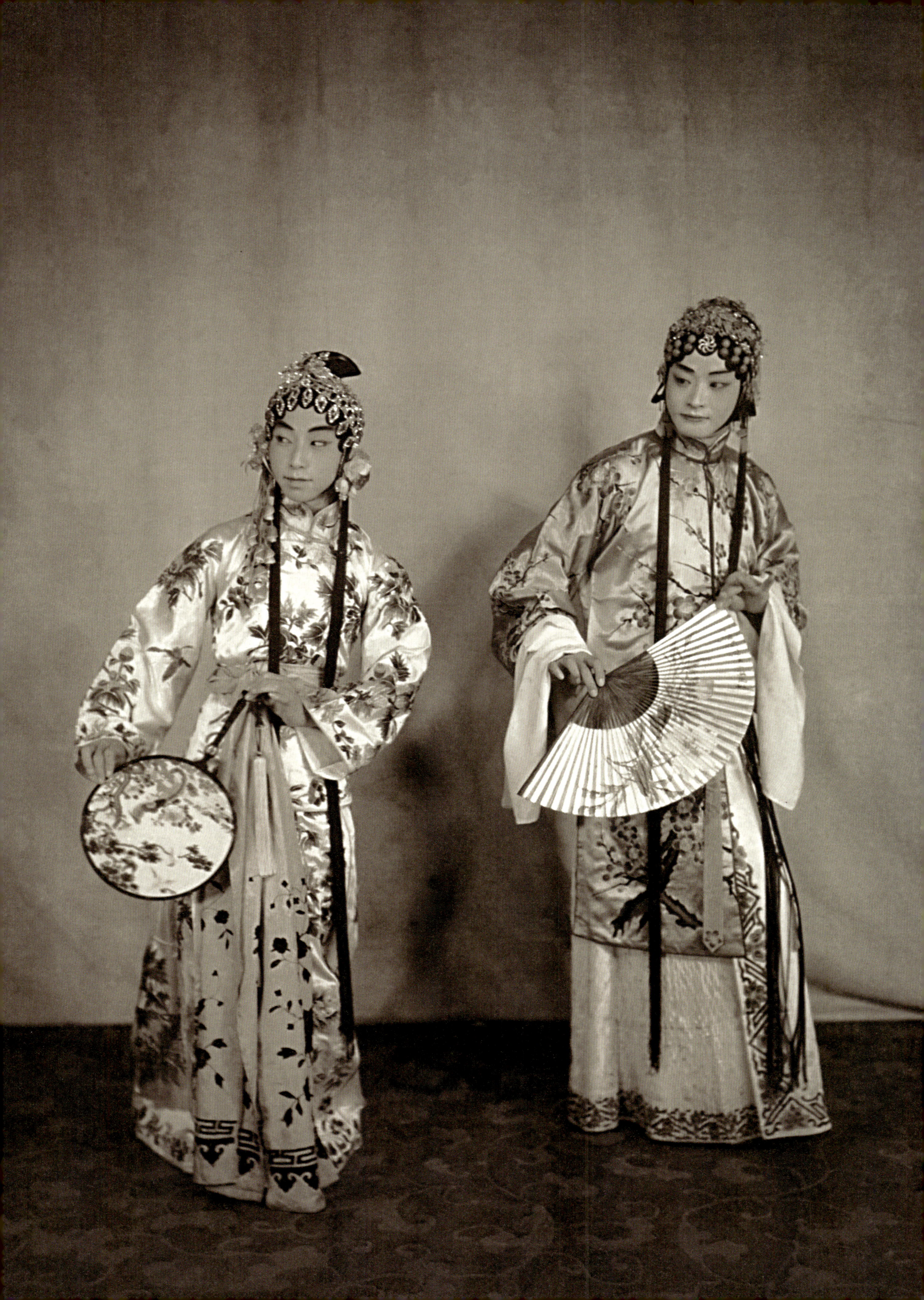

《岳家庄》，程砚秋饰岳夫人，吴富琴（左）饰银屏，朱履客（右）饰岳云

《岳家庄》，程砚秋饰岳夫人，吴富琴（左）饰银屏，朱履客（右）饰岳云

新腔竞起

　　罗瘿公在逝世前的两年多内为程砚秋新编了十二出戏，这些新戏或讲述海外历险故事，或表现侠女英雄奇缘，或演示奇女选婚情节，或彰显才子婢女奇情，或呈现烈女报仇始末，或直述痴情儿女爱恋，或婉叙贞洁孀妇冤抑，都具有鲜明的个人特色。罗瘿公以后，金仲荪继续担任程砚秋编剧，他根据唐传奇写出了《聂隐娘》，根据蔡文姬故事写出了《文姬归汉》，根据《牧羊圈》写出了《朱痕记》，根据《上阳宫》写出了《梅妃》，根据唐代陈陶诗句写出了《春闺梦》，又根据明代说部写出了《荒山泪》。这些作品经过舞台上的精心处理，特别是经过程砚秋别出心裁的创腔演唱，都成为脍炙人口的名剧，风靡一时。

《花舫缘》，程砚秋饰申飞云

《花舫缘》，程砚秋饰申飞云

1923年5月，《花舫缘》首演于华乐园，亦有观点认为1922年已首演。《花舫缘》是罗瘿公继《龙马姻缘》《梨花记》后为程砚秋编写的新戏，写唐伯虎与申飞云之姻缘。剧中申飞云有花园采花扑蝶身段，与梅兰芳《千金一笑》中晴雯扑萤舞蹈不相伯仲。程砚秋赴欧游学归国后演出《花舫缘》，姜妙香等为之配戏。程砚秋早期小旦类喜剧，在访欧回国后依然受欢迎。

《玉镜台》，程砚秋饰碧玉

程砚秋画传

《玉镜台》又名《花筵赚》，1923年6月首演于华乐园。程砚秋早期新编戏中之小旦，自成风格。《花舫缘》之申飞云、《玉镜台》之碧玉、《孔雀屏》之春鸿，均为聪颖伶俐的丫鬟，京白、韵白琅琅珠玑，做功捷巧妩媚，娉婷绰约，唱念做舞打，无不精到，奠定了后来程派发展之基础。

程砚秋画传

扫码欣赏
《玉镜台》唱段

《玉镜台》，程砚秋饰碧玉，吴富琴（中）饰小姐刘姿芳，郭仲衡（右）饰温峤

《鸳鸯冢》，程砚秋饰王五姐

《鸳鸯冢》，程砚秋饰王五姐，芙蓉草（中）饰王大娘，俞振飞（右）饰谢招郎

《鸳鸯冢》1923年7月首演于华乐园。该剧讲述王五姐与谢招郎因爱慕而私订婚约，最后殉情的悲剧，对封建婚姻制度有所鞭挞。此剧唱做繁重，【四平调】【二黄慢板】和【反二黄慢板】均为新腔，高亭唱片、早期物克多唱片和后改名为RCA的胜利唱片等公司都曾为程砚秋录制《鸳鸯冢》唱段。程砚秋访欧回国后，老戏中的小生由程继先担任，新编戏中的小生，均由俞振飞出演，程砚秋与俞振飞合作的该戏被誉为传神佳作。

《孔雀屏》，程砚秋饰春鸿

近来伶人争排新剧以为号召。而所排新剧之多而且速，亦无有及程艳秋者。艳秋前月甫排《风流棒》，极博欢迎。本星期又排《孔雀屏》，为唐高祖李渊招亲故事。于台上设屏风一座，画两孔雀其上。各公卿子弟皆至窦府报名，次第射屏。艳秋饰丫环春鸿，既为窦小姐定计，设屏选婿，以解争婿之纷纠。窦毅即命春鸿总理其事，春鸿遂为总指挥，率领丫环一群，执旗司鼓，立特制之台上，令公卿子弟报名而进……剧本结构颇紧严，艳秋有出场之【南梆子】，有二场之【慢板】及【二六】，唱做均不差……说者谓程艳秋近日在剧界之魔力，诚有横绝一时之概云。（宏铎：《程艳秋新演之孔雀屏》，《新闻报》1923年9月11日"剧谈"栏目）

《赚文娟》，程砚秋饰苏小妹

《赚文娟》，王又荃（左一）饰秦少游，吴富琴（左二）饰文娟，郭仲衡（左三）饰苏轼，程砚秋饰苏小妹

《赚文娟》，程砚秋饰苏小妹

《赚文娟》一剧，系演秦少游纳宠故事，戏情香艳，编制绝佳。程艳秋演此，扮秦夫人苏小妹，霓裳舞彩，檀板幽歌，唱做极为周至。兹就其服饰略志如后，以饷知音。此戏苏小妹一角，为青衣戏，戴点翠头面、彩帔彩裙，扮相与《奇双会》之李桂枝相仿（此种服饰皆官在七品以上之夫人）。至投奔夫婿，易小生方巾，著开氅袍，脚底著云钩鞋，尚不难看。（九畹室主：《〈赚文娟〉中苏小妹之服装》，《戏剧月刊》1929年第1卷第12期）

《玉狮坠》，程砚秋饰吴幻娘

《玉狮坠》，程砚秋饰吴幻娘

《玉狮坠》1924年5月首演于三庆园，程砚秋饰演绿林豪杰吴幻娘，文武带打，念唱做并重。剧中幻娘有"双戟舞"，与《红拂传》中"剑舞"不相伯仲。当时报刊评此剧为"奇趣横生之佳剧"，演出极受欢迎。程砚秋之新剧，多改编自昆曲传奇，此剧改编自清张坚《玉燕堂四种曲》之《玉狮坠》。

《碧玉簪》，程砚秋饰张玉贞

扫码欣赏
《碧玉簪》唱段

上图 | 《碧玉簪》，程砚秋饰张玉贞、吴富琴（左）饰丫鬟小蕙，文亮臣（右）饰张母
下图 | 《碧玉簪》，程砚秋（中）饰张玉贞

《碧玉簪》，金仲荪编剧，1924年12月首演于三庆园。此剧改编自绍兴戏《三盖衣》。张玉贞在洞房遭到冷遇，仍几番为丈夫盖衣。剧评他的表情做功"神妙入秋毫"，"辅以南梆子唱功，运音微细，迂徐为妍"。从《碧玉簪》开始，程砚秋独立创腔安曲兼导演，然后就正于王瑶卿，并与琴师合作订正补充。

程砚秋画传

《聂隐娘》，程砚秋饰聂隐娘

《聂隐娘》1925年4月首演于三庆园。这是一出侠情戏，程砚秋饰主角聂隐娘，与吴富琴饰演的李十二娘有一套"双舞单剑"。根据程砚秋的回忆，此时他开始注意表演身段，从武术先生学武术时体会到舞台上的手眼身法步等基本动作，与武术动作很有连带关系。学武术对程砚秋演戏帮助很大，《聂隐娘》舞的单剑，就是从武术老师那里学会了舞双剑后拆出来的姿势，而当时在舞台上舞单剑，是一个创举。

《聂隐娘》，程砚秋饰聂隐娘

《聂隐娘》,程砚秋饰聂隐娘

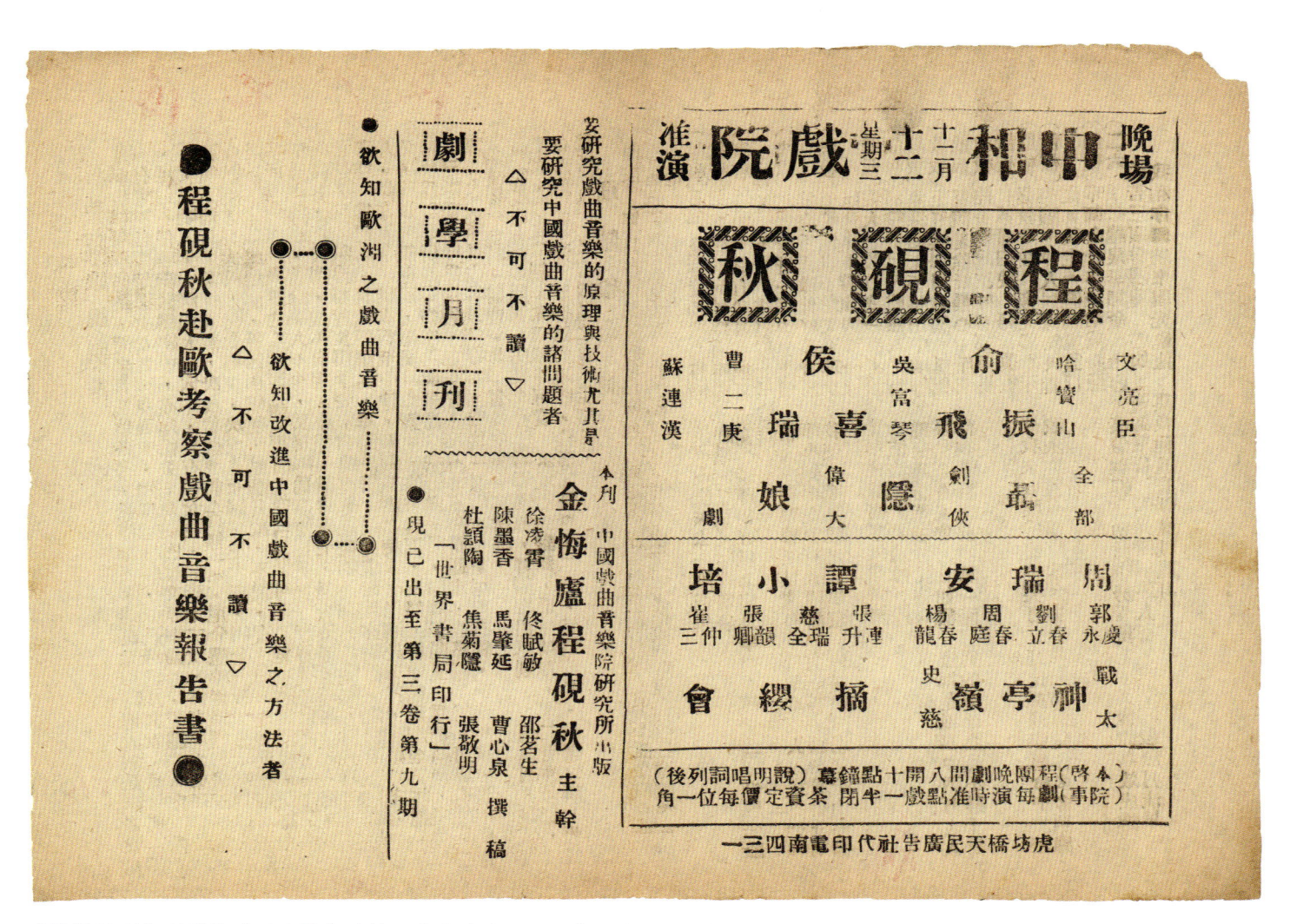

《剧学月刊》刊登的《聂隐娘》戏单，上有启事写明："程剧团每晚演剧时间准八点开戏，十一点半钟闭幕。"茶资固定并提供剧目说明和唱词，显示程砚秋对剧场演出制度的革新

长靠戏，他（程砚秋）演得是那样的威风凛凛，短打则矫健利落。像《聂隐娘》的舞单剑、《红拂传》的舞双剑、《玉狮坠》的舞双戟等，都是身手不凡的。他的招数是从北京的武术名家高紫云先生那里学来的，因此与其他演员多有不同，也是其他同行无法比拟的。这三出戏我除了担任剧中人物外，还帮助他把武术的快与京剧的率，巧妙地结合起来，成为该戏的特色之一。（李洪春述，刘松岩整理：《京剧长谈》，中国戏剧出版社1982年版，第157页）

《梅妃》，程砚秋饰梅妃

《梅妃》，程砚秋饰梅妃

《梅妃》的首演，程砚秋在《检阅我自己》中列为1925年，另有观点认为是1928年9月首演于华乐戏院。程砚秋所演新戏，以刻画平民阶层女子为多，其中属于历史剧的有四种，为《文姬归汉》《梅妃》《亡蜀鉴》《费宫人》，后三出为宫廷戏。《梅妃》载歌载舞，表现梅妃江采萍在封建宫闱中的不幸，是具有浓厚程派风格的历史悲剧。"四大名旦"菊坛共竞之际，除梅兰芳《太真外传》、程砚秋《梅妃》、尚小云《汉明妃》、荀慧生《鱼藻宫》（戚妃）外，他们演出的"四红""四剑"等剧目竞相争艳，流派纷呈，推动京剧辉煌发展。

《梅妃》，程砚秋饰梅妃

《梅妃》，程砚秋饰梅妃

《梅妃》，程砚秋饰梅妃

《梅妃》，程砚秋饰梅妃

《沈云英》，程砚秋饰沈云英

《沈云英》，程砚秋饰沈云英

《沈云英》1926年5月首演于华乐戏院，描绘明代文武双全的奇女子沈云英为父复仇的故事。全剧23场，唱做念打无一不重。李洪春曾配演沈云英父亲沈志绪，据他回忆，程砚秋在这出戏中，前边以青衣应工，唱段多、唱词多，特别是"灵堂"一场，几十句的【反二黄】，把沈云英立志报父仇的心情唱得感人至深。后边则以刀马旦应工，扎靠武打，招数干净利落、紧凑不乱，唱功、武打功夫均极为深厚。

《沈云英》，程砚秋饰沈云英

程砚秋画传

《斟情记》，程砚秋饰朱福姑

《斟情记》，程砚秋饰朱福姑

《斟情记》1927年1月首演于华乐戏院，描写朱福姑与陈多寿彼此痴情不改，终成眷属的故事。程砚秋1931年在《检阅我自己》这篇文章中表示，《斟情记》仅仅是个奇情剧，但从《斟情记》和《朱痕记》到《荒山泪》和《春闺梦》，犹如从平阳路突然转入壁立千仞的山峰，思想意识出现了极大转变。

《柳迎春》，程砚秋饰柳迎春，曹二庚（左）饰乳娘

《朱痕记》，程砚秋饰赵锦棠，文亮臣（右）饰朱母

《朱痕记》1927年4月首演于华乐戏院，原为传统老戏《牧羊圈》，《舍饭》《团圆》两折最为常演，程砚秋增其首尾，编演成完整的一出新戏，集中表现丈夫从军后，妻子与婆婆受欺辱的悲剧。

《镜誉缘》，程砚秋饰王宝钏，俞振飞（右）饰薛平贵

《镜䰞缘》，程砚秋饰王宝钏，俞振飞（左）饰薛平贵

《镜䰞缘》，程砚秋饰王宝钏，俞振飞（右）饰薛平贵

1937年，为准备赴法国巴黎参加世界博览会演出，程砚秋与俞振飞编创昆剧《镜䰞缘》。此剧取京剧《王宝钏》悲欢离合之情节，有《别妻》《牧马》《重圆》几场。王宝钏送给薛平贵一枚铜镜作为"护心镜"，薛平贵砍马缰绳赠妻，因此剧照中有旦高举铜镜及生紧握缰绳的身段。后因爆发"七七"事变，战火蔓延，出国演出一事被搁置，此剧也未留下范本。（参见费三金《俞振飞传》，上海文化出版社 2011 年版）

《镜辔缘》，程砚秋饰王宝钏，俞振飞（右）饰薛平贵

《镜誊缘》，程砚秋饰王宝钏

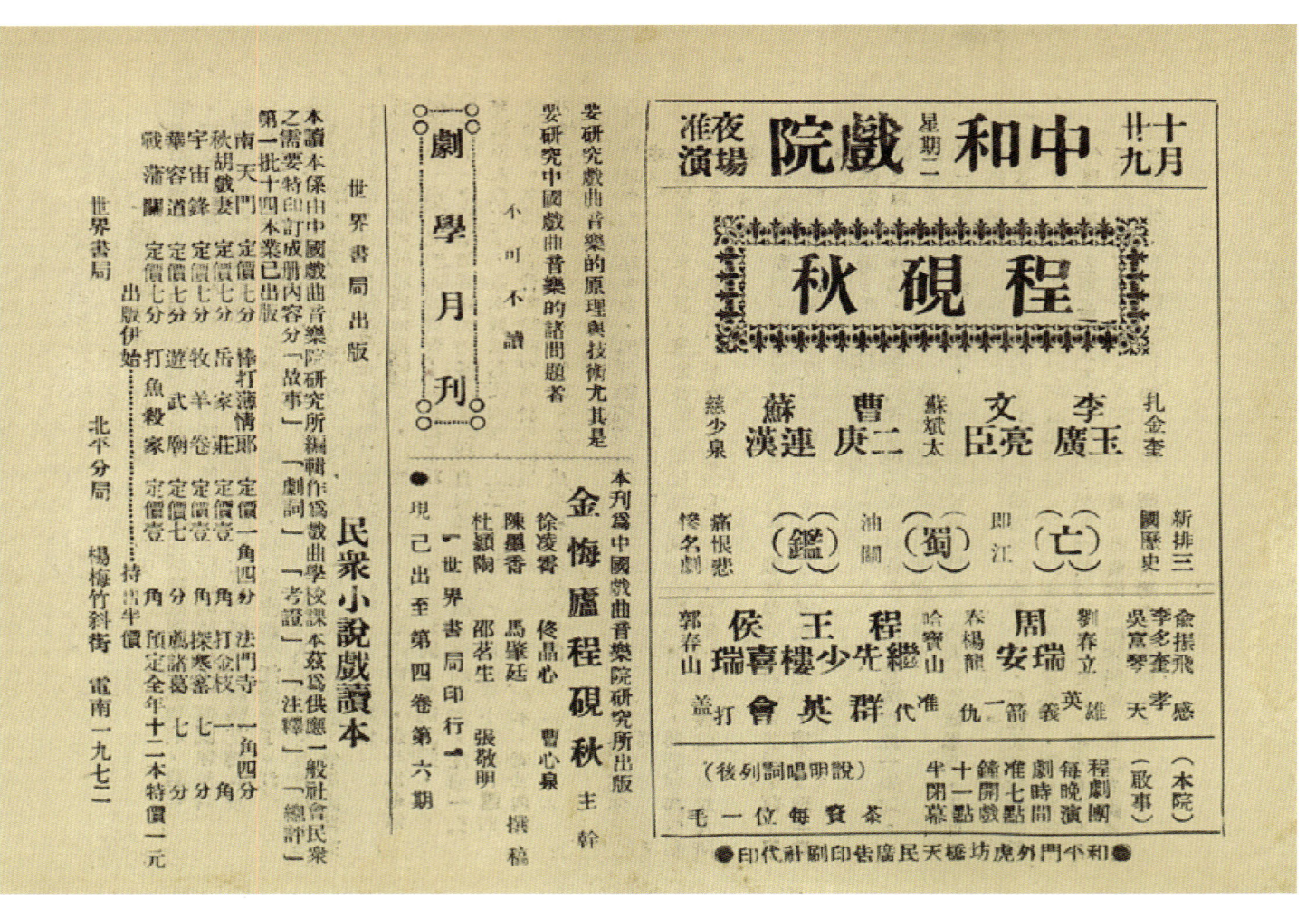

中和戏院《亡蜀鉴》戏单

《亡蜀鉴》1935年10月首演于中和戏院。此剧原名《江油关》，故事出自《三国演义》，江油关乃蜀地军事重镇，守将马邈不听夫人李氏谏阻，惧怕魏军而开城投降，李氏殉国。程砚秋的《亡蜀鉴》抨击投降主义和不抵抗政策，激发民众爱国思想，但演出两场后遭到禁演。

扫码欣赏《亡蜀鉴》唱段

1960年，《亡蜀鉴》，李蔷华（左）饰李氏，高世泰（右）饰马邈

程砚秋没有留下《亡蜀鉴》剧照，程派传承人李蔷华得其真传。

《费宫人》，程砚秋饰费贞娥，钟喜久（右）饰李过

《费宫人》1937年4月在上海首演于黄金大戏院，6月在北平首演于新新大戏院。此剧又名全部《费贞娥刺虎》，将昆曲《铁冠图》几出折子戏，穿插京剧场子，以京昆"两下锅"的演法将贞娥刺虎的故事排演完整。此剧与《亡蜀鉴》一样，皆为国难当头之际，重编刚烈爱国戏剧以警醒世人。

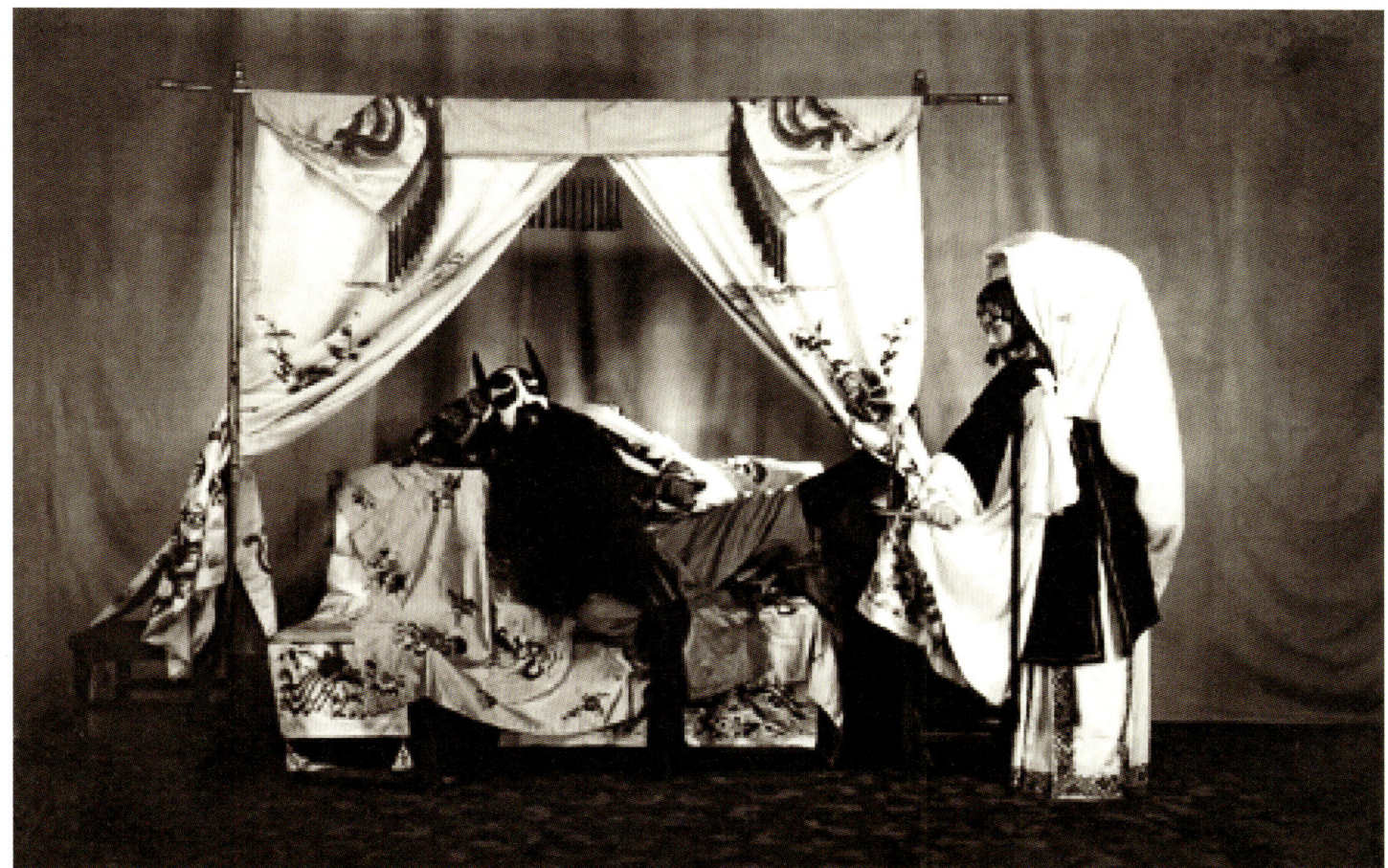

《费宫人》，程砚秋饰费贞娥，钟喜久（左）饰李过

《马昭仪》，程砚秋饰马昭仪

《马昭仪》，程砚秋饰马昭仪

《马昭仪》编写于1941年，翁偶虹将传统戏《武昭关》增益场次，编创成故事完整的《马昭仪》。宫娥马昭仪顶替秦公主嫁给太子，她控诉逸臣当道、忠良遭害，最后跳井而亡。此剧以唱功见长，延续了程派凄惨悲愤的悲剧色彩。因《锁麟囊》等新剧异常轰动，极受观众欢迎，新编的《马昭仪》上演机会少。1953年5月程砚秋在上海天蟾舞台演出《马昭仪》，留下实况录音。

《英台抗婚》，程砚秋饰祝英台，李丹林（右）饰梁山伯

《英台抗婚》，程砚秋（右）饰祝英台

《英台抗婚》1954年1月首演于北京长安大戏院，这是程砚秋最后一部新编戏。程砚秋在看过越剧《梁山伯与祝英台》和川剧《柳荫记》之后，将梁祝爱情悲剧的重点放在"拒婚"上。"拒婚"突出祝英台反抗意识，最后一场"祭坟"为梁祝悲剧高潮，京剧通常表现悲哀激愤时用【二黄】或【反二黄】，程砚秋在《英台抗婚》全剧中用【西皮】，保持作曲调性一致，且唱词用散文式白话，句子加长，使节奏灵活，突破固定格局，使创腔获得自由。

《英台抗婚》，程砚秋饰祝英台，李丹林（左）饰梁山伯

演出《英台抗婚》的服装与头面

《英台抗婚》剧照及戏单

程砚秋在西南考察之际，抄写祝英台祭奠梁山伯的祭词

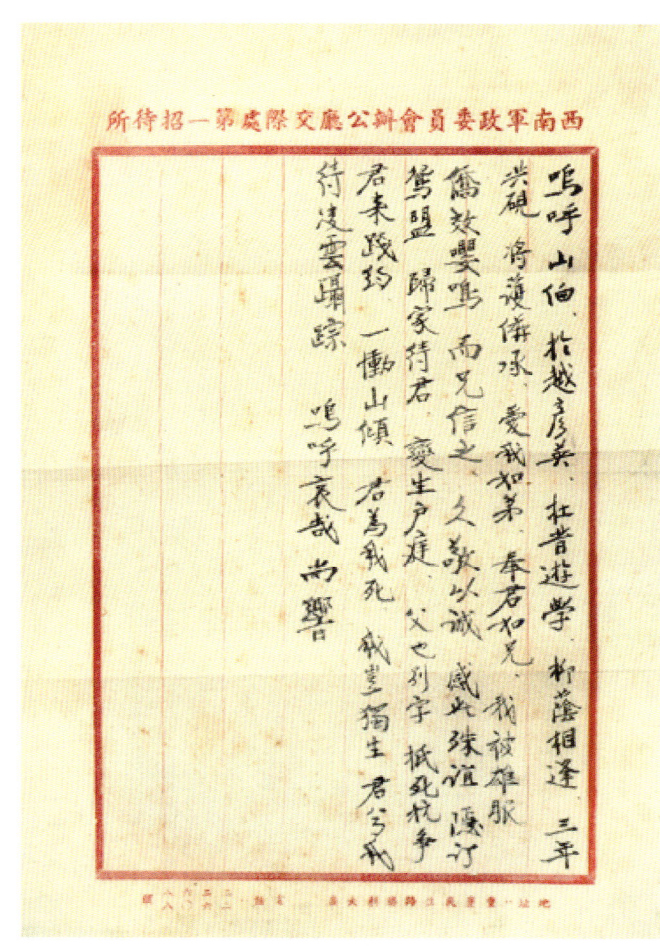

幽韵成鸣

《贺后骂殿》《红拂传》《玉堂春》《柳迎春》《青霜剑》《文姬归汉》《荒山泪》《春闺梦》，尤其是翁偶虹编剧的《锁麟囊》，经过不断传演、打磨、加工，艺术性日益增强，已经成为程派戏必不可少的经典剧目。其中的唱段、人物身段乃至场上风貌，都具有了程砚秋自己独特的风格。这是以程砚秋为主的一批京剧艺术家给京剧留下的宝贵财富，亦成为中国文化不可或缺的重要组成部分。

《贺后骂殿》，程砚秋饰贺后

《贺后骂殿》，程砚秋饰贺后

《贺后骂殿》又名《烛影记》，写宋太祖赵匡胤死后，其弟赵光义继帝位，赵匡胤的妻子贺后在殿上历数赵光义之过。各地方戏均有此戏，川剧有《烛影摇红》，滇剧有《骂金殿》，湘剧、豫剧、汉剧、秦腔、晋剧、河北梆子、同州梆子等也都有相类剧目。这是一出青衣、老生唱功戏，全剧关节在于贺后之唱。《贺后骂殿》原为青衣名宿陈德霖之拿手好戏，自程砚秋唱后而家弦户诵，经过反复加工创造，遂成程派经典。程砚秋以激昂凄厉的【二黄导板】接曲折的【回龙腔】，伤感的【慢板】再转【快三眼】，最后用一句【散板】收住，以金石之音，越翻越高，尽慷慨激昂之致，"骂"的情绪表现得更深刻。程砚秋曾与言菊朋合演此剧，声腔两谐，被誉为双璧。

《玉堂春》，程砚秋饰苏三

《玉堂春》,程砚秋饰苏三,程继先(左)饰王金龙

《玉堂春》,程砚秋饰苏三

扫码欣赏
《玉堂春》唱段

梅息影后,今日此剧此角应以砚秋为第一人。程每去外埠,头天开锣必以此(《玉堂春》)作为泡戏,《会审》之【慢板】及【流水】等,均有程派诀窍,唱出低回妙曼,决非苦学程派者所能比。(《戏剧问答》,《立言画刊》1942年总第192期)

艳秋演《玉堂春》,好腔极多,不同凡响。其好处在腔有来历,按字依声,不求甚怪,略一添减,便美听闻……则有高亭公司艳秋之《玉堂春》为证……唱【原板】,美不胜收,极变化错综之致,令听者无从捉摸,皆就字造腔之妙也,此为青衣之一大进步。(少卿:《评〈捉放〉与〈玉堂春〉》,《新闻报》1930年11月5日)

上图 | 《玉堂春》，程砚秋（中）饰苏三，张春彦等参加演出
下图 | 《玉堂春》，程砚秋饰苏三，姜妙香（中）饰王金龙，张春彦（右）饰刘秉义

《武家坡》，程砚秋饰王宝钏，谭富英（右）饰薛平贵

1947年，程砚秋在上海天蟾舞台续演第二期营业戏，谭富英、李少春、袁世海、俞振飞参演。2月19日，程砚秋、李少春、袁世海、俞振飞合作演出全部《红鬃烈马》，即《三击掌》《赶三关》《武家坡》《算军粮》《银空山》《回龙阁》《大登殿》。

《三击掌》，程砚秋（右二）饰王宝钏，于世文（右一）饰王允

《三击掌》是传统戏全部《红鬃烈马》中的一折。此剧为骨子老戏，典型的唱功戏，包含西皮唱腔的众多板式，经常作为旦角打基础的剧目。程砚秋层层递进地表现王宝钏与父亲矛盾尖锐，在节奏、唱法、咬字、表情上从容不迫，将抗辩冲突推向高潮，具有强烈的戏剧性，是程派剧目中影响较大的作品。程砚秋与于世文演出的《三击掌》录音被制作收录于《中国京剧音配像精粹》第1集中，由李世济、张学海配像。

《算军粮》，程砚秋（右）饰王宝钏，钟喜久（左一）饰魏虎，关德威（左二）饰苏龙，陈丽芳（左三）饰金钏，侯玉兰（左四）饰银钏，王玉敏（左五）饰王夫人

《大登殿》，程砚秋（左）饰王宝钏，谭富英（右二）饰薛平贵，王少楼（右一）饰王允

《红鬃烈马》是他常演的青衣戏。那时他只演《武家坡》《算军粮》《大登殿》三折。《花园会》《彩楼配》《三击掌》《投军别窑》是由吴富琴和他三哥程丽秋演唱。我演《别窑》和《赶三关》的薛平贵……那时的王宝钏，不像他后来和杨宝森合灌的唱片那样韵味浓厚，而是一条流畅响亮的嗓子。当时他虽然不演《三击掌》，可后来不但是常演的剧目，而且是"程派"代表剧目之一。用他那沉郁、婉转的特有的程派唱法，唱出了王宝钏坚贞的性格。给人留下的印象反倒比《大登殿》深了。（李洪春述，刘松岩整理：《京剧长谈》，中国戏剧出版社1982年版，第156页）

《金锁记》，取材于元代关汉卿的《感天动地窦娥冤》杂剧，及明代叶宪祖《金锁记》传奇。京剧一般只演《探监》《法场》两折，又称《六月雪》。1924年4月，罗瘿公将这部很受欢迎的传统戏重排，增益首尾，编成新戏《金锁记》首演于三庆园。《六月雪》为京剧青衣重头戏，各旦行常演，但程砚秋《金锁记》成功之后，此剧唱法一时多宗程派。新中国成立后，程砚秋不断加工修改剧情和词句，更名为《窦娥冤》，将海瑞改为窦天章，将大团圆结局处理成一出完整的悲剧。

砚秋在台上扮演的窦娥与关汉卿笔下的窦娥都是那样鲜明、生动、真实。在关氏原作《感天动地窦娥冤》的第一段第一支曲子【仙吕点绛唇】里："满腹闲愁，数年坐受，常相守，无了无休，朝暮依然有。"这是剧作者在剧中主角刚一出场给她简单地勾出一个素描轮廓。我回忆起有一次在第一舞台我们大家演义务戏，我的戏在后面，前面是砚秋的《六月雪》，他扮好了戏，还没出台，我恰好走进后台，迎面就看见他那一副"满腹闲愁"的神气，正走向上场门去。演员具备了这样的修养，走出台去，观众怎能不受感动呢！（梅兰芳著，中国戏剧家协会编：《梅兰芳文集》，中国戏剧出版社1962年版，第244—245页）

《金锁记》，程砚秋饰窦娥，孙甫亭（左）饰蔡母

《红拂传》，程砚秋饰红拂，郭仲衡（右）饰李靖

《红拂传》，程砚秋饰红拂，舞双剑身段

《红拂传》，程砚秋饰红拂

《红拂传》，程砚秋饰红拂，俞振飞（右）饰李靖。李靖扮相改为小生，不挂髯

《红拂传》，程砚秋饰红拂

《青霜剑》，程砚秋饰申雪贞

扫码欣赏
《青霜剑》唱段

《青霜剑》"灵堂"一场，程砚秋饰申雪贞

《青霜剑》1924年6月首演于三庆园，此剧又名《烈妇报仇》，述申雪贞为夫报仇，用青霜剑手刃恶霸的故事。申雪贞"灵堂"一场【反二黄慢板】唱"家门不幸遭奇变"一段，用多变的拖腔和七字句替代普通的十字句【慢板】，个别字唱腔长达18拍，表现凄凉与悲愤，新颖悱恻，充满创造力；"劝嫁"一场，申雪贞表情与心理有多重变化；"刺杀"恶霸则脱胎于传统戏《刺汤》；"祭墓"唱【二黄导板】，载歌载奔，令人落泪。在京剧新编戏风起云涌的20世纪20年代，舍弃怀春艳遇类型，描绘受迫害妇女的悲情与反抗，在当时代表着鼓舞斗志的反抗精神和戏剧思想，也由此奠定后来程派的个人风格和审美理想。程砚秋在20岁演出《青霜剑》时，已在艺术表演中迈出了个性鲜明的革新步伐。

从十八、十九岁开始创腔到二十六岁以前这一时期，我一共排了十几出新的本戏。因为感到以前的腔调不够用，所以从这一时期起，每排一个新戏，我就在里面增加新腔；但我创腔时，不是把旧有的腔调一脚踢开，而是在旧腔的基础上变动，所以也可以说全都仍然是西皮、二黄、反二黄，但又全都有变化。（程砚秋：《创腔经验随谈》，载中国戏曲研究院编《程砚秋文集》，中国戏剧出版社1959年版，第116—117页）

《文姬归汉》，程砚秋饰蔡文姬

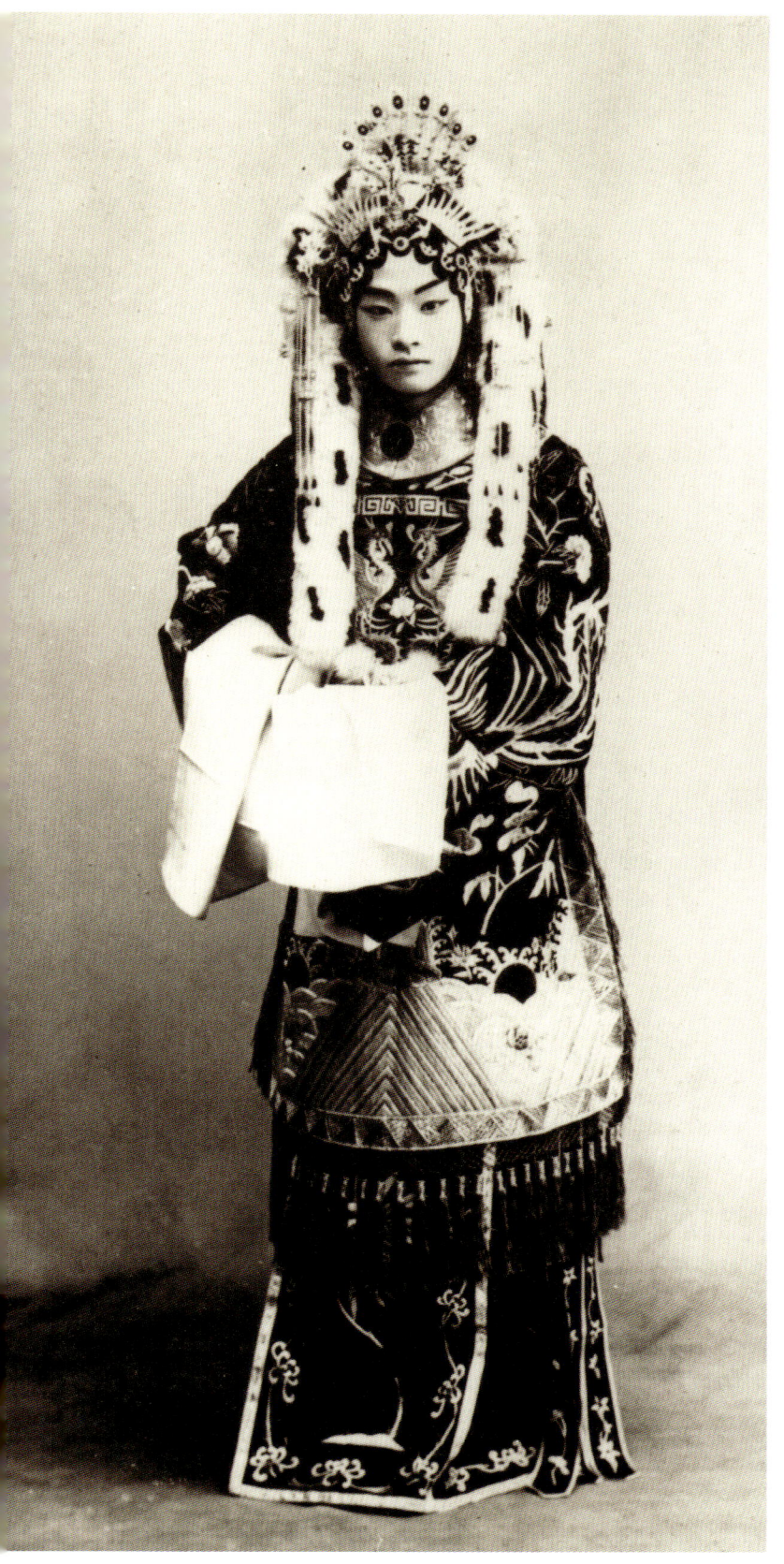

《文姬归汉》1925年12月首演于华乐园，与《红拂传》《梅妃》并称为程砚秋早期的三大名剧。《文姬归汉》具有独特、鲜明的程派艺术特色。蔡文姬《胡笳十八拍》中第十四拍的十句原词一字不改地谱成【二黄慢板】，为该剧一大亮点。剧中【西皮慢板】"整归鞭"，【二黄慢板】"身归国兮"，【反二黄慢板】"见坟台"，程砚秋刚柔并济、绵里藏针的演唱艺术，紧扣去留两难、骨肉分离及故国家园之情怀，感人肺腑，是深受观众喜爱的三大经典唱段，可与西洋歌剧中的咏叹调媲美。

《文姬归汉》，程砚秋饰蔡文姬

《文姬归汉》第二场，程砚秋饰蔡文姬，抚焦尾琴

《文姬归汉》，程砚秋饰蔡文姬，吴富琴（左）饰丫鬟侍琴

《文姬归汉》，程砚秋饰蔡文姬

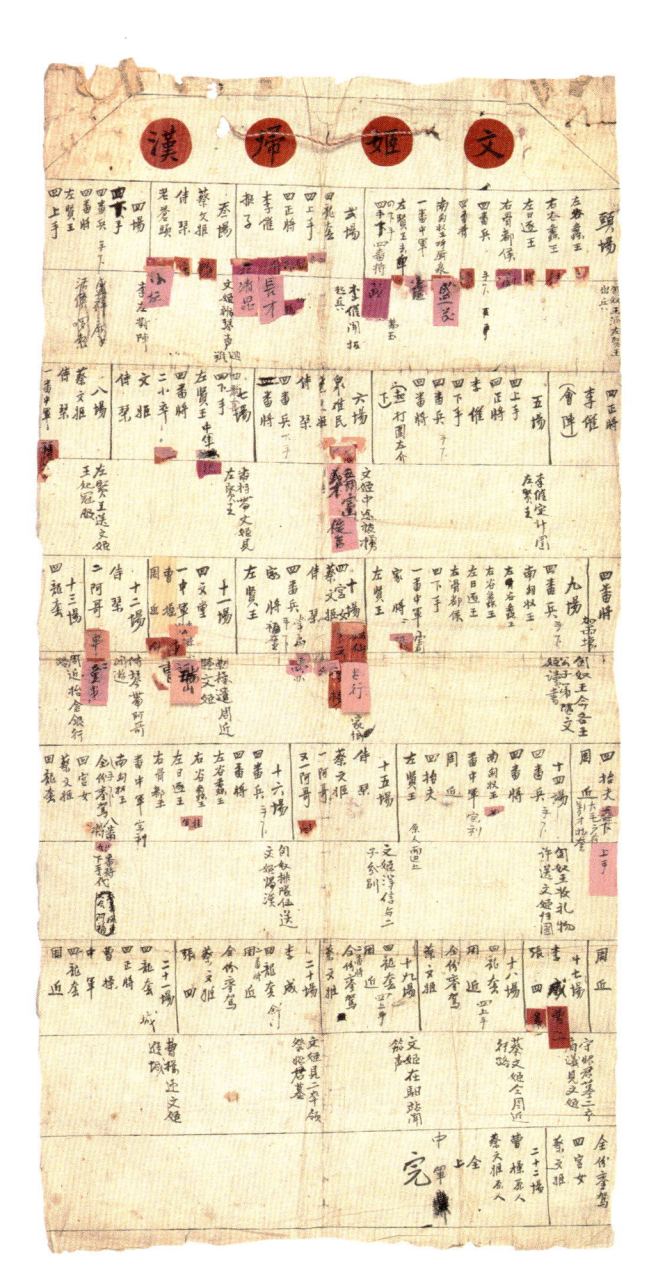

《文姬归汉》演出提纲

程砚秋在折扇上亲笔题写的《文姬归汉》唱词

程砚秋画传 | 299

《荒山泪》，程砚秋饰张慧珠

《荒山泪》，程砚秋饰张慧珠

《荒山泪》，又名《祈祷和平》，1931年1月首演于中和戏院。编剧金仲荪取《礼记》名言"苛政猛于虎"，编写张慧珠一家五口被赋税与"猛虎"害死的故事，影射民不聊生的时政，具有进步意义。程砚秋在20世纪30年代初将近而立之年，树立起一种崭新的戏剧观，主张"创作新的剧本，必须对现时社会之病症而下药"，《荒山泪》是他的戏剧观指导下的勇敢实践。这出戏能够感人至深，长演不衰，不仅在于其思想内涵，更在于艺术上的成功。剧中主要唱段，如成套【西皮】"夜织待夫"，【西皮散板】"哭婆婆"，【二黄摇板、散板、快三眼】"荒山遏税"等，曲折深邃中蕴蓄着逼人的内在锋芒，体现程砚秋唱腔艺术中期风格。剧中水袖的运用极为丰富，水袖载歌载舞和圆场的组合动作，渲染被逼得精神恍惚的张慧珠内心的复杂状态，亦为程派表演艺术之代表。

程砚秋画传 | 301

程砚秋画传

《荒山泪》，程砚秋饰张慧珠

程砚秋画传

电影《荒山泪》，程砚秋饰张慧珠

1956年3月30日在北影（厂）演员剧团礼堂彩排演出了一场，程先生表演艺术的光辉在这里留给我们的印象是永远也不会消失的……虽然在这以前程早已表示他决定"退休"，结束他的舞台生涯，但是看过这场演出的人都被他的独具一格、富有高度艺术魅力、荡气回肠的程腔，以及他的特别富有表现能力、千姿百态的水袖功夫，脸上的悲楚感人的表情，变化多端的优美身段所征服了。（吴祖光：《周公遗爱 程派千秋——追记拍摄电影〈荒山泪〉》，载《吴祖光选集》第5卷，河北人民出版社1995年版，第474页）

《春闺梦》，程砚秋饰张氏，俞振飞（右）饰王恢

《春闺梦》,程砚秋饰张氏,储金鹏(右)饰王恢

《春闺梦》剧照,使用了实景舞美及灯光

《春闺梦》1931年8月首演于中和戏院。金仲荪根据唐代陈陶《陇西行》诗句"誓扫匈奴不顾身,五千貂锦丧胡尘。可怜无定河边骨,犹是春闺梦里人"编写而成,意在揭露军阀混战给民众带来的灾难和痛苦。"料不想作新妇先做征衣""去时陌上花如锦,今日楼头柳又青""毕竟男儿多薄幸,误人两字是功名。甜言蜜语真好听,谁知都是假恩情!"等剧词深入浅出,华而不饰,在剧境中展现诗境。全剧高潮在于张氏之梦,王恢已中箭身亡,而张氏却梦见与他重逢,春宵团聚的欢欣与死别的哀痛在一瞬间转换,令人唏嘘。舞台上使用实景舞美与变化的灯光,在当时颇有创意。表演功夫吃重,全剧唱中有舞,舞中有唱,水袖花样层出不穷。

《锁麟囊》,程砚秋饰薛湘灵

《锁麟囊》是程派剧目中最受欢迎、最为大家熟悉的一出戏，1940年4月在上海首演于黄金大戏院，一再加演而座无虚席；同年10月在北平首演于长安大戏院。翁偶虹根据《只麈谭》笔记和《绣囊记》剧本，编写富家女薛湘灵赠锁麟囊给贫家女赵守贞，遭遇贫富无常、一波三折的故事。此剧匠心十足，结构巧妙，以烘云托月手法描写人物，唱腔脍炙人口，又有丑角穿插其间，带来喜剧效果，反响热烈，至今盛演不衰。

程剧以唱为主，程先生按照剧本中设计的唱段场次，把全剧分为四个重点部分。第一重点是"避雨赠囊"，第二重点是"寻球认囊"，第三重点是"重温往事"，第四重点是"灾后团聚"……他演《锁麟囊》时，听起来唱段是那么多，唱腔是那么复杂，而他的嗓音却是左右逢源，游刃有余，如江上之清风、松间之明月，取之不尽，用之不竭。（翁偶虹：《我与程砚秋》，载《翁偶虹文集·论文卷》，百花文艺出版社2013年版，第178—179页）

《锁麟囊》"春秋亭"一折，程砚秋饰薛湘灵

《锁麟囊》，程砚秋饰薛湘灵

《锁麟囊》,程砚秋饰薛湘灵

《锁麟囊》,程砚秋饰薛湘灵

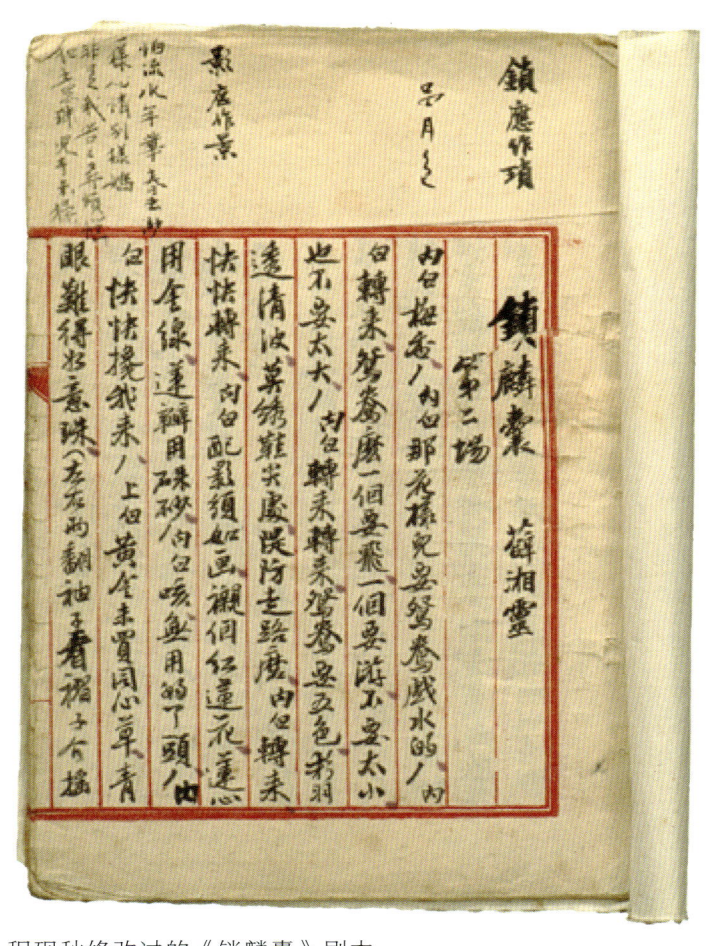

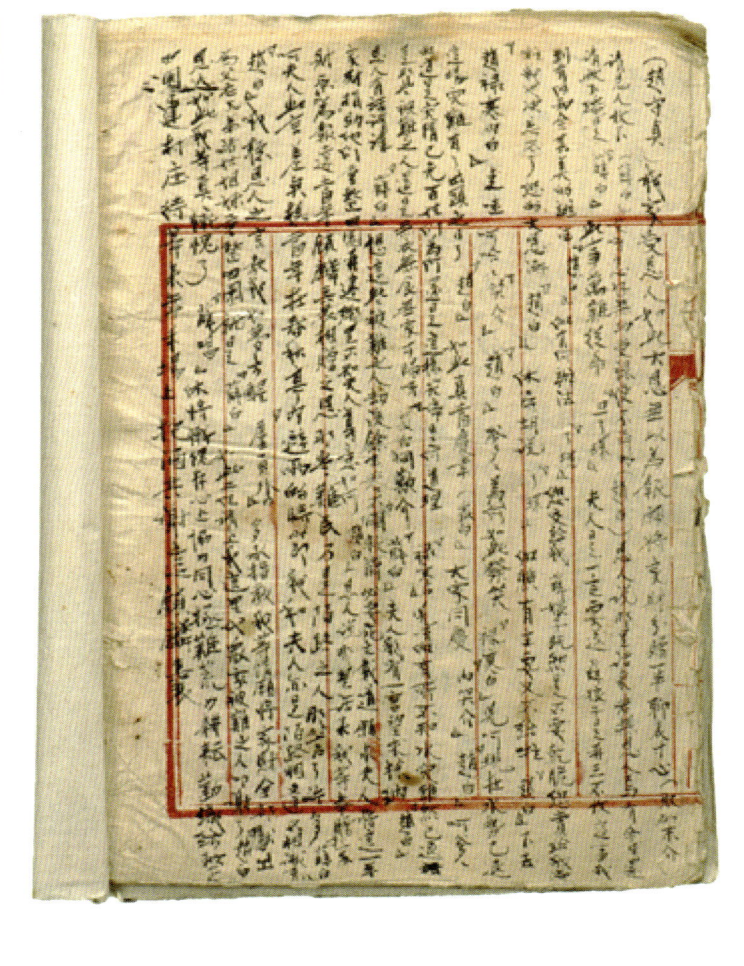

程砚秋修改过的《锁麟囊》剧本

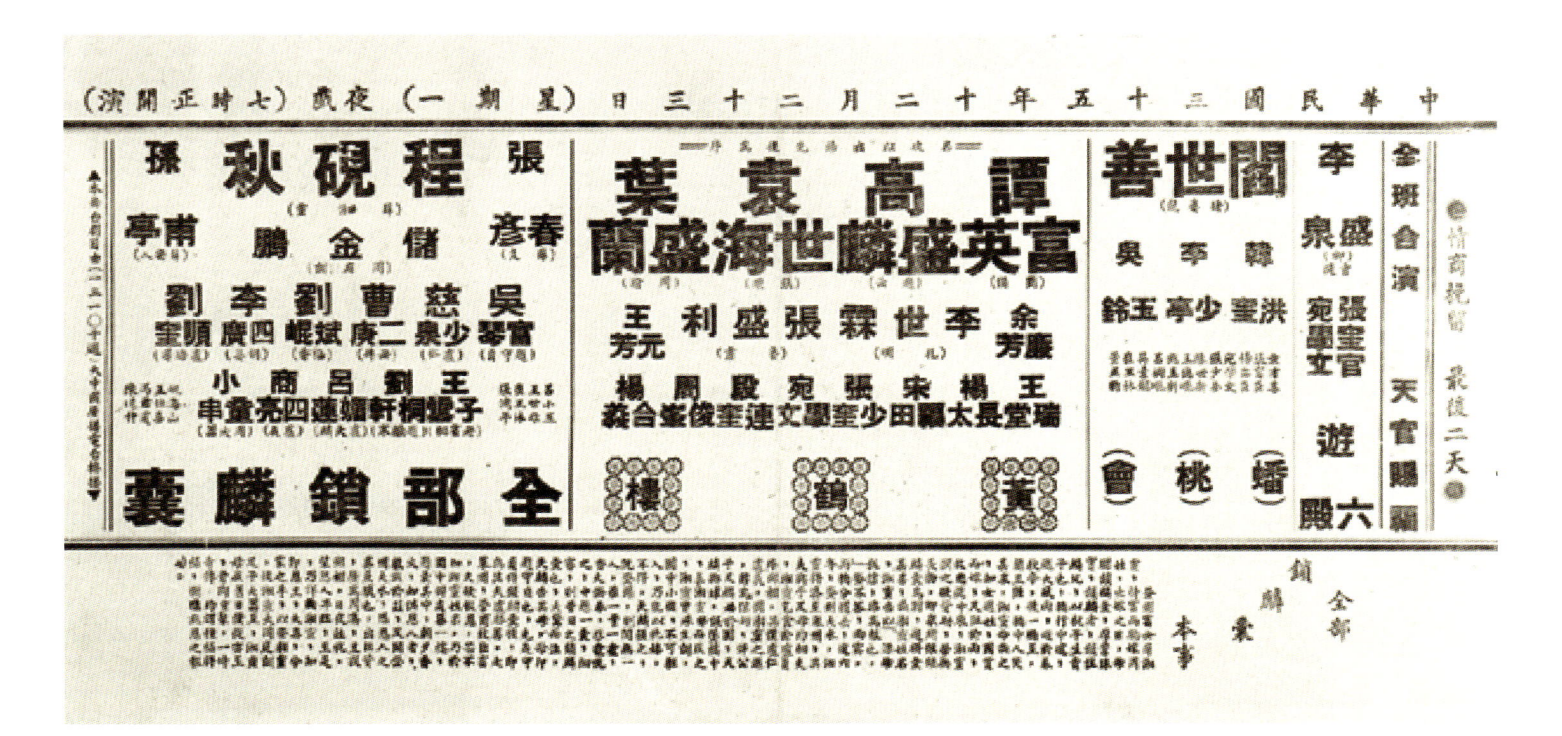

1946年12月23日，程砚秋于天蟾舞台演出《锁麟囊》戏单

梨园新范

程砚秋追求理想的戏曲艺术，同时深入追求理想戏曲艺术所赖以生存的社会环境和意识观念的改进。他没有孤立地经营自己的京剧表演，不仅从京剧联系到各种地方戏的文化遗产，更渴求从钻研外国戏剧的角度反观中国戏曲的发展步伐。程砚秋于1932年1月到1933年4月，游学欧洲，寓居并访问法、德、意和瑞士四国，学习语言、观摩演出、探访剧团、与戏剧家交往，搜集了几千份戏剧资料，回国后写成一份两万多字的《赴欧考察戏曲音乐报告书》。除了超前的戏剧发展意识，他不满现实、渴望学习、力求进步的精神和视野更令人钦佩。程砚秋是一位有思想的艺术家，他深知中国戏剧向世界文化借鉴的必要性，也明白京剧与戏曲整体发展的依存关系。他的思考与他的表演艺术成就息息相关，与他对演员和戏曲的社会价值定位紧密相连。

飒飒西风

  1932年，28岁的程砚秋走出国门，到法国、德国、意大利、瑞士等欧洲国家考察学习。在那里，他广泛接触了西方的戏剧家和艺术家，搜集了大量戏剧资料，回国后写成《赴欧考察戏曲音乐报告书》，提出艺术上的卓越见解。他提出："东西两方戏剧，已经有了一个共同的倾向了，就是打破写实主义，成为写意主义的，或者象征主义的。在西方写实剧的高潮当中，中国剧的提鞭当马，搬椅当门，曾经受了不少的嘲笑和谩骂。现在写实主义的高潮已过去了，最显明的就是舞台背景已经走到线条色彩相调和的道路，真山真水真楼阁已经没落了，这时候，提鞭当马，搬椅当门恐怕会成为戏剧艺术的金科玉律。"[《在北平缀玉轩梅兰芳为程砚秋赴欧游学举行的欢送会上的致谢词（1932年1月5日）》] 即能看到在世界视野下的鲜明观点。程砚秋此行不仅扩大了眼界，为中国戏曲找到了合理的改革方法，而且还根据西方的需要在日内瓦世界学校教授太极拳，用另一种方式传播了中国文化。学习与传播，是程砚秋此次欧洲之行的两大主题。从这个角度看，程砚秋是一位优秀的文化使者。

程砚秋

北平各界在东车站（前门火车站）欢送程砚秋游欧

1932年1月，程砚秋断然中止正值盛期的演出，放弃巨额演唱收入，为考察西方音乐戏剧，赴欧洲进行为期一年零三个月的游学。从中国戏曲海外传播与交流的角度来观察，整个20世纪30年代是中国戏曲"走出去"的第一轮高潮：梅兰芳以精妙的演出让西方"看见"中国戏曲，而程砚秋游欧进行戏剧考察和学习，以期获得认识世界、反观自我的方法论。尽管二人"走出去"的目的与方式不尽相同，但他们都不约而同地得到一个认同：重新确认"五四"以来备受攻击的旧戏——中国戏曲艺术的存在价值和闪光点。

程砚秋三十而立

郎之万

À mon ami Tcheng Yen Tsio, dont j'ai pu admirer le grand talent à Peiping et que je suis heureux d'avoir pu mieux connaître au cours d'un long voyage, j'apporte ici l'assurance de ma très grande et très vive sympathie.

Paris le 27 Avril 1932

P. Langevin
Professeur au Collège de France

法国物理学家郎之万在程砚秋的手册上题写对程砚秋的评价：
余识程砚秋先生，自平始，在旅程中，知其品德崇高，益深钦佩！特记数语，以表友谊。

1932年4月27日于巴黎
保罗·郎之万
法兰西学院教授

1932年，程砚秋在法国公园留影

上图 | 1932年，程砚秋（左二）与友人在法国公园留影
下图 | 1932年，程砚秋在法国公园留影

1932年8月15日，程砚秋（中间持花者）访问里昂中法大学时合影

1932年8月,程砚秋参加在法国尼斯召开的国际新教育会议组织的活动

1932年,程砚秋(左二)与德国朋友聚会

程砚秋（左二）在尼斯与中国考察团其他成员合影

这次和前次的工作不同，前次是侧重参观，这次是侧重搜求书籍、剧本、图片等等。共计获得的剧本约两千多种，都是教育界给学生们念的教科书或参考书；图片五千多张，其中以关于戏曲音乐为最大多数，其余也都是与文化有关的；书籍也有七八百种，除直接关于戏曲音乐之外，则以合作社的论著为多。（程砚秋：《赴欧考察戏曲音乐报告书》，载中国戏曲研究院编《程砚秋文集》，中国戏剧出版社1959年版，第191页）

1933年1月，程砚秋在日内瓦世界学校教授太极拳

1933年1月，程砚秋在日内瓦世界学校与国际联盟卫生部长拉斯曼（世界学校的董事长）合影

程砚秋画传

程砚秋拍摄的教堂

现在分别参观各戏院。此地有最著名四剧院，或国立，或系国家补助：第一为国立大剧院，规模宏大极了，即赖鲁雅先生担任工作之处，为世界最美术的剧院……此外私立乐曲学校也甚多，打算排定日期分行参观。目前最重要的工作，就是常常看戏；日子还浅，我也不敢胡乱批评。不过我总觉得他们奏演，似乎太机械了，一举一动，都不得自由；说起来似不如我国演员可以表现本人的天才。其他导演员同音乐家，也觉过于专制。这或许就是戈登格雷主张的部分的现实吧？那么，其中当然是有真理存在着。好在日子很长，倒要从容的领教领教。至于他们剧院建筑之伟大，后台设备之完全，恐怕我国再过二三十年，也赶不上。他们国家对于演员的保障，津贴，很是优越。观众对于戏剧的尊重，和对于演员的爱护，这是我国演员所梦想不到的。此外还有一节，就是剧院与学校，息息相通，有很密切的关系，学校以剧本为课本，而国立剧院常常特演日戏，以便学生读剧本后，到该院观剧，以为实习，这是最可注意的事。据我目前的观察，他们剧场上所用光影，可以使登场人的生活环境得到一种抽象而融合的衬托，可以增加剧的情绪，的确有采用的必要，还请诸位先生作剧时多多注意！[程砚秋：《致本所同人书》（1932年2月23日于巴黎），《剧学月刊》1932年第1卷第4期]

程砚秋游欧期间搜集的戏剧资料

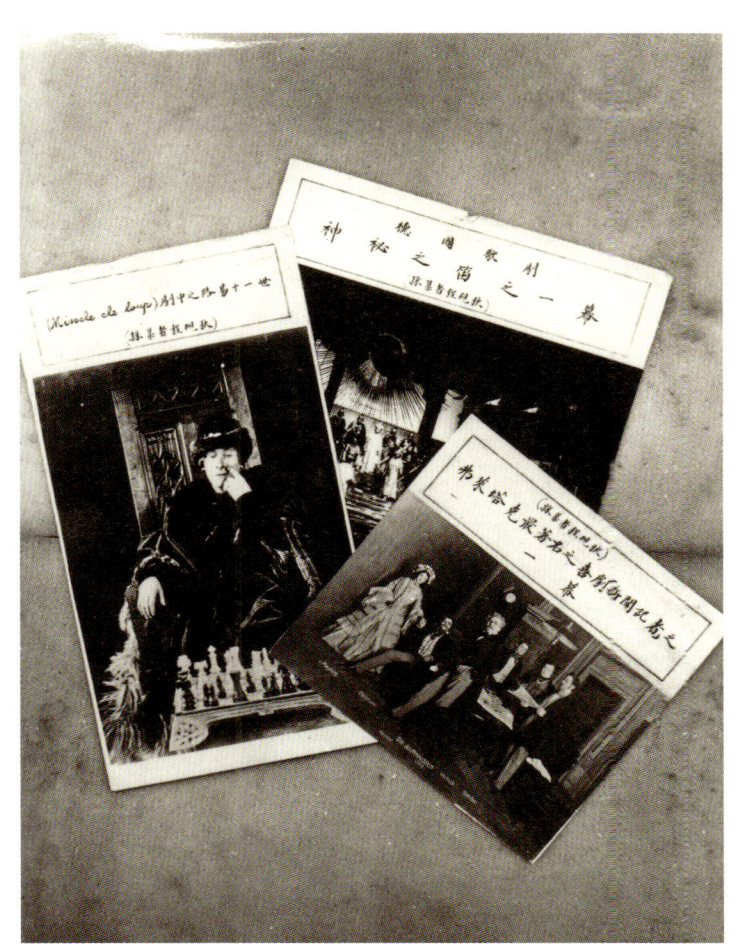

程砚秋拍摄的剧照

程砚秋在柏林观看非战剧《无穷生死路》时，看到剧中人"欲哭无泪的神情，只用一种暗淡的灯光，就把他烘托得凄心动魄"，他决定自己的《春闺梦》"也应当有这种力量，才不会小巫见大巫"。回国后，1934年10月于中和戏院再演《春闺梦》时，程砚秋尝试加入灯光布景，以烘托惨烈的环境，乐队增加了口琴和双二胡，到上海演出还加了小提琴，使音乐表现力更丰富。经过革新尝试，经过思考和实践，才有可能更谨慎地面对改革。程砚秋后来反复论述要弄清戏曲的根本所在，要做调查研究，要彻底了解清楚"旧有剧本所采用的形式和技巧"，要实现固本之改革，这些观念既来自他常年的舞台实践，也来自他对世界戏剧艺术规律的体认和思考。

程砚秋的欧洲游学，从个人角度，促成他理想主义戏剧观的建立，他进一步意识到演员和戏剧的艺术价值和社会价值，增强了自尊自强的思想意识；从艺术行业的角度，他以国家文化教育建设为基点，提出剧院建设、表演艺术、戏剧从业人员的社会组织的实施方案，发表《关于改良戏剧的十九项建议》。他的理想和方案，在当时无疑是一种超前理念。程砚秋不仅仅是一位演员，他因放眼世界而成长为一位有思想的艺术家、戏剧教育家和善于钻研的改革者。由于当时中国社会的战乱和动荡，他的改革梦想难以实现，但有一部分得以落实在中华戏曲专科学校和他自己的剧团中，当然，他的戏曲理想在新中国成立后深度融合在戏曲改革的时代潮流中，并且影响至今。

1933年4月7日，程砚秋返回北平

程砚秋画传

1955年8月底9月初，程砚秋与张庚同赴德意志民主共和国参加国家歌剧院开幕典礼，与张庚（左一）、歌剧院院长（中）合影

1957年7月，程砚秋与英国戏剧家司考得夫妇合影

化理启文

从担任中华戏曲音乐院南京分院院长时起，程砚秋正式接触了教育行业，这远在他招收第一位弟子以前。学校教育是现代文明的产物，不同于戏曲界师徒口传心授的传承。程砚秋在这里教学，也在这里学习为师之道。中华戏曲音乐院的教育实践使程砚秋较早进入现代教育体系，所以程门广大宽博，泯除了一些过去的行业习气和梨园恩怨。作为徒弟盈门的一代梨园宗师，程砚秋也身体力行，除了技艺的传授，还总想着把厚德传给徒弟，一路传递下去。

1929年，国民政府以庚子赔款的退费创办中华戏曲音乐院，李石曾任院长，内设北平分院和南京分院，程砚秋、金仲荪任南京分院副院长；梅兰芳、齐如山任北平分院副院长。南京分院地点仍在北平，设置研究所办学术刊物《剧学月刊》，并开办第一所以"戏曲"命名的公立学校——中华戏曲专科学校（简称"中华戏校"）。

中华戏曲音乐院南京分院同人合影。前排左起：林素珊、金仲荪、李石曾、程砚秋、陈墨香；后排左起：焦菊隐、刘守鹤、赵曾隆、赵新生、徐凌霄、张体道

《剧学月刊》1932年第1卷第1期目录

《剧学月刊》1932年第1卷第1期发刊词

《剧学月刊》1932年创刊，由徐凌霄主编，每年一卷，共12期，出至1936年6月第5卷第6期停刊。其办刊宗旨为用科学方法研究本国的戏剧艺术，并加以整理和改进，使之成为一专门的学科，立足于世界学术之林。《剧学月刊》发表大量有关戏曲史、戏曲表演艺术、剧目介绍以及脸谱方面的文章，包括话剧研究、程砚秋游欧文章。徐凌霄、佟晶心、杜颖陶、王泊生等撰稿者为民国时期代表性戏曲学者，他们各有所长，优势互补，此刊为当时最有影响的戏剧刊物之一。

本刊撰述一覽

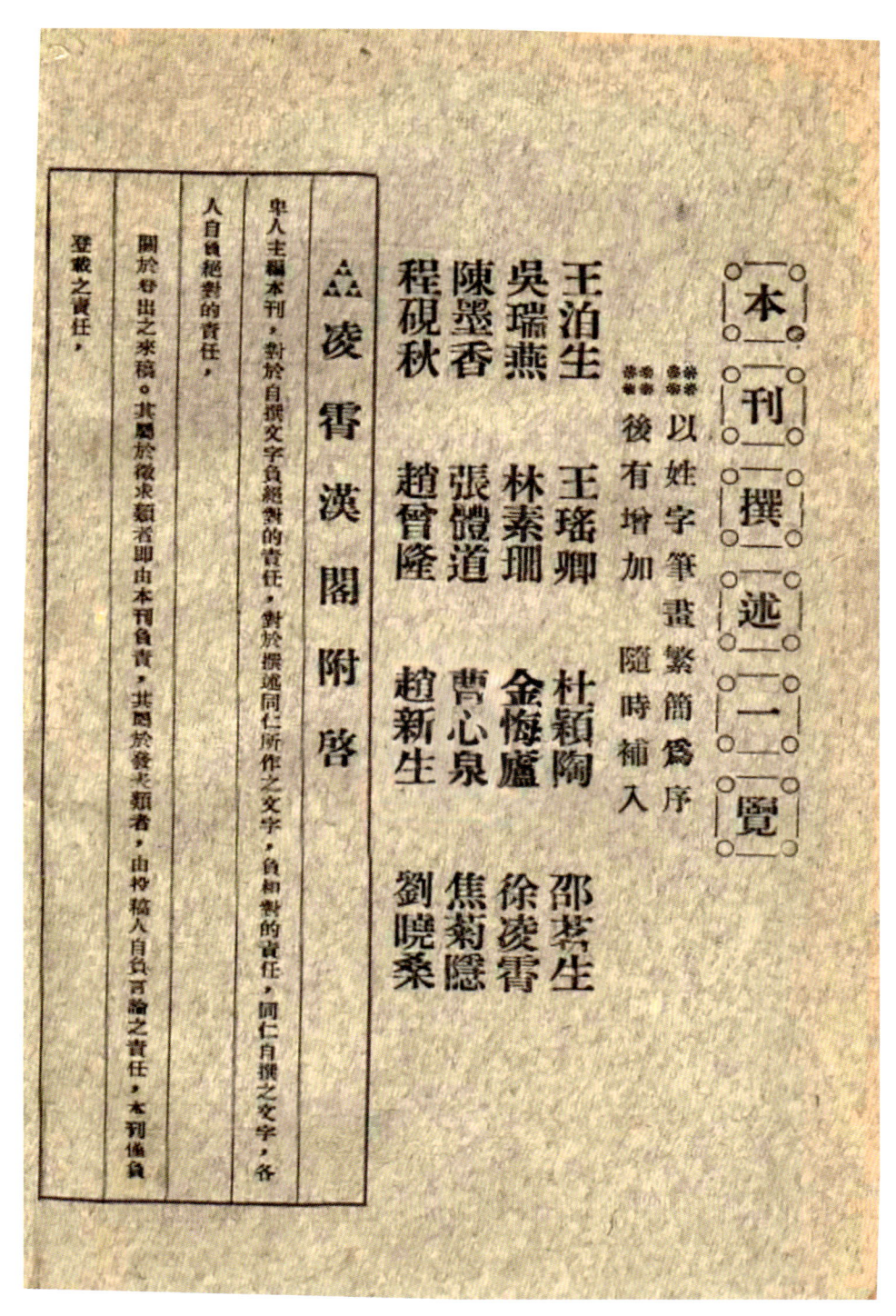

* 以姓字筆畫繁簡爲序
** 後有增加隨時補入

王泊生　王瑤卿　杜穎陶　邵茗生
吳瑞燕　林素珊　金悔廬　徐凌霄
陳墨香　張體道　曹心泉　焦菊隱
程硯秋　　　　　趙瞖隆　趙新生　劉曉桑

△△凌霄漢閣附啓

鬼人主編本刊，對於自撰文字負絕對的責任，對於撰述同仁所作之文字，負相對的責任，同仁自撰之文字，各人自負絕對的責任，

關於登出之來稿。其屬於徵求者即由本刊負責，其屬於發表類者，由投稿人自負言論之責任，本刊僅負登載之責任，

《剧学月刊》刊登的撰述人名录

中华戏曲专科学校大门（刘连伦、张彩虹提供）

中华戏曲专科学校改名为中国高级戏曲职业学校后的牌匾

1930年9月，程砚秋在李石曾的支持下创办中华戏曲专科学校，校名曾几度更改。该校革除陋习，采用科班与中学教学相结合的现代教育体制，男女兼收。中华戏校被迫停办于1940年11月，共培养出德、和、金、玉、永五科三百多名学生，成为全国各地京剧院团的骨干力量和教学主导人员。首任校长焦菊隐，第二任校长金仲荪。学生们唱响校歌："艺术为吾之稻粱，大地为吾之广场。毋以小道而自荒，毋封故步而速亡……"

北京市私立中國高級戲曲職業學校章則彙覽

[甲篇]

校董會章程

第一章 總綱

第一條 本會定名為北京市私立中國高級戲曲職業學校校董會。

第二條 本會以經營北京市私立中國高級戲曲職業學校，養成適合時代之戲劇人才，實施改良及創造之戲劇技術為宗旨。

第三條 本會會所設於北京。

第二章 組織

中国高级戏曲职业学校章则

中华戏校第一任校长焦菊隐

1932年，中华戏曲专科学校二周年纪念师生合影

中华戏曲专科学校教学场景（刘连伦、张彩虹提供）

中华戏曲专科学校教学场景（刘连伦、张彩虹提供）

中华戏曲专科学校学生学习与生活场景

戏校不同于旧科班的第一点是讲授文化课，有国文、历史、外语、地理、算术等一系列课程，有一套完整的教学制度，这在当时来说是比较先进的。过去的旧科班都是只收男的，后来有了女科班，但是只收女的。男女合校，中华戏校算是头一份儿……男生冬天一律是黑色中山服、披斗篷；夏天穿白色中山服，铜扣子、戴大檐帽，不准留头发。女生一律是月白色上衣，黑裙子，留短发，就像电影《青春之歌》里林道静的模样。（王金璐口述，郭永江、过士行整理：《回忆母校》，载刘连伦、张彩虹编著《菊园钩沉——北平中华戏曲专科学校谈往录》，中国戏剧出版社2024年版，第101—102页）

程砚秋与中华戏校学生合演《金山寺·断桥》，程砚秋饰白蛇，宋德珠（后）饰青蛇

1934年，《金山寺·断桥》，程砚秋饰白蛇，宋德珠（左）饰青蛇

中华戏曲专科学校学生演出《凤双飞》，左起：李玉茹饰胡凤莲，金玉田饰姚文俭，李金瑞饰董温，金玉恒饰家郎，王玉让饰卢林，朱金琴饰徐锡恭，冯金延饰郝自良，赵金年饰田云山（刘连伦、张彩虹提供）

中华戏曲专科学校学生演出《美人鱼》，李玉茹（下蹲者）、周和桐（中立者）、王玉让（上立者）、储金鹏（右）（刘连伦、张彩虹提供）

一到周末，我们还自己编演话剧。例如周和桐同学就曾经根据天津上演的文明戏《张文祥刺马》改编成话剧，在校内演出过。此外，周末也经常在学校里演出一些反映国际时事的电影纪录片，极受同学们的欢迎。（宋德珠口述，汪效倚记录整理：《"中华戏校"忆旧》，载《中国戏剧年鉴》编辑部编《中国戏剧年鉴1984》，中国戏剧出版社1985年版，第451页）

《凤双飞》，李玉茹（左）饰胡凤莲，储金鹏（右）饰田玉川

中华戏校戏剧系演出易卜生作品《群鬼》

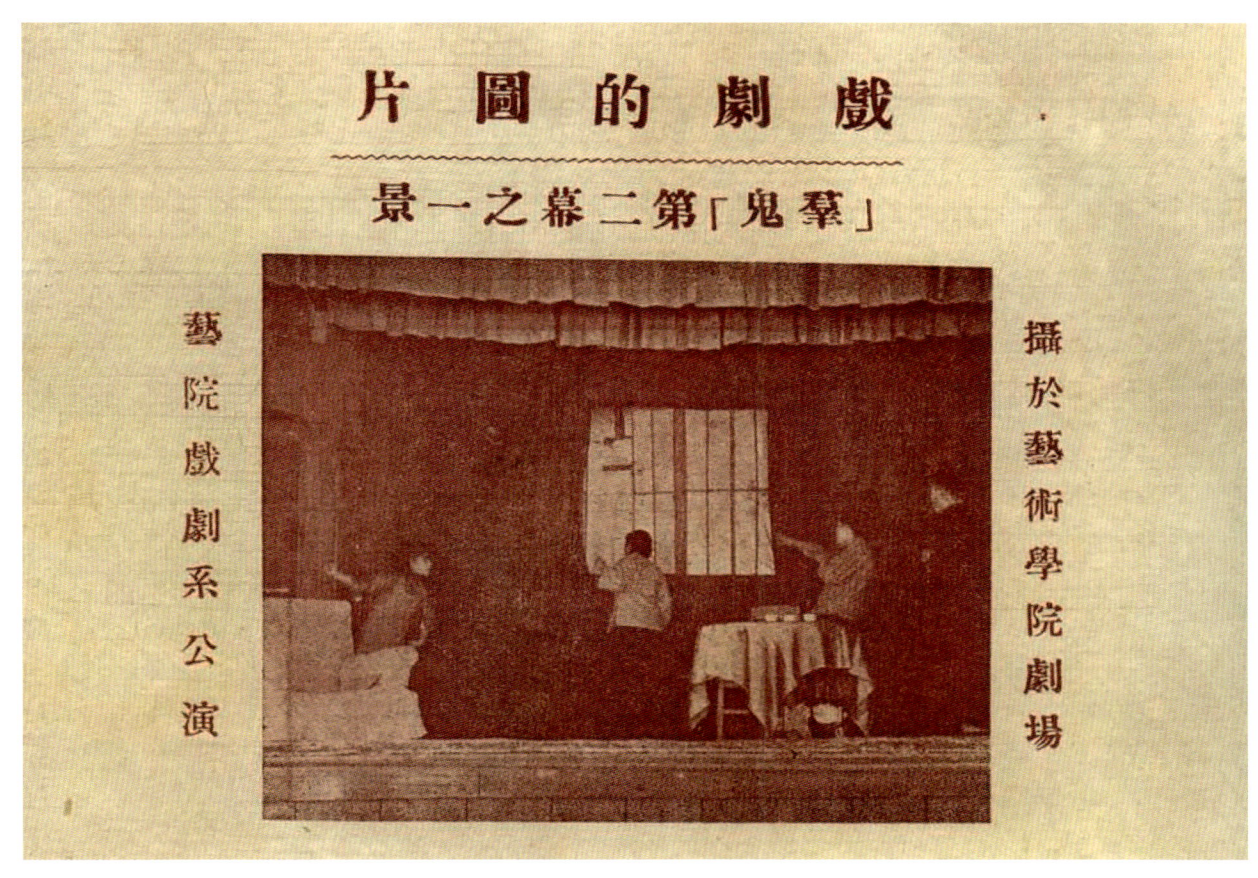

中华戏校学生在广和戏院演出的戏单

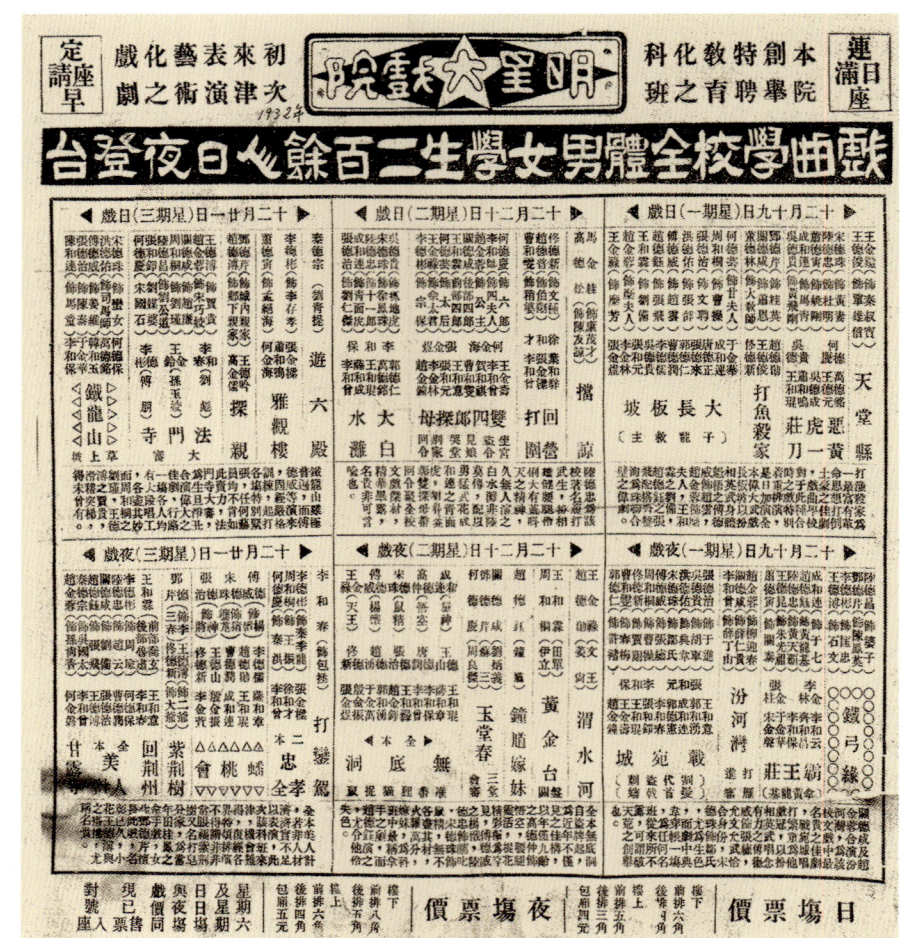

中华戏校演出海报（刘连伦、张彩虹提供）

广和楼戏院，中华戏校学生在此定点演出

1937年，陕西易俗社进北平演出，带来《山河破碎》《还我河山》《淝水之战》等号召抗日救国的爱国主义新剧目，引起轰动。中华戏校师生欢迎易俗社，易俗社师生观看了戏校学生李和曾、宋德珠、王金璐、侯玉兰的演出。

1937年，中国高级戏曲职业学校欢迎陕西易俗社全体师生合影

1934年，中华戏曲专科学校四周年纪念合影

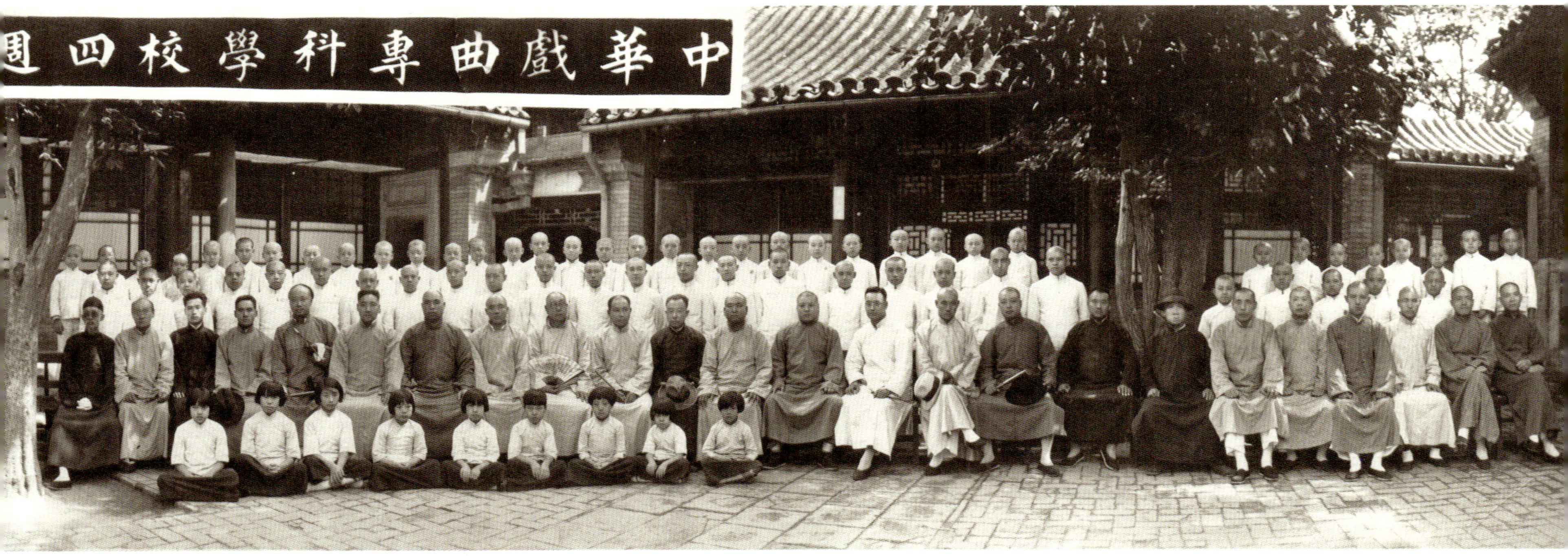
中華戲曲專科學校四週

1932年1月1日，程砚秋收荀慧生长子荀令香为弟子时合影。前排左起：徐凌霄、金仲荪、荀慧生、荀令香、程砚秋、陈墨香、张体道、刘守鹤；后排左起：丁剑秋、邵茗生、曹心泉、王泊生、许志平

1934年10月26日，程砚秋在北平新丰楼收陈丽芳为弟子时合影（辨识出部分人员并标识，请扫码查看）

1945年11月日，程砚秋收王吟秋（左）为弟子

1949年，程砚秋与弟子赵荣琛（右）在青龙桥合影

1949年，程砚秋与李世济（右）在董四墓村合影

1949年，程砚秋收尚小云儿子尚长麟（左）为弟子

程砚秋画传 | 357

1957年3月，程砚秋到学校教《宝莲灯》，金玉书伴奏

1957年2月，程砚秋在教学。右起：程砚秋、金玉书、关静茹、殷妙文、杨秋玲、柯茵婴、涂沛（时盘棋拍摄）

1957年，程砚秋（左二）与贯大元（右二）向中国戏曲学校学生传授《宝莲灯》

程砚秋与贯大元向中国戏曲学校学生传授《宝莲灯》

关于唱腔、吐字，程老师与我们谈得最多。他要我们注意每一个字的吐音，他说，每吐一个字都要分三个阶段，用他的话来说是发、飞、收。他说，腔不能见棱见角，劲头要使在内。唱时，不要光咂滋味，要把戏的主题（剧情）唱出来，否则，即是空腔。（涂沛、关静茹、殷妙文等：《回忆程砚秋老师教〈宝莲灯〉》，载《程砚秋舞台艺术》，中国戏剧出版社1962年版，第59页）

程砚秋画传

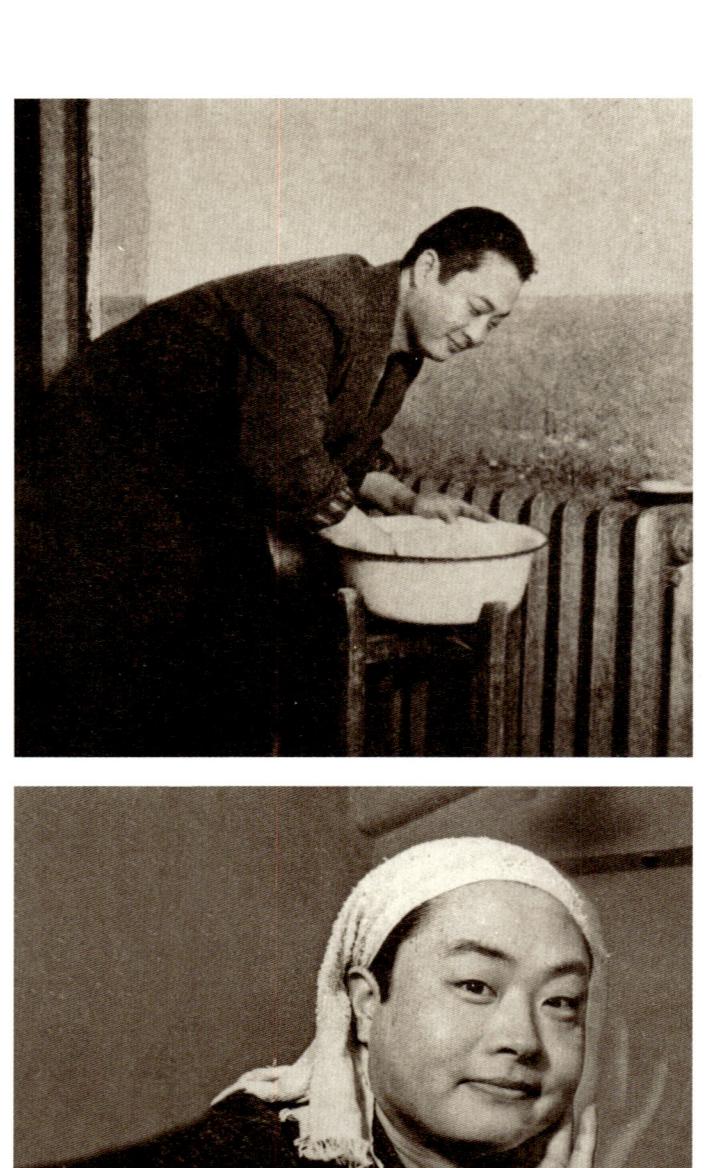

1941年，程砚秋系列化装过程

身段示范（一）

身段示范（二）

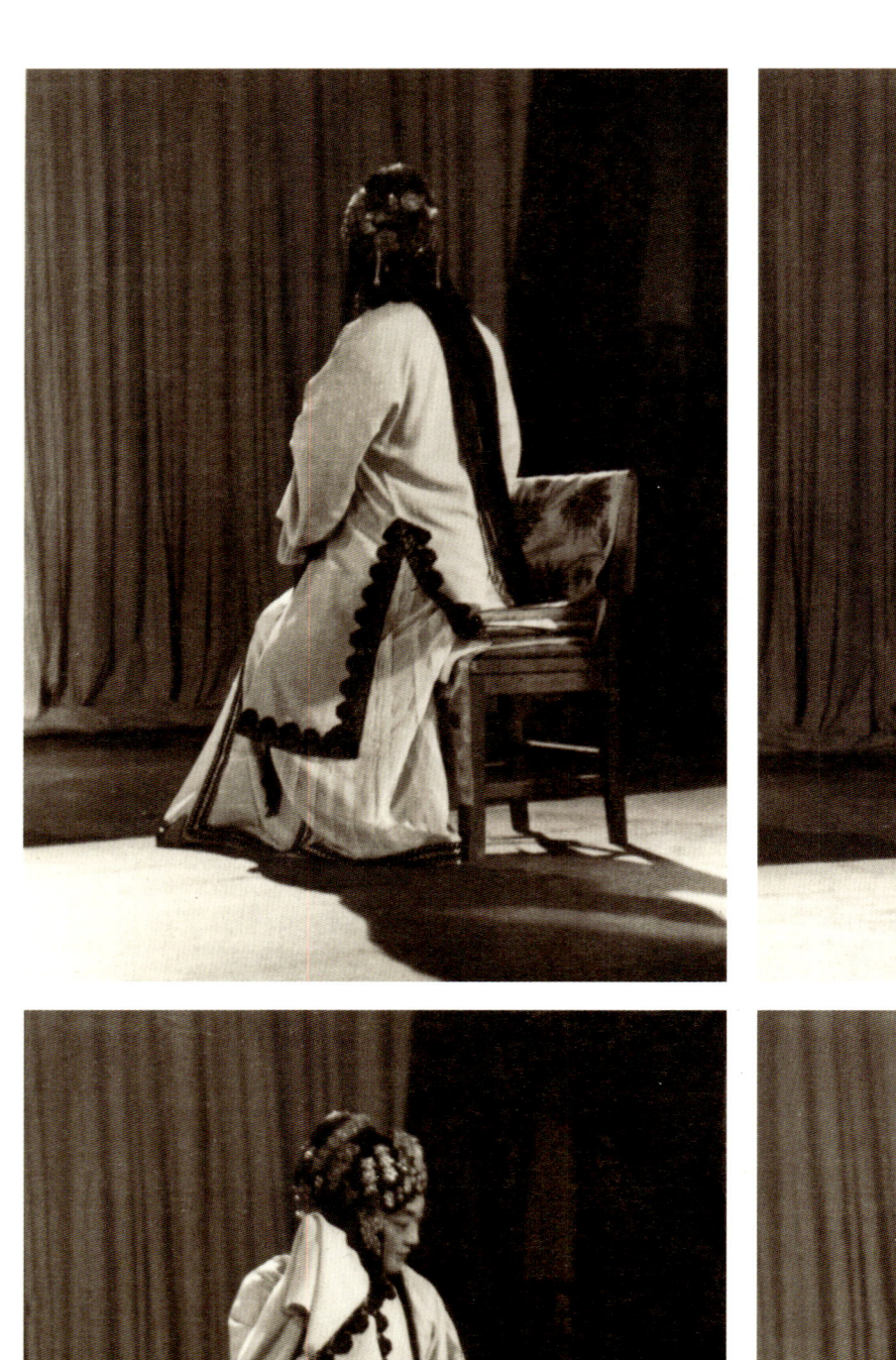

身段示范（三）

身段示范（四）

青山踏遍

1949 年以后，程砚秋对戏曲的贡献主要反映在地方戏曲的调查研究上。他两去西北，再去西南、中南、华东、华北及东北。西北之行，行程 3 万里，从青岛到帕米尔高原，他们时时风餐露宿，7 个月在路上，为的是回答"我们的遗产究竟有多少""都在什么地方""怎么样的发生和构成""如何的组织和进展"等问题。程砚秋认为中国的戏曲音乐生长在民间，"我们民族真正的艺术遗产，建设新中国的戏曲音乐，是要以这些遗产为基础"。程砚秋对民族艺术遗产的思考和行动，具有前瞻性。他的调查研究初步弄清了部分地区的剧种状况，更重要的是这种调研方法为后来者确立了研究规范，成为新中国戏曲研究的典范之一。同时，他对地方戏曲调研后提供的诸多学术规划，亦为后来中国戏曲研究院及今中国艺术研究院坚持推进的戏曲理论体系、戏曲艺术体系研究，做了最早的设计，其高远的艺术见地亦为后人所赞叹。

1949年，程砚秋在西安与胡天石（左一）、李丹林（左二）、马健翎（左五）、杜颖陶（右一）、王吟秋（前）等合影

1949年，程砚秋在西安与马健翎（左）合影

1950年，程砚秋（中）与柯仲平（右）等合影

1949年11月至12月，程砚秋到西安演出并启动戏曲考察活动。他认为应当把全国各地方的戏曲做普遍而详细的调查，记录整理，综合研究，以明确对戏剧遗产的认识，可以打破故步自封的旧见而产生新的动向。程砚秋、杜颖陶等人调查西北本地的秦腔、眉户戏、灯影戏、傀儡戏等剧种，参观西安梨园会馆旧址，后撰写《秦腔源流质疑》一文，引起中国戏曲史上关于"两个秦腔"的系列研究与争论。

1949年，程砚秋在西安与封至模（左）合影（封至模旧藏，封山提供）

余三胜老先生 塑像
至模先生 存念
程砚秋赠 一九五〇年

程砚秋签名赠给封至模的余三胜塑像照（封至模旧藏，封山提供）

1949年，程砚秋（二排左六）在西安考察期间与马健翎（二排左四）、封至模（前排左七）、杜颖陶（二排左七）等文艺界人士合影（封至模旧藏，封山提供）

程砚秋西安考察期间讲话（封至模旧藏，封山提供）

上图 ｜ 程砚秋西北考察时游览曲江寒窑留影
下图 ｜ 程砚秋西北考察留影

上图 ｜ 程砚秋在西北考察时在西安欢迎会上讲话
下图 ｜ 程砚秋与冯牧（左）合影

程砚秋在西安演出剧照（封至模旧藏，封山提供）

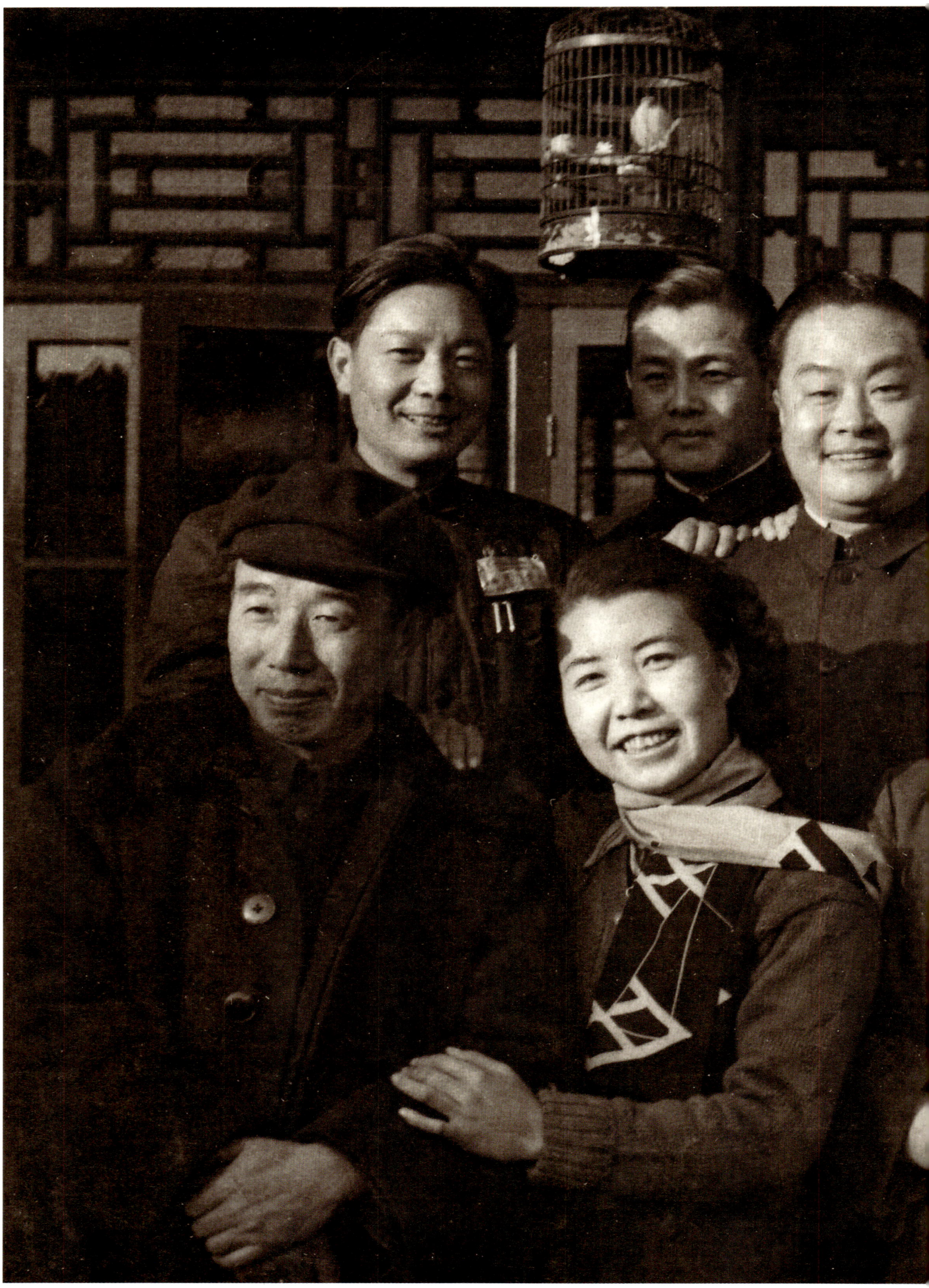

1952年第一届全国戏曲观摩演出大会期间，陕西演员到访程砚秋家合影。前排左起：封至模、杨金凤、宋上华；后排左起：何振中、李丹林、程砚秋、陈幼韩、李正敏（封至模旧藏，封山提供）

程砚秋画传

1950年8月,程砚秋在兰州与业余、民生两社同人合影

程砚秋《关于地方戏曲的调查计划》，1950年4月16日发表于《人民日报》

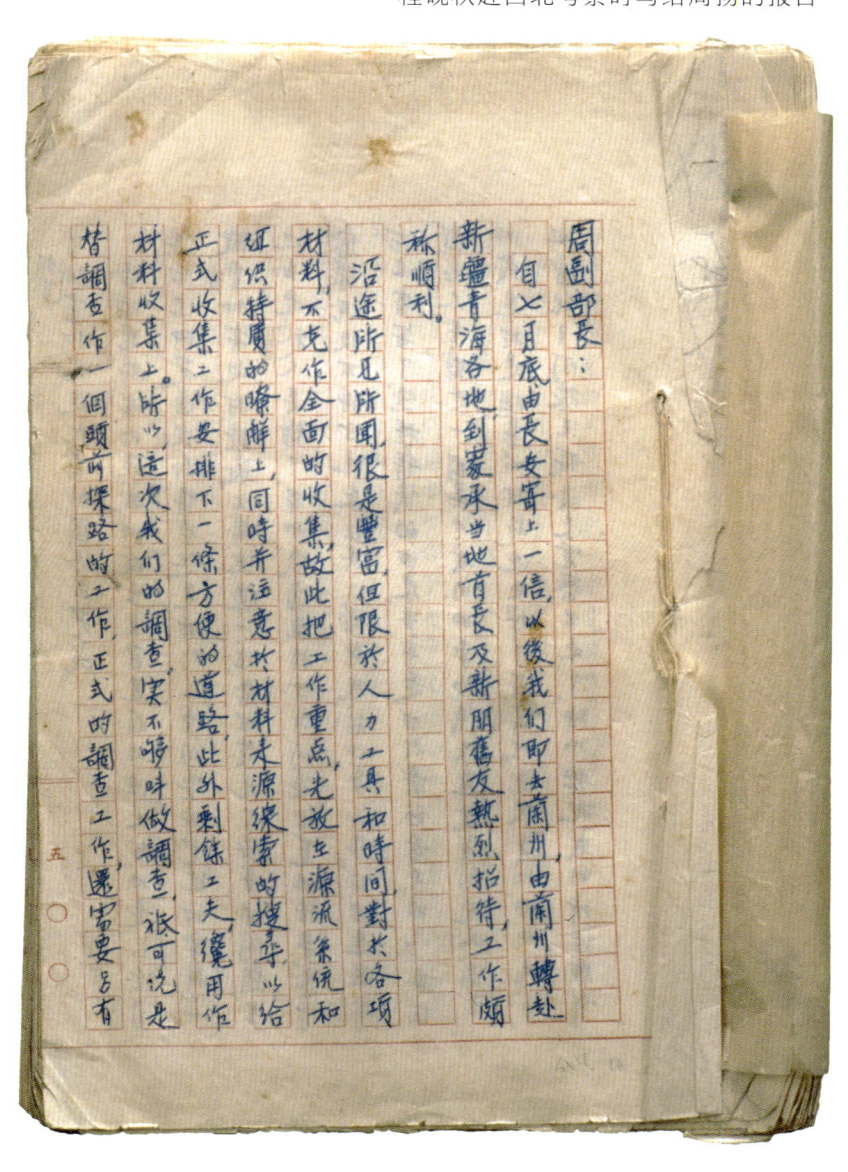

程砚秋赴西北考察时写给周扬的报告

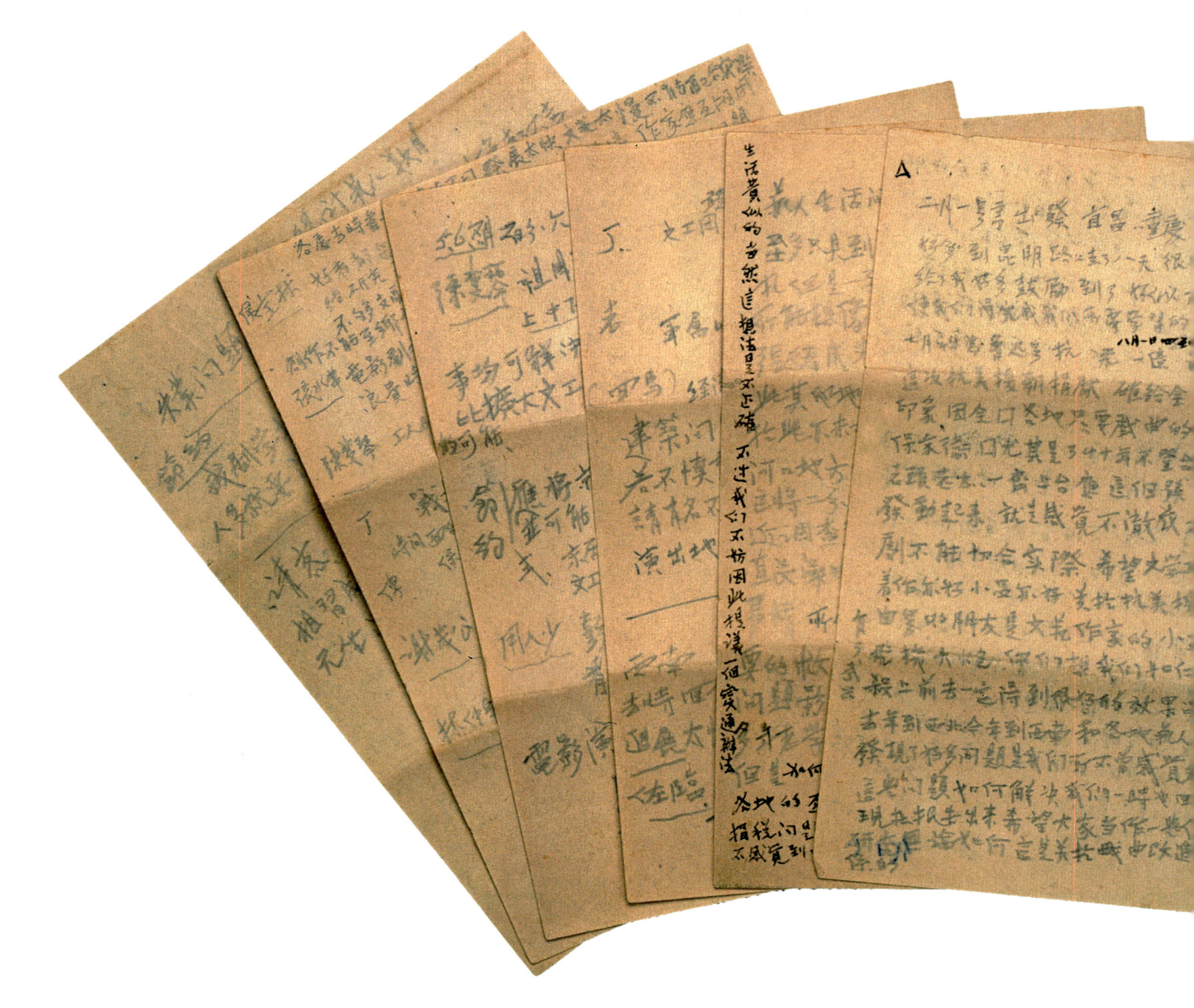

程砚秋《西南地区戏曲音乐考察报告书》提纲手稿

1950年3月,程砚秋拟定《全国戏曲调查计划大纲》,将全国地方戏依照各系统粗分为十二个区域,列出调查步骤、程序、记录方法等实施细则。4月,程砚秋带领剧团从山东青岛出发,边演出边调查山东戏曲剧种,后因雨水连绵,只留部分人员在身边,遣返剧团回京。抵达徐州时因当地政府强烈要求演戏,又返京携剧团演于徐州。7月,从徐州出发,与杜颖陶、李丹林等轻装赴大西北进行地方戏曲音乐调查,完成了历时7个月、行程近三万里的青岛至帕米尔的戏曲调查。

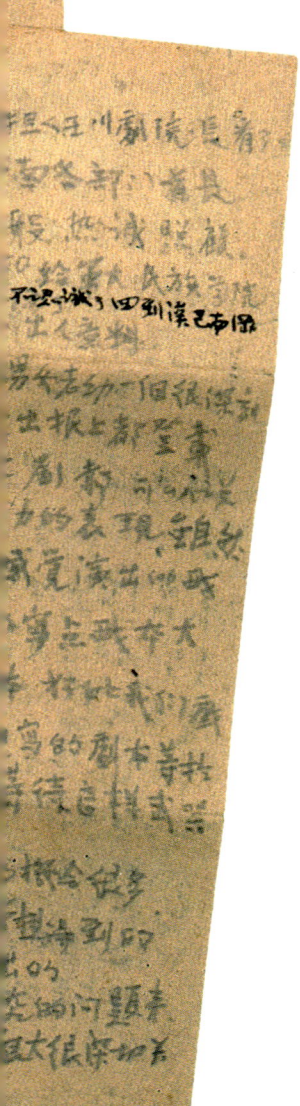

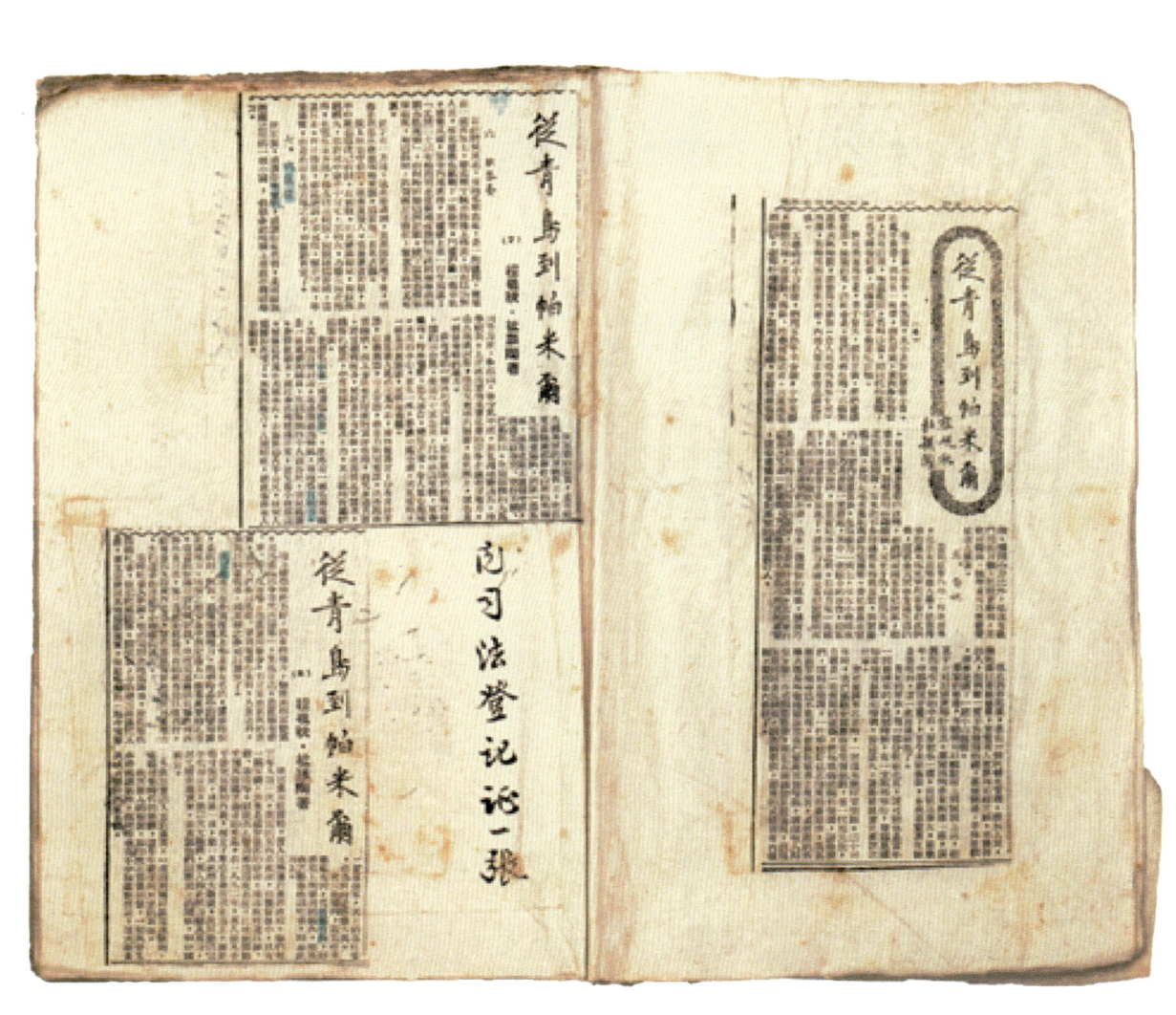

程砚秋发表于《进步日报》上的考察文章《从青岛到帕米尔》剪报

1950年，程砚秋在新疆与时任新疆省主席包尔汉（左）合影

1950年8月底，程砚秋的戏曲考察小队伍到达喀什，遇到维吾尔族民间老乐人哈西木（亦或"阿西木"），得知老人精通新疆维吾尔族十二套大曲。经程砚秋多方联系，哈西木老人被接到乌鲁木齐录音。之后，文化部派出音乐家万桐书、刘炽等组成"十二木卡姆整理工作组"赴新疆，经过多年完成了整理、记谱、编辑抢救性录音的工作。后来程砚秋在《全国戏曲音乐调查工作报告》中，为进一步开展研究拟定了若干选题，如《从维吾尔族的十二套古曲来研究隋唐大曲并古代东西音乐交流的情形》《哈萨克族的文艺形式对于南宋以来民间文艺的影响》等，他的学术调查与思考视野开阔，关怀当下。

砚秋先生：

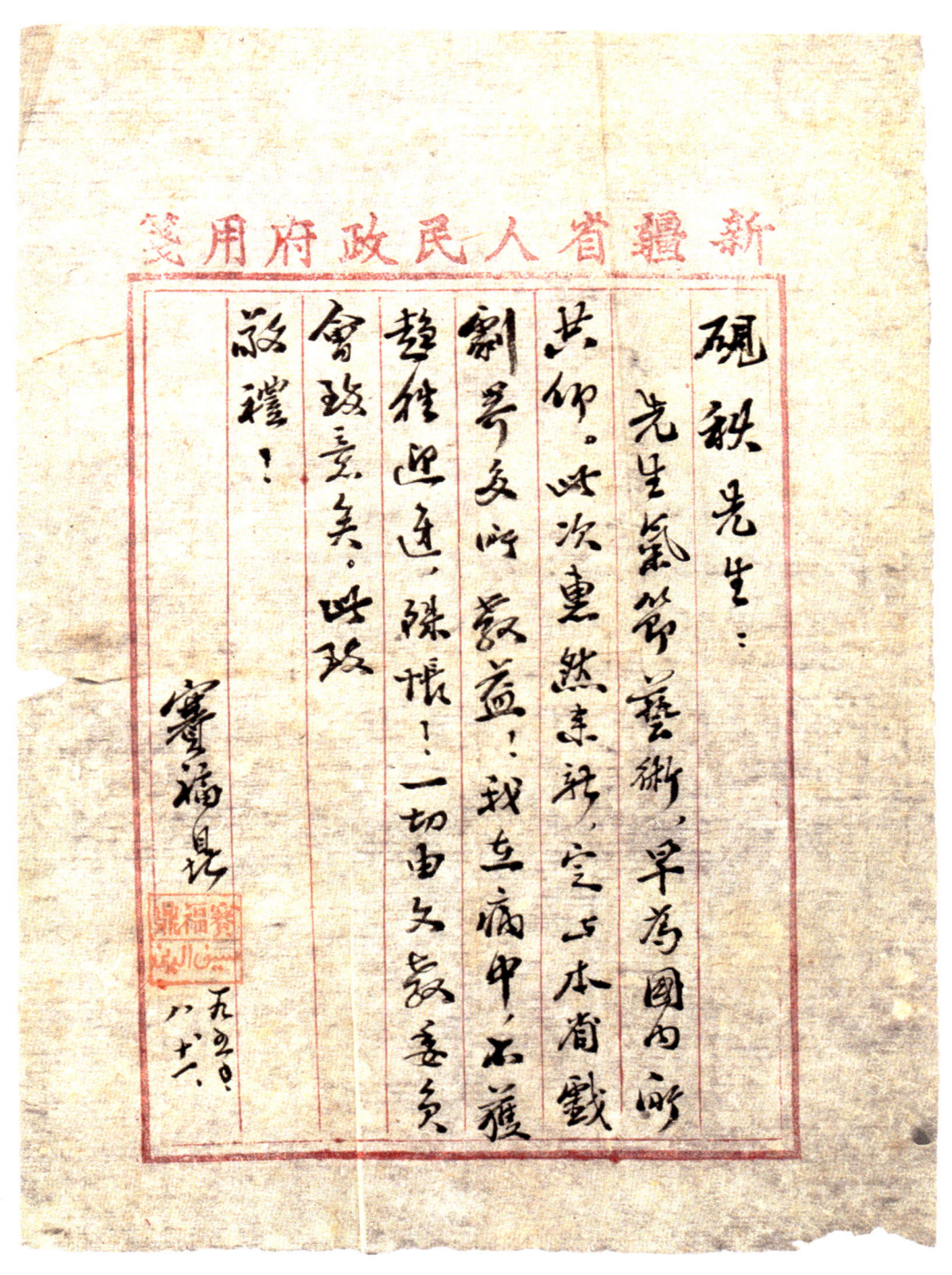

先生气节艺术，早为国内所共仰。此次惠然来新，定于本省戏剧事业所裨益！我卧病中，不获趋往迎迓，殊怅！一切由文教委负会致意矣。此致

敬礼！

赛福鼎

五·〇·八·六

赛福鼎给程砚秋的复函

西南軍政委員會緘

硯秋先生

生昨收到函，加荣饰愧不敢当。后中谈及推荐洋之公演，后到川一行开展西南文艺并讨调查川剧作改进，我国我刻之秋，至此种对于文艺思之佛大且与工业实深佩视特函复数表欢迎仍乞询

近安

王维舟 一九五〇年五月卅一

王维舟给程砚秋的复函

上图 | 1951年，程砚秋在重庆与席明真（左二）等合影
下图 | 1951年，程砚秋与王维舟（左三）等在云南石林留影

1950年4月，程砚秋与胡天石（左一）、杜颖陶（左三）、王吟秋（左四）、李丹林（左五）考察经过徐州时游云龙山

1953年，程砚秋在南京明孝陵留影

砚秋院長 惠存

我伯銘敬贈 一九五一年秋 同宴昆明

1951年，程砚秋在昆明与刘奎官（前排右）、戎伯铭（后排右）、杜颖陶（中排左四）、李丹林（中排左三）等合影

1951年7月，程砚秋一行与昆明劳动剧团联合公演21场，劳动剧团有老艺人刘奎官、王福山等。程砚秋在与昆明文艺界聚会时多次谈到艺人生存环境问题，要改进戏剧，光靠精神鼓励是不够的，应以物质援助，想办法合法帮助演员解决生活问题，使艺人安心站在岗位上工作。程砚秋早在访欧报告的19项建议中，就曾提到"组织剧界救济会""组织剧界职业介绍所"。 京剧界从来就有名伶义演赈济贫苦同业和受灾群众的传统，但从制度上改善艺人生存环境，一直是程砚秋心目中戏剧发展的重要一环，这不仅是游欧考察带来的启示，更是他整体的戏剧理想。

1953年，程砚秋（一排右七）在武汉与友人合影

程砚秋与周信芳（左）、沈云陔（右）合影

1957年，程砚秋与江萍（左一）、作家赵树理（左二）、北路梆子演员贾桂林（左三）、蒲剧演员董银午（左五）、上党梆子演员段二淼（左六）合影

上图 | 程砚秋（右二）与祁兆良（左一）、江萍（左二）、萧晴（左三）、刘涌汉（左五）在晋祠留影
下图 | 1957年，程砚秋在太原晋祠与山西省文化局局长江萍（左）合影

1957年，程砚秋带领中国戏曲研究院部分同志参加山西省第二届戏曲观摩演出大会，在太原晋祠游览时与江萍、沈达人、萧晴、祁兆良、刘涌汉等合影

1957年，程砚秋（左四）与王玉堂（左三）、贺飞（左五）、祁兆良（左七）、萧晴（左九）、沈达人（左十）、张真（左十一）、王避举（右一）等参观云冈石窟

程砚秋在云冈石窟

1957年，程砚秋在太原为戏曲界做学术报告

1957年，程砚秋在太原做学术报告现场

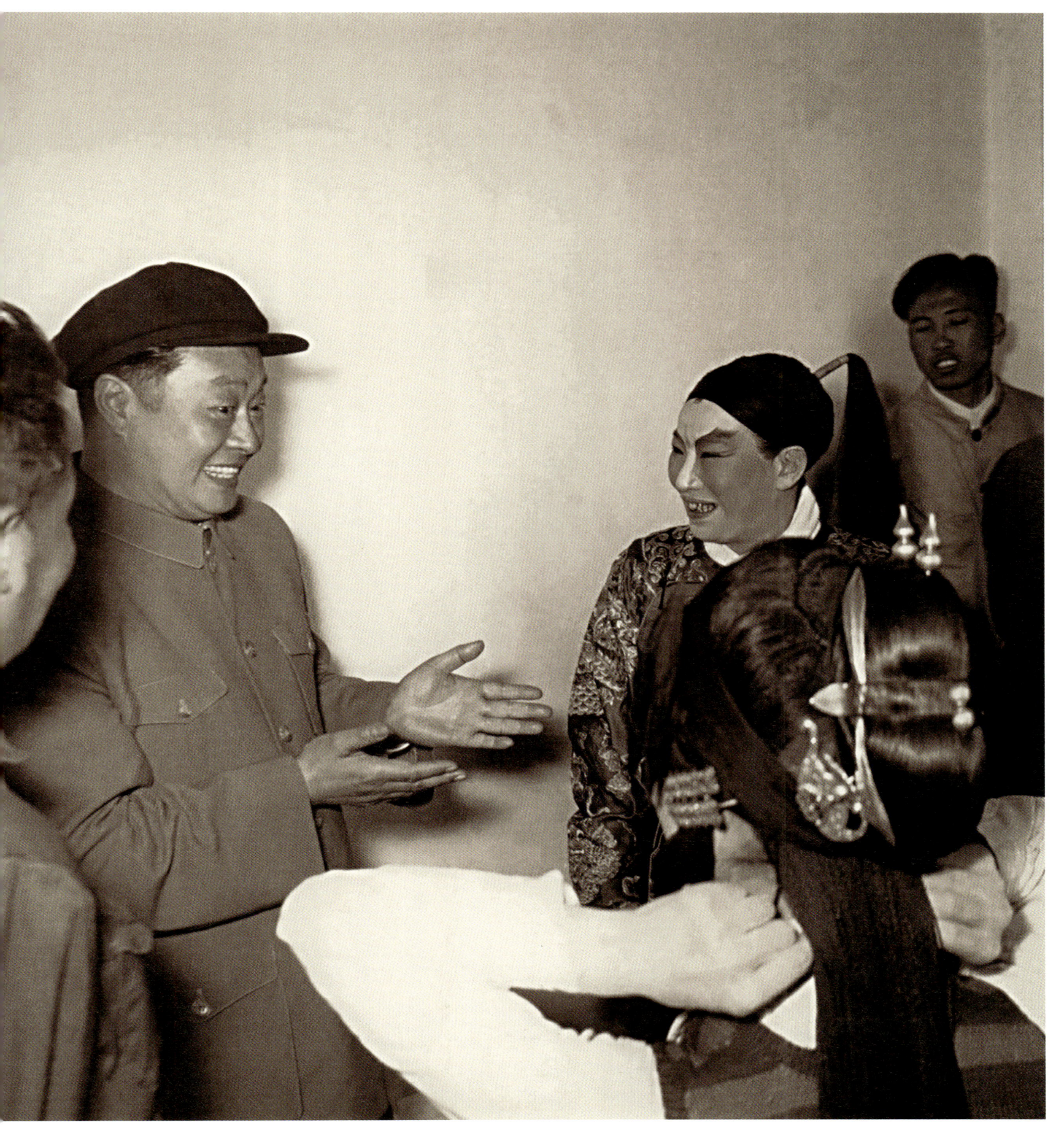

1957年，程砚秋（左二）在太原观看晋剧演员丁果仙（右三）演出后到后台看望演员

1957年，程砚秋（左）在山西与蒲剧演员张庆奎（左二）、阎逢春（左三）、杨虎山（左四）、座谈

在这里（山西省）参加戏曲观摩会演将近一个月了，看到了许多精彩的表演——也就是做派，阎逢春先生在《杀驿》剧中，表演了"翅子功"的绝技，我认为很好，很恰当。因为他把"耍纱帽翅子"这个技术，运用在结合人物思想变化上，不但不会给人引起一种单纯技术卖弄的感觉，而且由于他运用得有分寸，对人物心理状态更能强烈的反映出来，突出表现了人物的精神面貌。我认为这种技术在做功里很有深入研究的价值。（程砚秋：《戏曲表演的四功五法——1957年4月20日在山西省第二届戏曲观摩会演大会上的讲话》，载《程砚秋戏剧文集》，文化艺术出版社2003年版，第379页）

1957年，程砚秋与山西省戏剧工作室主任王易风（左）、晋剧演员花艳君（右一）、晋剧演员丁果仙（右二）等合影

1957年4月，程砚秋看望病重的乔国瑞（右）

乔国瑞（1882—1957），艺名"狮子黑"，山西中路梆子及晋昆名净，文净、武净二者兼能。1936年，他曾在津京地区演出，以独特的昆曲声腔和表演风格受到京剧界极大重视。程砚秋在太原时看望这位病重的老艺人，乔国瑞去世时，程砚秋出席追悼会。

雪泥鸿爪

　　程砚秋的著述与收藏同他的程派艺术一样，都是多年积累打磨的结果。他的演唱深得昆曲之助，为钻研昆曲，程砚秋收藏了很多宝贵的文献史料，这可以"玉霜簃藏曲"为代表。平日演出所积累下来的剧本、手稿、说明、提纲乃至实物如行头、冠帽、首饰、乐器，也是程砚秋收藏的一部分。他善于将日常舞台用品化成后世研究的材料。此外，由于平常交往，程砚秋还收藏了大量朋友、同行所赠书画、扇面，其中也有他自己的作品。从中不难发现，程砚秋的社会接触面之广与文化修养之湛深。

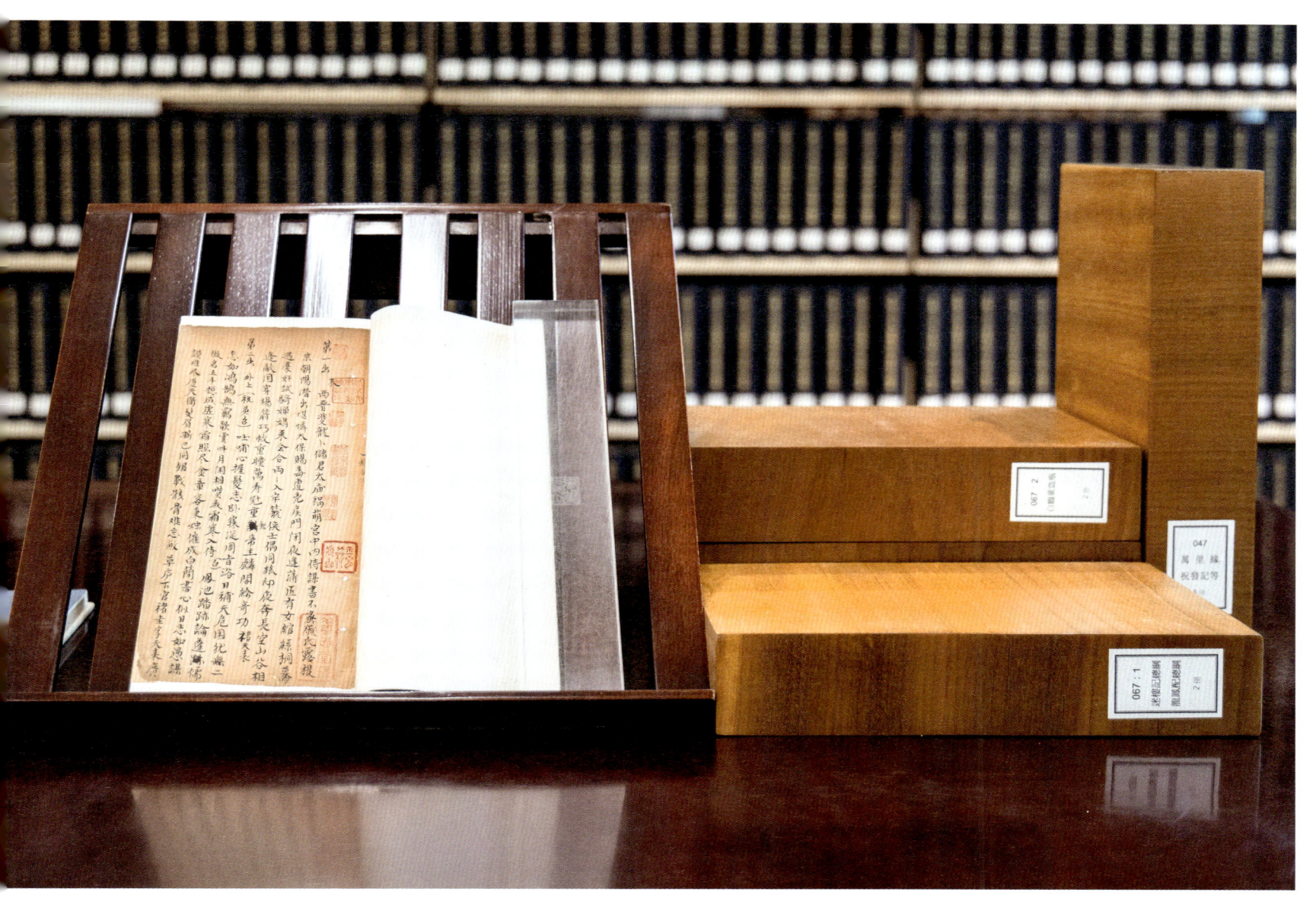

"玉霜簃藏曲"之一（今藏北京大学图书馆，李玲提供）

程砚秋在曲学上有值得重视的成就，他不仅在昆曲演唱上精湛造就，还注意钻研和收藏昆曲文献史料。其书室题名"玉霜簃"，藏有大批清代昆班艺人手抄台本，他曾请杜颖陶整理，在1932年《剧学月刊》上连载了《玉霜簃藏曲提要》。玉霜簃藏曲的主要来源是京中梨园世家"金匮陈氏"旧藏和"怀宁曹氏"旧藏。陈、曹两家先祖陈金雀和曹文澜均为内廷供奉的昆曲名伶，其世代收藏为昆曲演艺史的重要宝藏。因此，玉霜簃藏曲亦具有重要历史文物价值。

2005年，嘉德公司准备拍卖玉霜簃藏曲，后由北京大学获得这批藏书。据北京大学图书馆古籍馆统计，这批藏曲共计1563册，含剧目1436种，绝大部分是昆曲剧本，也有极少数京剧、秦腔剧本。从其抄录时间看，可上溯明万历末年，下至民国初年；从其题记看，参与抄录的个人、堂号、班社和书屋等有三十多家。其最大特点是保存相当数量带有工尺谱和身段谱的曲本。如工尺谱有《琵琶记》《千金记》《一捧雪》等总本或小本曲谱，还有大量的零出曲谱；身段谱中如《幽闺记》《荆钗记》《牡丹亭》等详注或简注身段，均为艺人总结写定的台本。2014年，《北京大学图书馆藏程砚秋玉霜簃戏曲珍本丛刊》共44册，已将部分程氏藏曲影印出版。

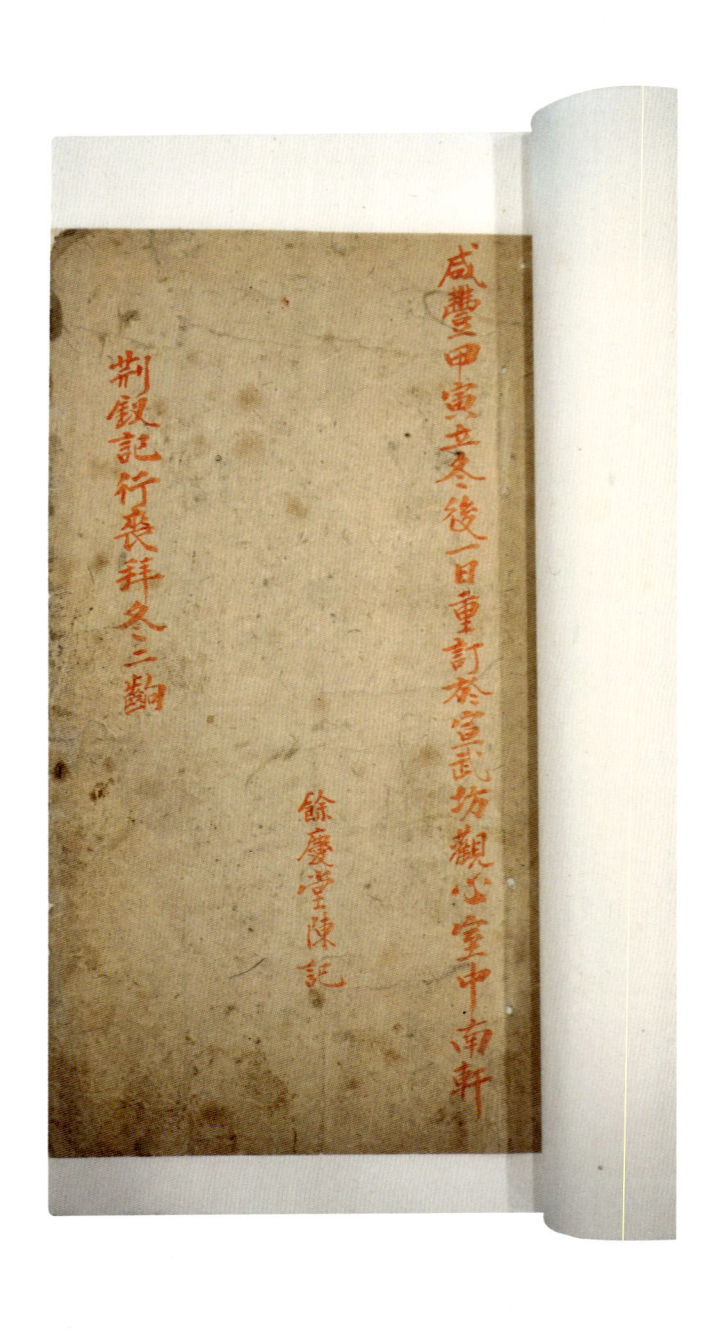

上图 | 《荆钗记》抄本内封面
下图 | 《荆钗记》抄本内页

上图 ｜ 至德书屋《牡丹亭》抄本内页
下图 ｜ 《迷楼现》总纲卷首

玉霜簃读曲剧本

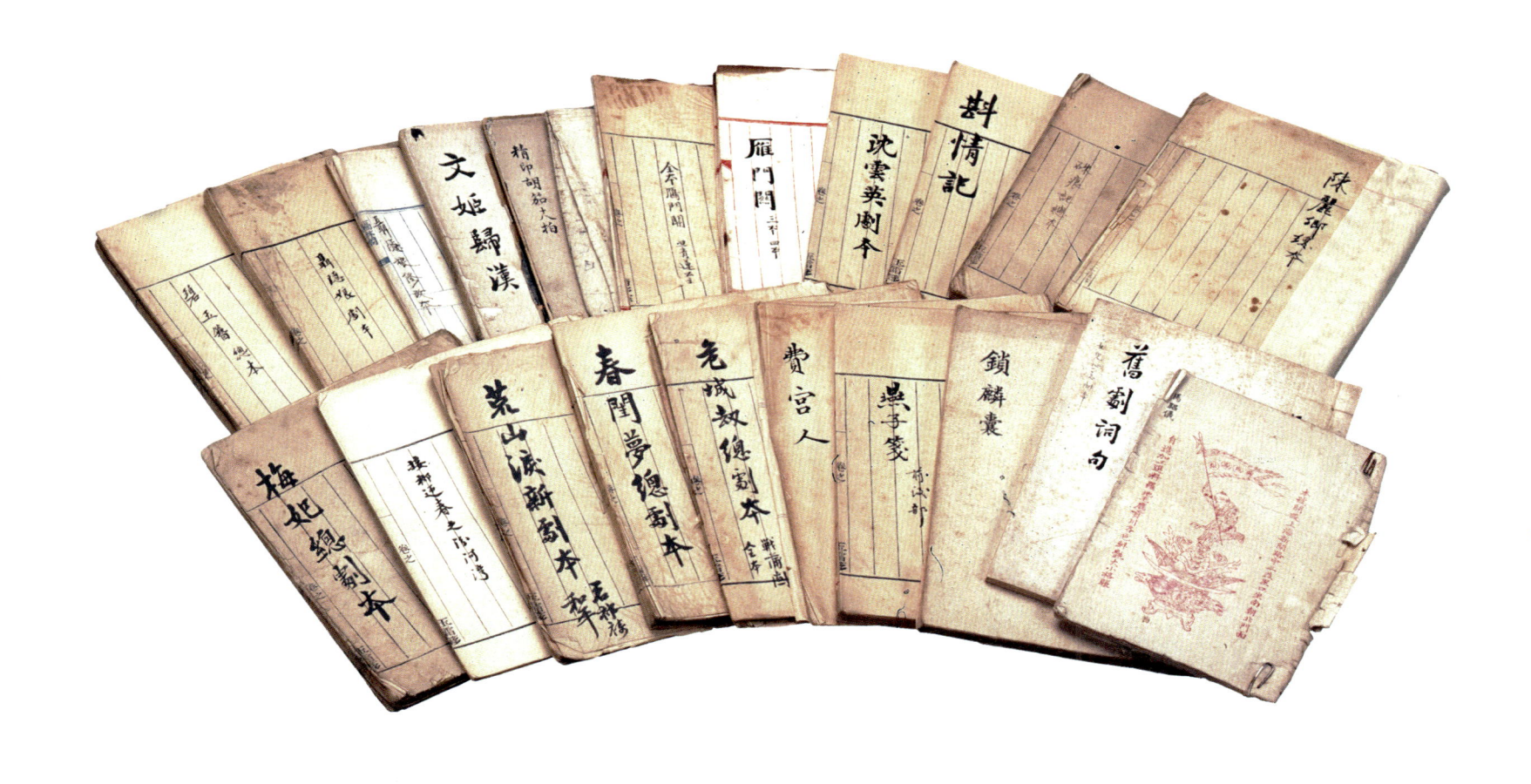

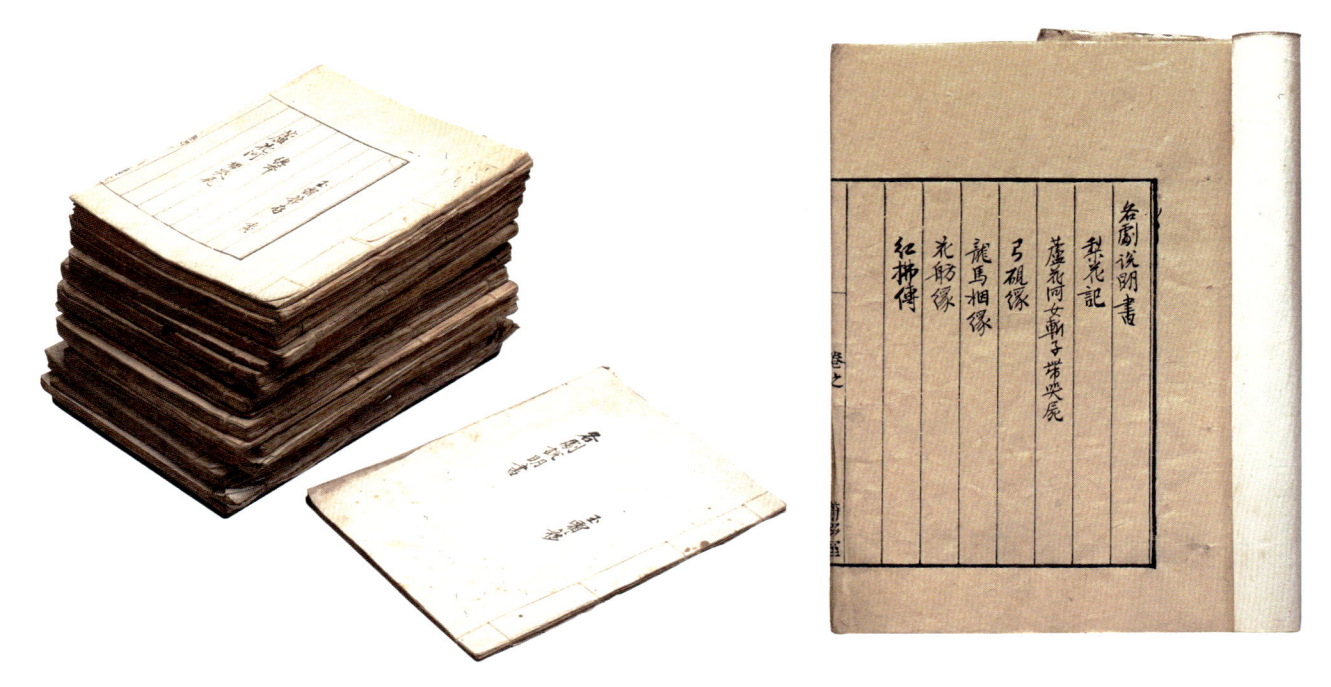

玉霜簃所藏传统戏剧本及各剧说明书

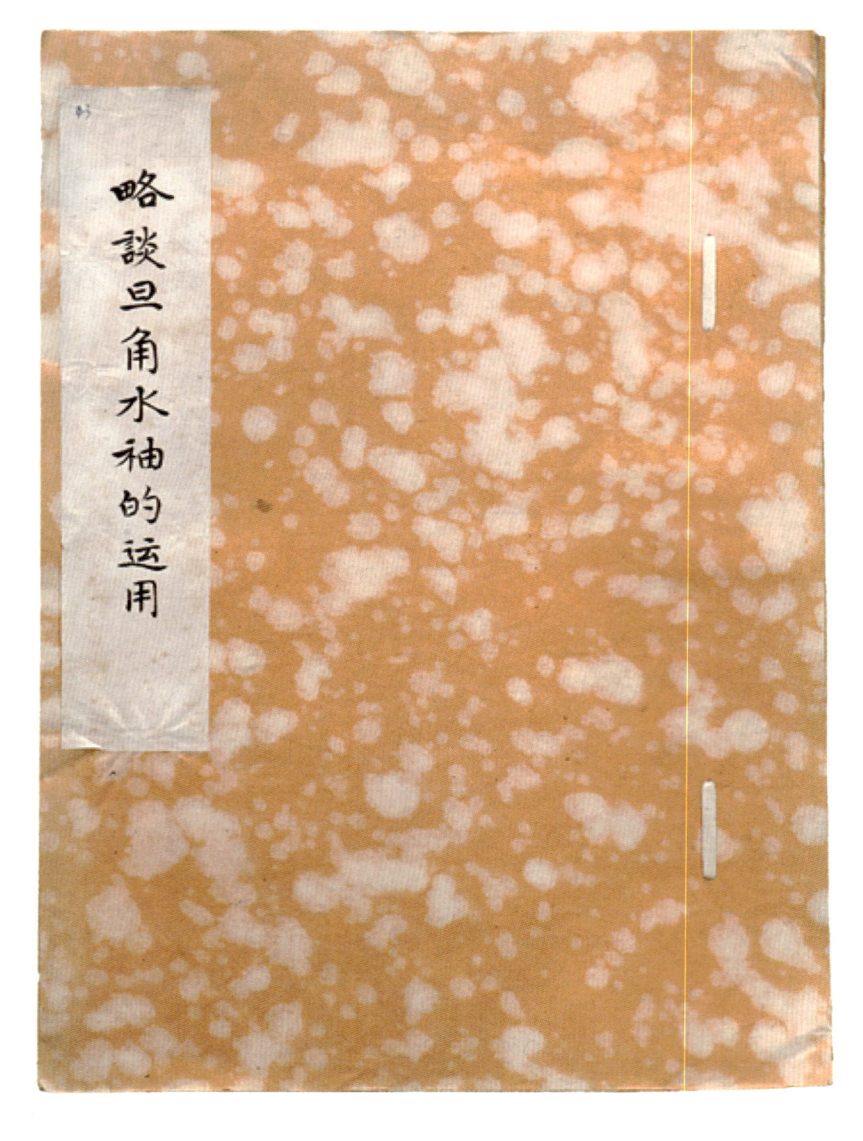

上图 | 程砚秋《谈演唱艺术》手稿
下图 | 程砚秋著《略谈旦角水袖的运用》，这是程砚秋1956年在文化部第二届戏曲演员讲习会上的发言总结

1957年，《戏剧报》刊登的程砚秋剧照和《谈戏曲演唱》一文

1957年6月，程砚秋参加戏曲音乐工作座谈会时写作的《研究腔调的过程同我的体会》手稿

上图 | 宝文堂1959年出版的程砚秋《戏曲表演的四功五法》《谈如何学艺》
下图 | 程砚秋研究著述

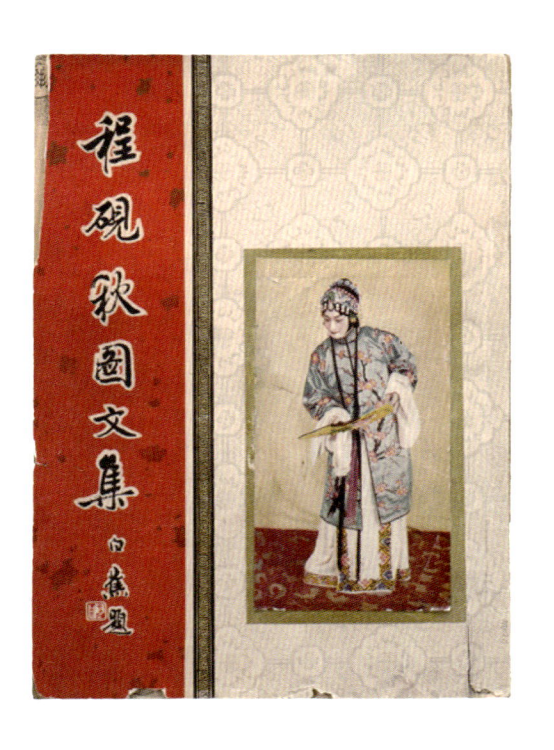

1946 年版《程砚秋图文集》

程砚秋相关研究著作

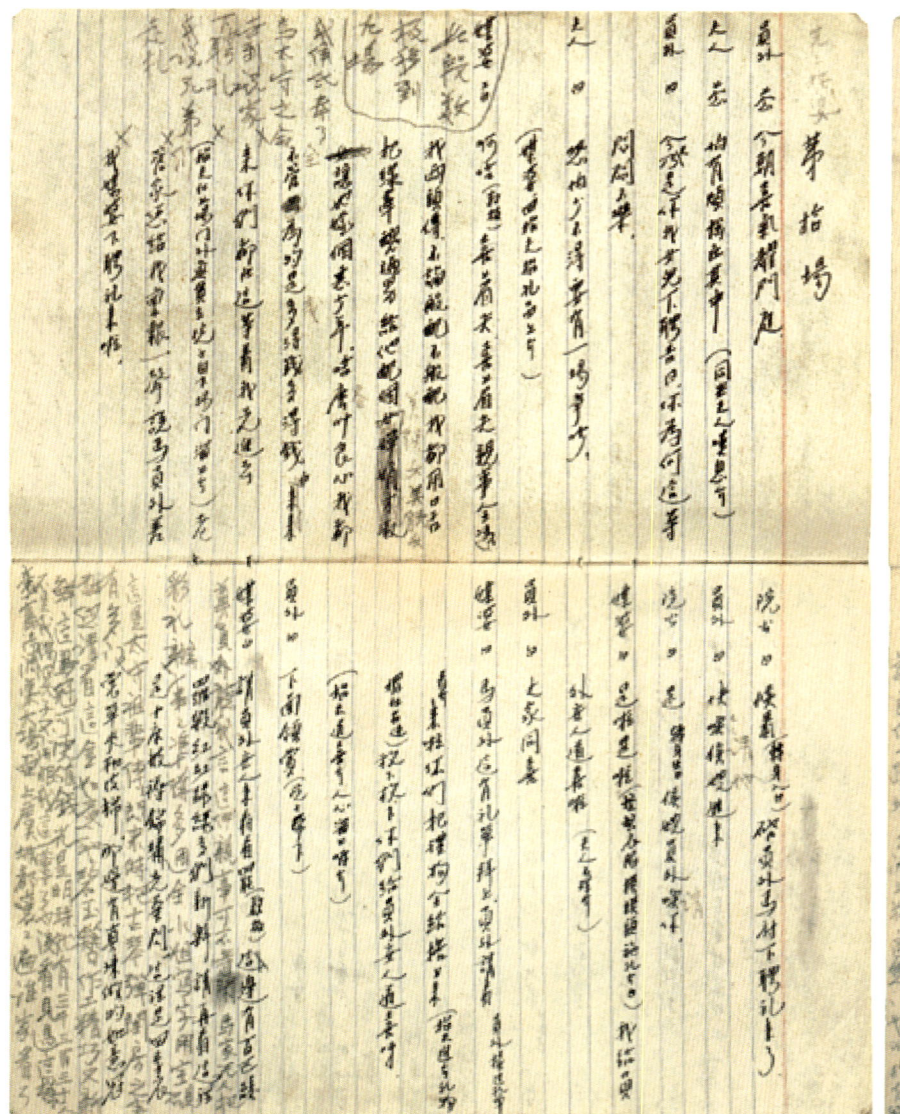

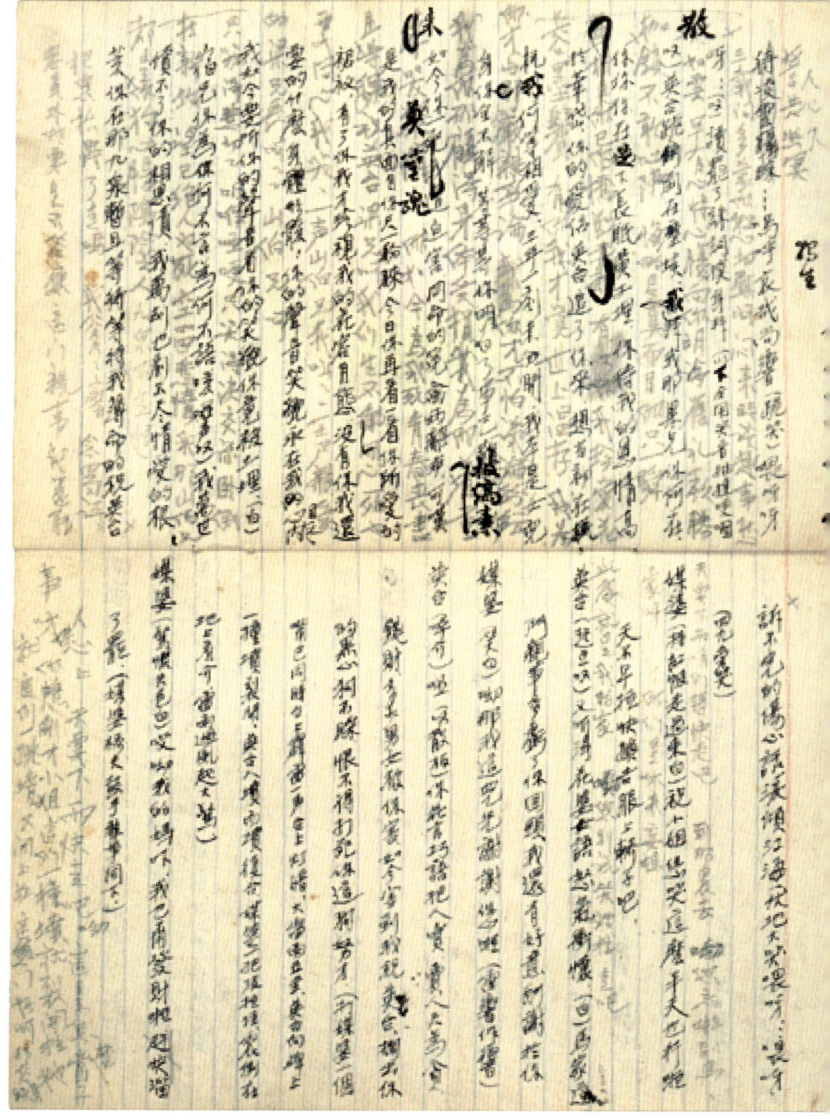

程砚秋编写《英台抗婚》剧本手稿

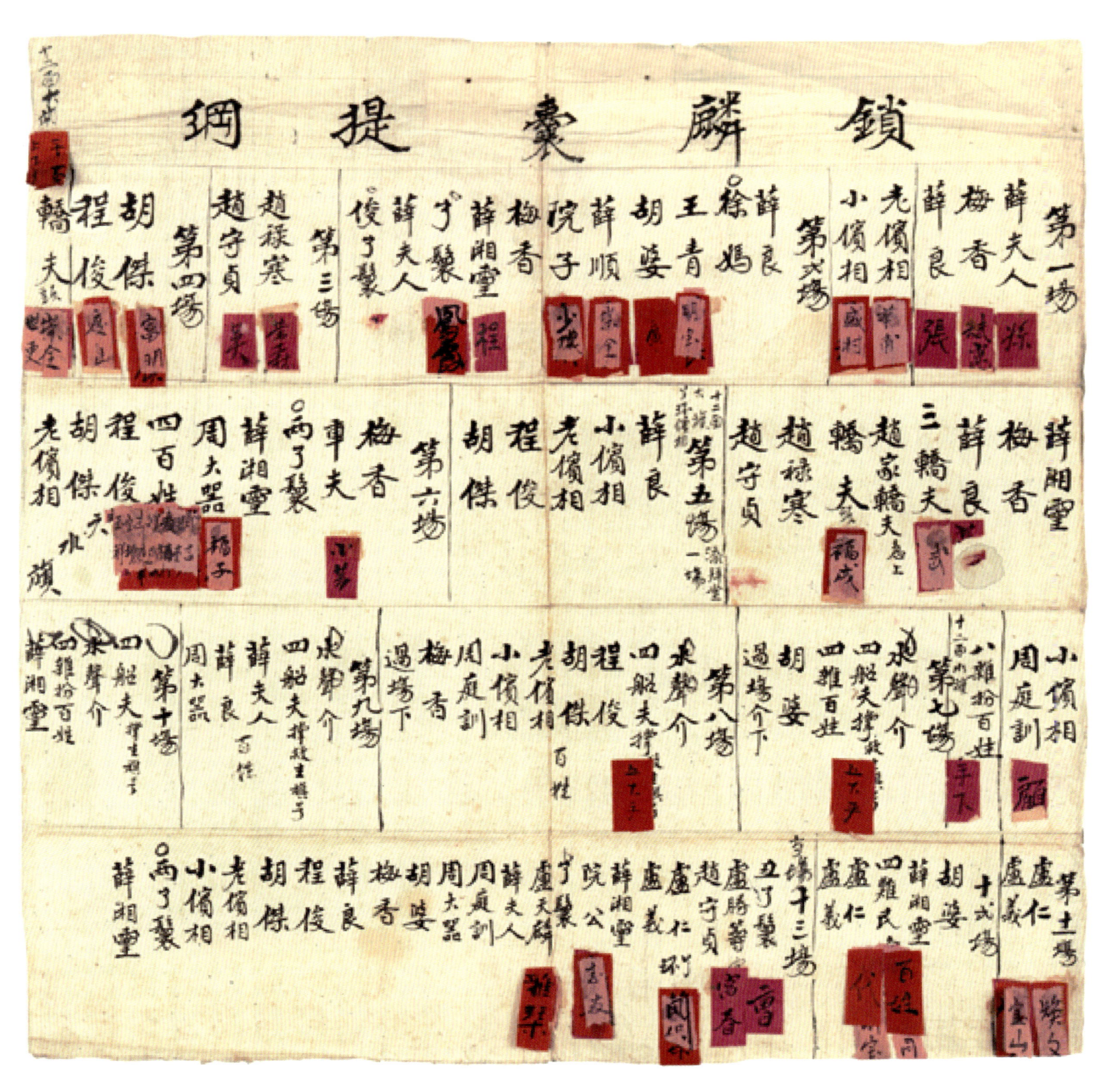

《锁麟囊》演出提纲

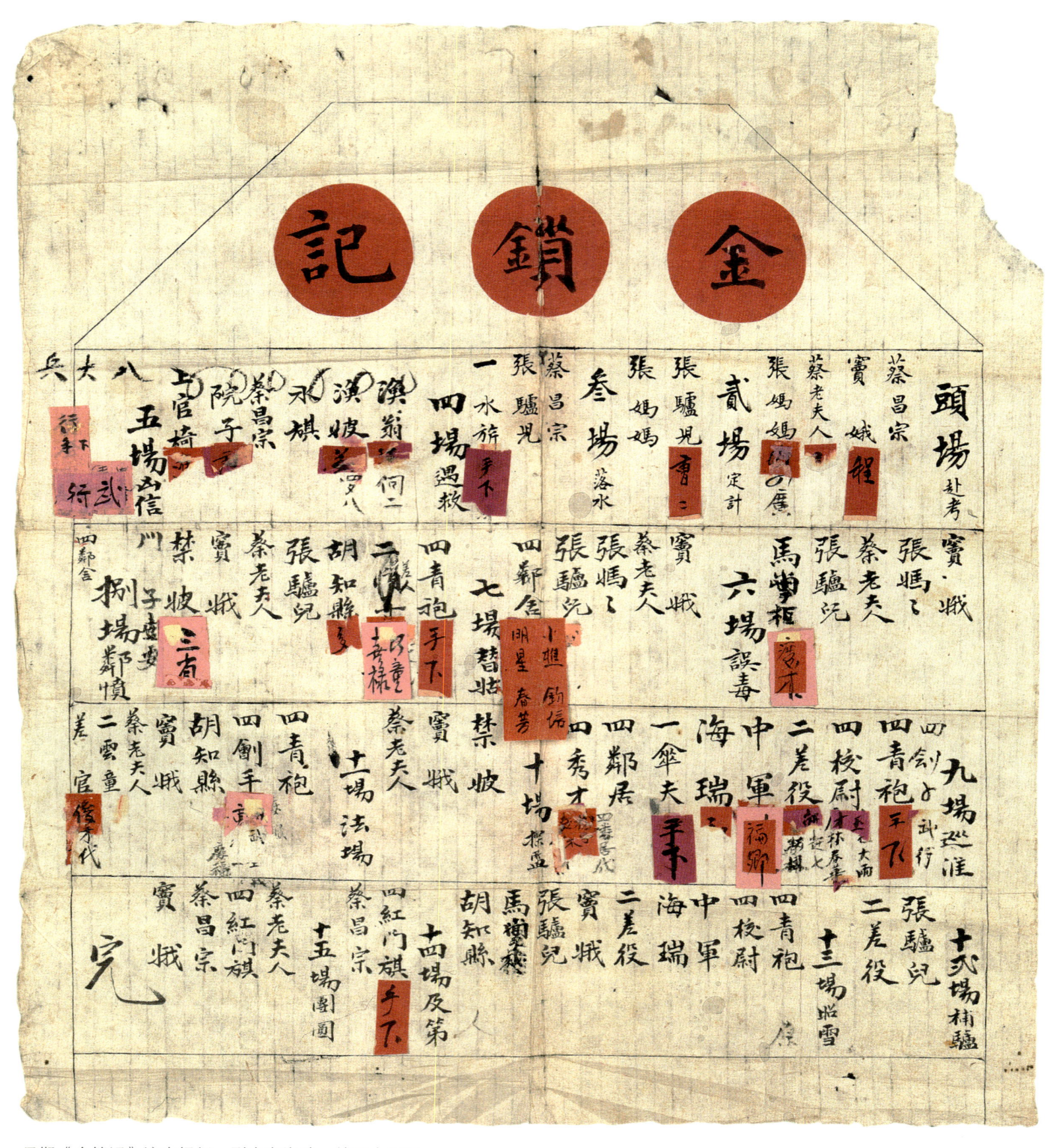

早期《金锁记》演出提纲，剧中有海瑞，结尾大团圆

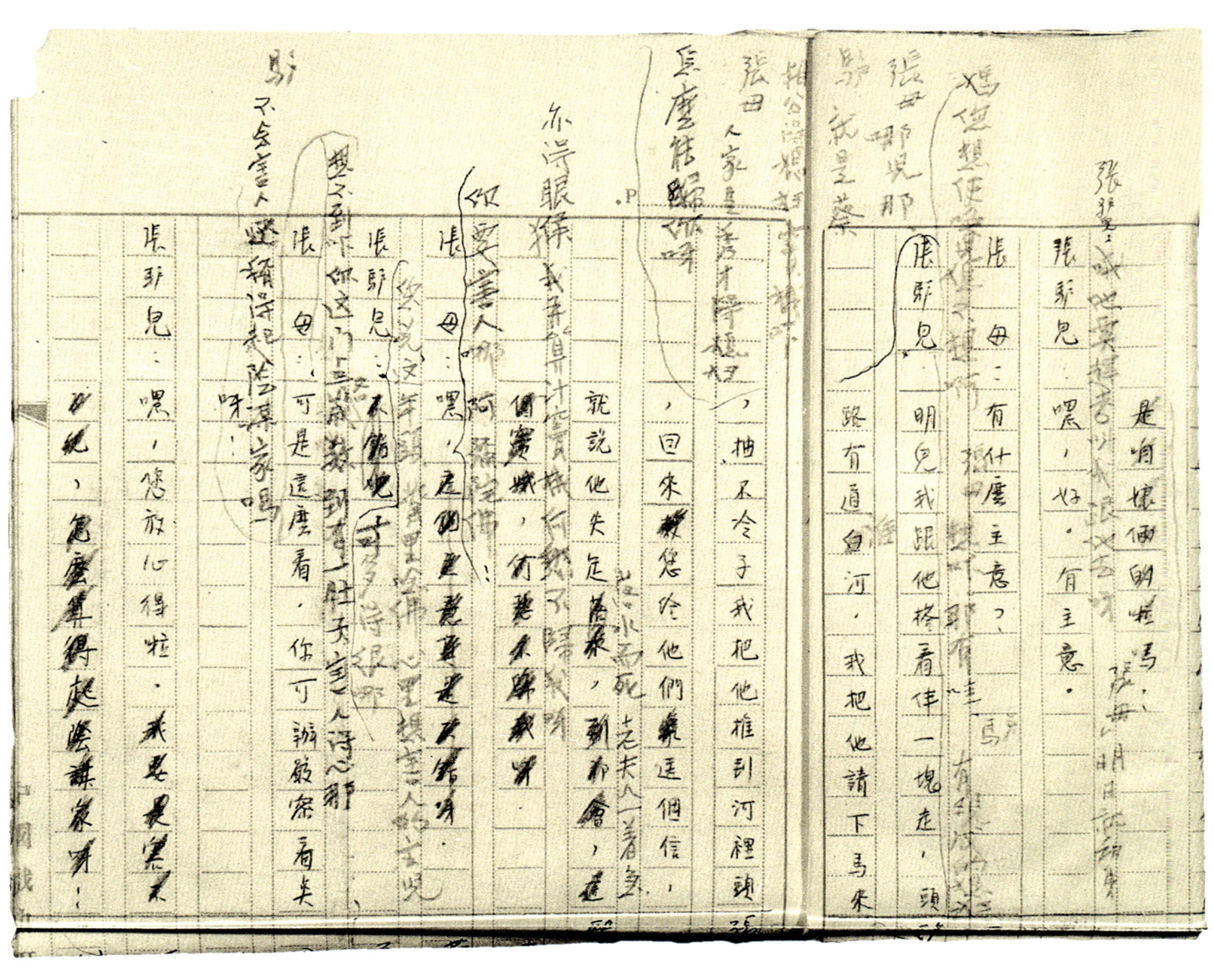

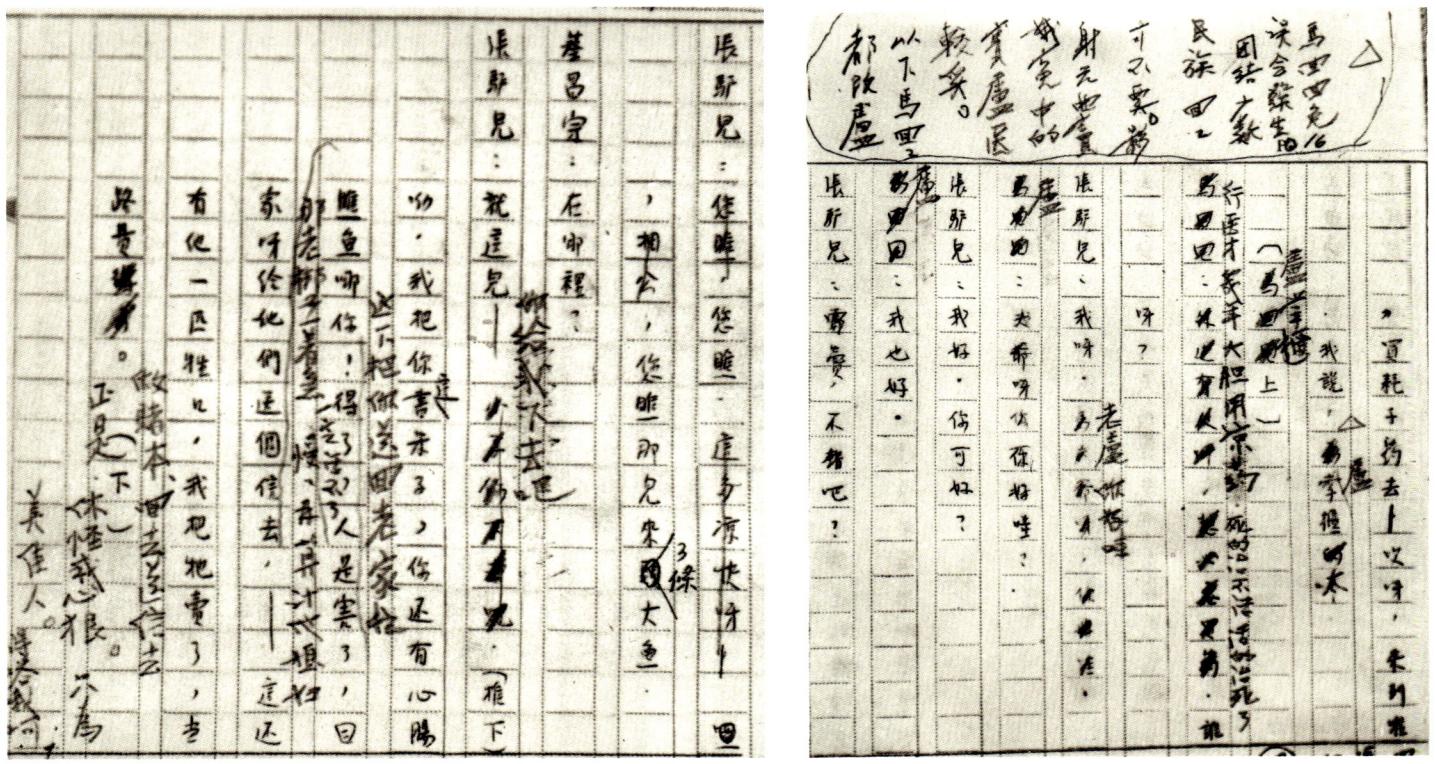

程砚秋修改《窦娥冤》剧本手稿，为团结少数民族，避免误会，将卖毒药的"马回回"改为"卢掌柜"

罗瘿公手书玉霜簃剧目

程砚秋画传

程砚秋演出所着宫装戏衣

玉霜簃劇目

女起解	寄子	教子	新子	
玉堂春	宇宙鋒	斬子	祭江
趕三關	桑園會	祭塔	探窯
浣紗計	探母	別宮	祭塔
朱砂志	探窯	落園	剌湯
武家坡	別宮	刺湯	罵殿
二進宮	落園	罵殿	別窯
李感天	剌湯	別窯	戲鳳
李義節	罵殿	戲鳳	樓
長阪坡	別窯	樓	醉酒
岳家莊	戲鳳	醉酒	聲學
彩樓配	樓	聲學	出塞
戰蒲關	醉酒	出塞	思凡
郝碑亭	聲學	思凡	佳期
五花洞	出塞		
金水橋	思凡		
六月雪	佳期		

程硯秋演出所着花帔、裙

程砚秋演出所着青褶、腰包

扫码欣赏
《汾河湾》唱段

程砚秋演出所着黄女帔，雀鸟登枝图案
（程永光子女收藏，吴钢拍摄）

扫码欣赏
《梅妃》唱段

程砚秋演出所着女帔及局部
（程永光子女收藏，吴钢拍摄）

程砚秋演出所着坎肩及局部
（程永光子女收藏，吴钢拍摄）

程砚秋画传

程砚秋演出所用饭单及局部
（程永光子女收藏，吴钢拍摄）

程砚秋演出所着坎肩及局部（程永光子女收藏，吴钢拍摄）

程砚秋演出《锁麟囊》时所用囊袋道具及局部
（程永光子女收藏，吴钢拍摄）

程砚秋演出所着黄帔及局部
（程永光子女收藏，吴钢拍摄）

程砚秋演出《贺后骂殿》所着黑色团龙帔及局部
（程永光子女收藏，吴钢拍摄）

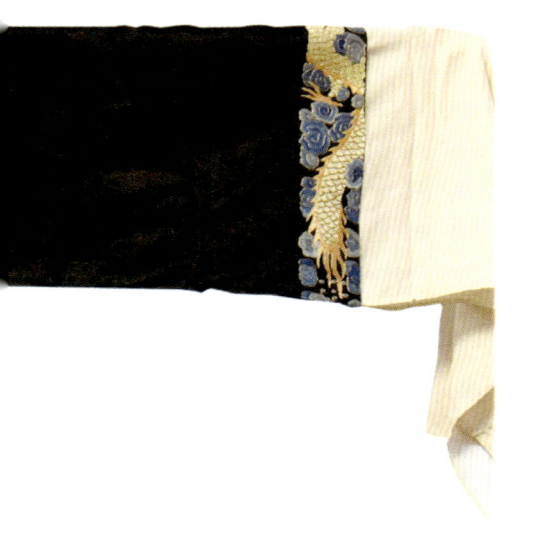

程砚秋演出所戴点翠凤冠

程砚秋演出所戴明珠凤冠

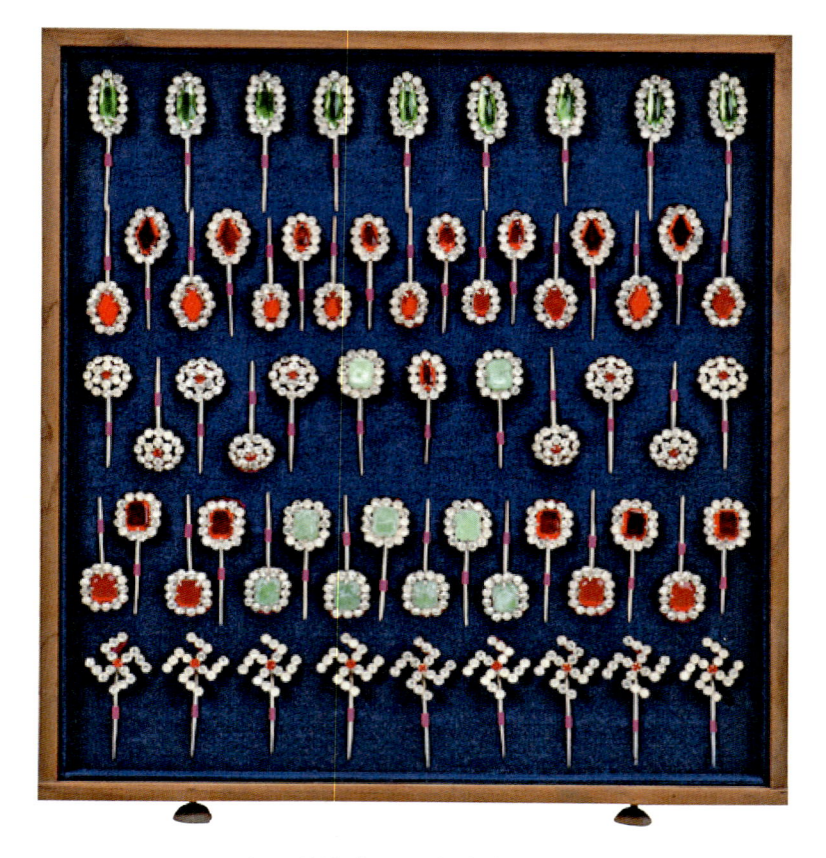

程砚秋演出所用琅珠钻钉饰品

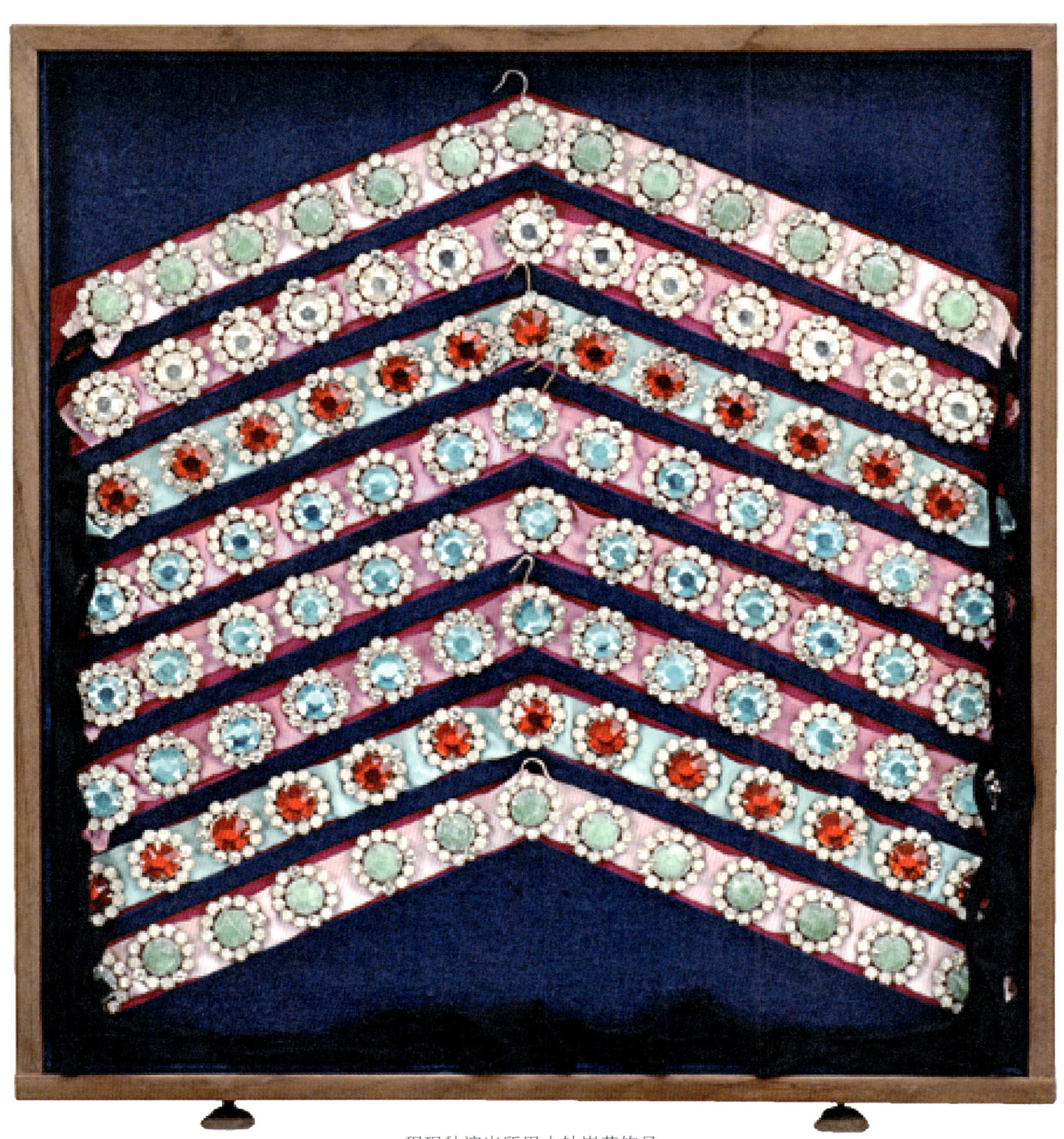

程砚秋演出所用水钻嵌花饰品

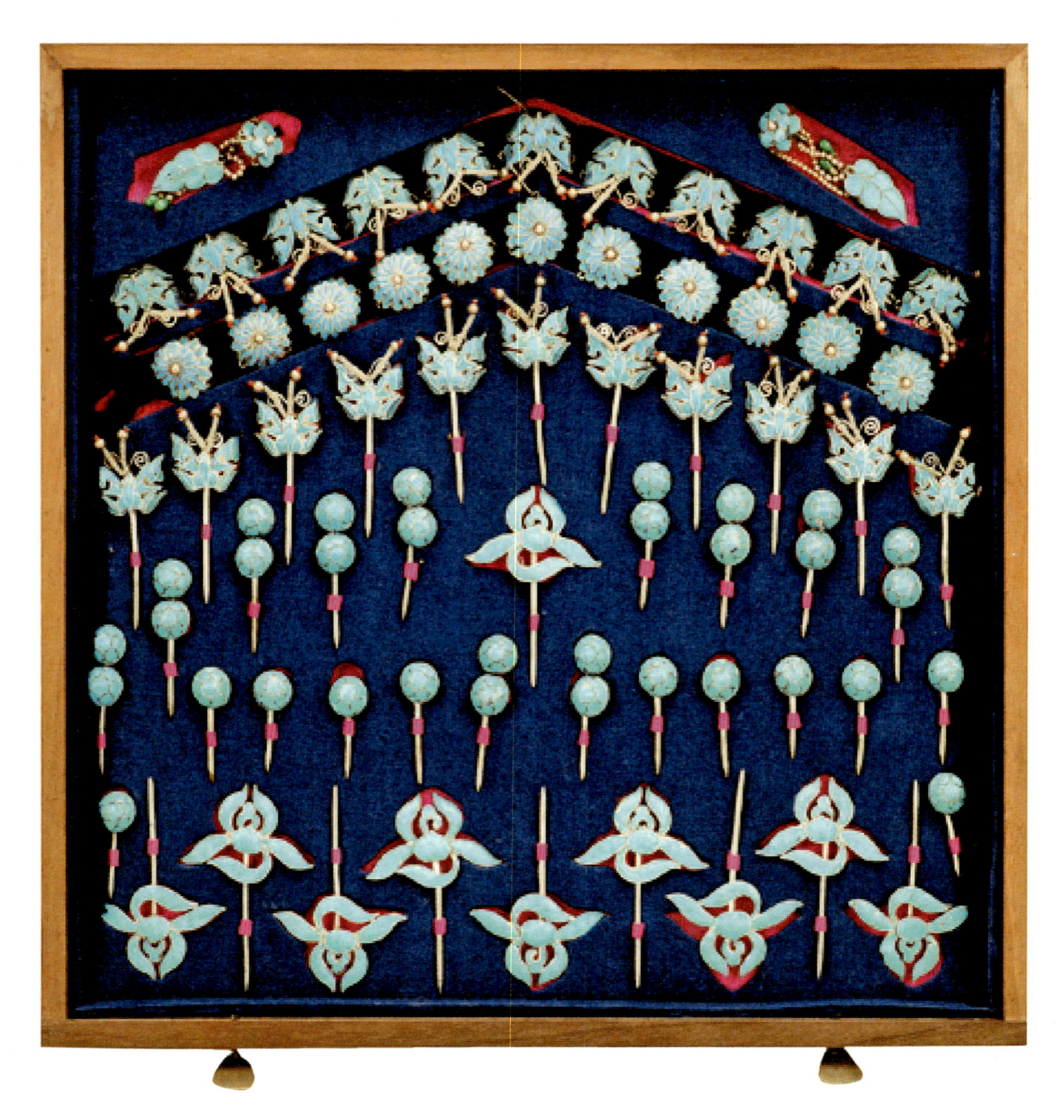

程砚秋演出所用点翠头钉饰品

程砚秋演出所用点翠钗环各色饰品

程砚秋演出所用点翠钗环各色饰品

程砚秋所藏乐器：敔

程砚秋画传 | 433

程砚秋所藏乐器：瑟

程砚秋所藏乐器：铜琵琶

程砚秋所藏乐器：月琴

程砚秋所藏乐器：花鼓

程砚秋所藏乐器：灵鼗

程砚秋所藏乐器：和田热瓦普　　　　　　　　　和田热瓦普背面

程砚秋为黄河水灾募捐演出所获匾额

1930年，程砚秋为陕西水灾募捐演出所获银盾

程砚秋赈灾义演所获赠的各类表彰牌匾

玉霜簃临摹书画之摹本，其中有《罗瘿公拓放翁诗句》《花果画册》《玉霜学画》等

程砚秋藏扇面·姚华作（路增远提供）

程砚秋藏扇面·陈汉第作（路增远提供）

程砚秋藏扇面・张君谋作（路增远提供）

程砚秋藏扇面・姜妙香作（路增远提供）

程砚秋藏京剧名伶书画合璧扇正面（张景山提供）

程砚秋藏京剧名伶书画合璧扇另面（张景山提供）

程砚秋所书白居易诗扇面（路增远提供）

程砚秋所书白居易诗扇面（路增远提供）

程砚秋所书陆游诗扇面（路增远提供）

秦城南省清秋夜江郡
东楼明月诗去我三千
六百里得君二十五篇诗
阳春曲调高难和瀍水
交情老始知坐到天明吟
未足重封转寄与微之
君琪先生 教正
庚午六月 程豔秋

程砚秋所书白居易诗（路增远提供）

程砚秋书泰山刻石御霜现状（于静拍摄）

禦霜
雍風栽

叁

程砚秋年谱

程砚秋年谱

程受珩 曹川 编订

1904年（清光绪三十年甲辰），出生

1月1日，程砚秋出生于北京后海南沿小翔凤胡同荣姓满族正黄旗世家。父荣寿、母托氏共育有四子：长子承厚（后名程子明），次子承和（后名程佐臣），三子承海（后名程丽秋），四子承麟，即程砚秋（初用艺名程菊侬，后改为程艳秋，字玉霜，后改名为砚秋，易字为御霜）。

1905年（清光绪三十一年乙巳），1岁

程父荣寿病故。

1906—1908年（清光绪三十二年丙午至三十四年戊申），2—4岁

母亲经常带承麟和他三哥到前门外茶楼听京戏，受母亲影响，承麟逐渐对戏曲产生兴趣。

1909年（清宣统元年己酉），5岁

因家境衰败搬出祖宅，经数次迁居后，移居到天桥东大市苏家坡。

1910—1917年（清宣统二年庚戌至民国六年丁巳），6—13岁

写下手把徒弟契约，向荣蝶仙学艺，历时8年。最初以武生开蒙，由丁永利授《挑滑车》，后改花衫、青衣，兼习跷功、把子功、武功等技艺。陈桐云教以花旦戏《打樱桃》等，青衣戏《彩楼配》《二进宫》《祭江》《祭塔》等均由陈啸云开蒙，为承麟打下坚实基础。1914年承麟以艺名"程菊侬"现于京城，1917年登台，演出《祭塔》《战蒲关》等，并为刘鸿升配演《辕门斩子》，1917年倒仓，幸遇义士罗瘿公等借700元大洋给荣蝶仙，为菊侬赎身，提前出师。

9月15日，在北京中华舞台为刘鸿升配演《辕门斩子》中的穆桂英，深受欢迎。

1918年（民国七年戊午），14岁

罗瘿公接手栽培少年程菊侬之责，程从罗学文化，修德养性；从乔蕙兰、谢昆泉、张云卿学昆曲；从阎岚秋（九阵风）学刀马，练武把子。

8月30日，在北京中华舞台为孙菊仙配演《朱砂痣》。

1919年（民国八年己未），15岁

罗瘿公为程菊侬改名艳秋，取字玉霜，并介绍他拜师梅兰芳，陪梅演出《上元夫人》《天河配》《打金枝》等，以培养舞台经验。

1920年（民国九年庚申），16岁

12月10日，程艳秋代梅兰芳前往南通，出席欧阳予倩主持的南通伶工学社庆典，在更俗剧场演出《贵妃醉酒》。

1921年（民国十年辛酉），17岁

程艳秋参加高庆奎、朱素云的庆兴社，与高合演《打渔杀家》《三击掌》《汾河湾》等。

1922年（民国十一年壬戌），18岁

1月，程艳秋自组和声社，开始挑班演出。荣蝶仙任社长，罗瘿公任编剧，王瑶卿为艺术指导，琴师为穆铁芬，鼓师为杭子和，主要演员有吴富琴、郝寿臣、侯喜瑞、金仲仁、张春彦、曹二庚、文亮臣、慈瑞泉、王又荃、郭仲衡、周瑞安、李洪春、董俊峰等。

2月10日，程艳秋在中和园演出《龙马姻缘》，饰演龙珠，以之作为打炮戏，轰动一时。

7月2日，程艳秋在华乐园首演《梨花记》，饰演骆惜春。

10月9日，程艳秋首次在上海亦舞台亮相，大受好评，一连12天，场场爆满，一再延期，到11月19日圆满结束。又到杭州演出几场，与江南名丑盖三省相识，以后又多次合作。在上海期间，由罗瘿公引见，与康有为、陈三立、樊增祥、周梅泉、袁伯夔、陈叔通、金仲荪等众多名士相识，有人成为其一生至交。

1923年（民国十二年癸亥），19岁

3月10日，程艳秋在华乐园首演《红拂传》，程艳秋饰演红拂，侯喜瑞饰演虬髯公，郭仲衡饰演李靖。

4月26日，程艳秋与果素瑛女士于前门外取灯胡同同兴堂举行结婚典礼，京城名角纷纷前往祝贺。

5月12日，程艳秋在华乐园首演《花舫缘》，饰演申云飞。

6月9日，程艳秋在华乐园首演《花筵赚》（又名《玉镜台》），饰演碧玉。

7月14日，程艳秋在华乐园首演《鸳鸯冢》，饰演王五姐。

8月18日，程艳秋在华乐园首演《风流棒》（又名《谐趣缘》），饰演李珠英。

9月2日，程艳秋在华乐园首演《孔雀屏》，饰演春鸿。

9月至11月，程艳秋率和声社第二次赴上海演出，献演所排新戏，深受中外观众赞赏。（此年程艳秋挑班演出同时在百代公司灌制他的第一批唱片，《骂殿》两面，《孔雀屏》和《回龙阁》各一面，《芦花河》两面。）

1924年（民国十三年甲子），20岁

4月5日，程艳秋在三庆园首演《赚文娟》，饰演苏小妹，张春彦饰苏东坡，王又荃饰秦少游，吴富琴饰文娟。

4月13日，程艳秋在三庆园首演《金锁记》（又名《六月雪》），饰演窦娥，文亮臣饰演蔡母，曹二庚饰演张驴儿，慈瑞泉饰演禁婆，慈少泉饰演山阳知县，王又荃饰演蔡昌宗。该剧演出极为感人，成为程派代表剧目之一。

5月3日，程艳秋在三庆园首演《玉狮坠》（又名《小天台》），饰演吴幻娘，吴富琴饰演朱秀英，王又荃饰演钱琮。

6月28日，程艳秋在三庆园首演《青霜剑》，饰演申雪贞，曹二庚饰演方世一，慈瑞泉饰演媒婆。

8月，荣蝶仙因病辞去和声社社长职务，和声社改组为鸣盛社，程艳秋岳父果湘林任社长。

9月16日，恩师罗瘿公病逝。金仲荪受罗瘿公重托，接任程艳秋编剧。

12月14日，程艳秋在三庆园首演金仲荪编剧的《碧玉簪》，独自创腔排导，饰演张玉贞，王又荃饰演赵启贤，芙蓉草饰演丫鬟小蕙。

1925年（民国十四年乙丑），21岁

3月，程艳秋率鸣盛社赴东北，为张作霖五十寿诞演堂会戏。

4月8日，程艳秋长子永光诞生。

4月18日，程艳秋在三庆园首演《聂隐娘》，饰演聂隐娘。

5月至6月，程艳秋第三次赴上海演出，特约俞振飞以票友身份合演《玉堂春》《奇双会》《红拂传》，是为两人合作之发端。

8月，程艳秋改组鸣盛社为鸣和社，由梁华亭任社长，高登甲任管事，组成强大阵容，能够接连排演新戏，使程派艺术进入一个新的时期。

12月12日，程艳秋在华乐园首演《文姬归汉》，饰演蔡文姬。剧中唱功繁重，蔡文姬所作《胡笳十八拍》原词，文学气氛浓厚，被谱成【二黄慢板】，实一大创新。

1926年（民国十五年丙寅），22岁

1月19日，程艳秋在华乐戏院首演头本、二本《福寿镜》。

1月30日，程艳秋在华乐戏院首演三本、四本《福寿镜》。

5月29日，程艳秋在华乐戏院首演《沈云英》，饰演沈云英，唱念做打并重。

6月27日至8月12日，程艳秋率鸣和社一行赴香港演出，以践罗瘿公生前之约，受到港澳华商总会热烈欢迎，并受港督等官员的接见。

8月24日至28日，程艳秋赴杭州，与诗人陈三立、汪诒书、易顺鼎诸名士欢聚，诸公均赋诗以赠，纪念此行。

9月8日至10月17日，程艳秋第四次赴上海，在共舞台演出。其间得识名丑刘斌昆，为以后合作埋下伏笔。

冬，金仲荪主编的《霜杰集》由上海商务印书馆代印，共两函。此为程早期艺事综合评论集。

1927年（民国十六年丁卯），23岁

1月15日，程艳秋在华乐戏院首演《斟情记》，饰演朱福姑，王又荃饰演陈多寿。

4月30日，程艳秋在华乐戏院首演《朱痕记》（又名《牧羊圈》），饰演赵锦棠，张春彦饰演朱春登，侯喜瑞饰演李仁，文亮臣饰演朱母，曹二庚饰演宋成。

7月23日，《顺天时报》举办的"五大名伶新剧夺魁"活动揭晓，程艳秋以《红拂传》当选。其他：梅兰芳以《太真外传》、尚小云以《摩登伽女》、荀慧生以《丹青引》、徐碧云以《绿珠坠楼》当选。

9月至10月，程艳秋赴济南上舞台，演出赈灾义务戏13场。

1928年（民国十七年戊辰），24岁

4月，高亭唱片公司为程艳秋录制《碧玉簪》《朱痕记》《玉堂春》《文姬归汉》《鸳鸯冢》《女起解》《汾河湾》

7个剧目，共7片。

9月20日，程艳秋在华乐戏院首演《梅妃》，饰演江采萍，郭仲衡饰演唐明皇，芙蓉草饰演杨玉环。此剧与《红拂传》《文姬归汉》为程艳秋早期三大名剧。

9月，鸣和社赴上海演出一个月，是为程艳秋第五次赴沪献艺。

10月，程艳秋率鸣和社自上海前往汉口演出，是为首次赴湖北演出。

11月26日，程艳秋二子永源诞生。

是年，曾排就《小周后》(《南唐恨》)，但未公演。

1929年(民国十八年己巳)，25岁

2月，发生"鸣和社倒戈事件"。新艳秋重金从鸣和社小生王又荃处盗得程派本戏剧本，并把鸣和社近一半为程艳秋配戏成员以重金"挖"去，大演程的本戏，造成鸣和社的损失，程为此无底线行为悲愤难平。

1930年(民国十九年庚午)，26岁

1月初，程艳秋率重组后的鸣和社赴天津演出。

1月12日，北平第一舞台义务戏演出《六月雪》，由李多奎、郭春山、曹寿石等配演。

1月27日，北平第一舞台义务戏，与王凤卿合演《武家坡》。

2月至3月，重组后的鸣和社仍演出于北平华乐戏院。

3月29日，程艳秋在北平第一舞台与王凤卿合演《贺后骂殿》。

3月31日，在华乐戏院程艳秋率鸣和社夜戏演出《玉堂春》，由李洪春、姜妙香、曹二庚等配演。

3月，程艳秋之女慧贞出生于北平高碑胡同五号寓所。

4月至5月，程艳秋继续率鸣和社在北平华乐戏院、第一舞台演出。

5月至6月，鸣和社应本溪湖铁矿公司之邀，为庆祝该公司成立二十周年演出堂会戏三日，又于沈阳东北大戏院公演一周，再演杜陵别墅堂会戏二日。哈尔滨各界电约赴哈，于大西洋电影院为陕西省灾民救济会演赈灾义务戏三晚，日日告满，再续演营业戏三晚，盛况依然。

6月15日至16日，北平《新北京报》举办平津男女名伶大选举，先选得旦角主席男女各一人，男为程艳秋，得6889票；女为新艳秋，得13875票。

6月21日，程艳秋与鸣和社同人由辽宁返回北平。

7月2日至5日，程艳秋赴天津参加大华饭店屋顶花园每晚京剧清唱活动，观众随意入座，不收门票。余叔岩、杨小楼、尚小云、荀慧生等百余名角先后参加该活动。

7月14日至15日，鸣和社在华乐戏院演出夜戏，程艳秋演出《宇宙锋》《能仁寺》《赚文娟》。

7月19日，在华乐戏院首演新编本戏《柳迎春》(据传统戏《汾河湾》改编新排加上头尾)，程艳秋饰演柳迎春，姜妙香、王少楼分别饰演前后薛仁贵。

8月5日，梅兰芳访美后返回北平，程艳秋、姚玉芙、尚小云、新艳秋、魏莲芳、尚富霞、谭富英、王琴侬及梨园公益会代表，吉祥、中和、开明、华乐各戏院经理及富连成全体学生赴车站欢迎。

8月11日，鸣和社发起，在中和戏院演出赈济陕灾义务戏，由程艳秋、曹二庚、李洪春、侯喜瑞、姜妙香、吴富琴演出《红拂传》，程艳秋、李洪春演出《三击掌》，王少楼、马连昆、李洪福演出《捉放宿店》，周瑞安、慈瑞泉、刘春立、范宝亭、傅小山演出《恶虎村》，李多奎、霍仲山演出《滑油山》，文亮臣、芙蓉草、扎金奎、赵芝香演出《胭脂虎》。共收取票价1448元，完全交予陕灾委员会，前后台应用物品均由经理梁华亭捐助。

8月12日，鸣和社在华乐戏院演出《玉狮坠》。

8月20日，鸣和社开始移至中和戏院演出，当日演出《柳迎春》。

8月27日，塔王府在会贤堂办做寿堂会，以富连成为班底演出了九阵风《泗州城》、萧长华《连升店》、雪艳琴《玉堂春》、筱翠花《打樱桃》、郝寿臣《丁甲山》、程艳秋《赚文娟》。

8月末，程艳秋与俞振飞合演《奇双会》《梅妃》《赚文娟》。

9月1日，中华戏曲专科学校在北平崇文门外木厂胡同建校，正式招收德、和两班学员，开学授课，校长为焦菊隐。

9月25日，鸣和社应张群和上海市长吴铁城之邀赴沪演出，姜妙香、曹二庚、芙蓉草、文亮臣、王少楼、李洪春、李多奎先行自天津乘"顺天丸"号赴上海。

9月26日，抵沪之夕，上海闻人杨啸天设宴招待，宴后由潘志铨、唐嘉鹏等陪往大华饭店观舞。

9月27日晚，李石曾与郑毓秀、魏道明在海格路私邸宴请鸣和社同人。

9月28日正午，中国银行行长张公权在汇中饭店宴请程艳秋等。下午，程艳秋等由著名报人黄全生、周梓章、王雪尘、吕松声伴往各票房拜会。晚，余空我、陈积勋分别往各报馆拜客之后，黄金荣以主人资格宴请程艳秋于华格路私邸。

9月29日，鸣和社于沪上各报刊出《启事》，程艳秋为辽西水患赈灾捐200元。

9月30日下午，程艳秋、王少楼、周梅泉赴《申报》《时事新报》董事长史量才公馆拜会，留邀晚宴，史量才请米老师即席舞剑，程艳秋遂与海内名拳师兼研剑术。名记者余空我、王雪尘等合编特刊一大张，除铜版图外，文字均由沪上知名文彦撰著，于荣记大舞台分赠来宾。

10月2日，程艳秋、王少楼、姜妙香在全家福邀宴沪上报界及票界人士，出席者计四百余人。席间由余空我致感谢词，严独鹤、苏少卿、吴天翁均发表演说，宾主尽欢而散。晚，世界学院及中法大学举办欢迎会，特奏古乐助兴，程艳秋、王少楼大轴演出《四盘山》。

10月3日，鸣和社于上海三马路荣记大舞台正式演出，王少楼、金少山演出压轴《捉放曹》，程艳秋、姜妙香以《玉堂春》打炮，受到名票苏少卿等撰文赞誉。至27日又陆续演出《碧玉簪》《四郎探母》《鸳鸯冢》《宝莲灯》《玉狮坠》《柳迎春》《梅妃》《文姬归汉》《陈丽卿》《弓砚缘》《金锁记》等。

10月5日，鸣和社继续演出，倒第三为林树森《徐策跑城》、高雪樵《广泰庄》，压轴为金少山《李七长亭》，大轴为《四郎探母》，程艳秋饰演铁镜公主，王少楼饰演杨四郎，芙蓉草饰演萧太后，文亮臣饰演佘太君，吴富琴饰演四夫人，姜妙香饰演杨宗保，曹二庚饰演国舅。此次程艳秋登台献演，陈彦衡应刘豁公之邀破格往观并撰文盛赞其艺。

10月6日，农历为中秋节，荣记大舞台夜戏演出，林树森、曹毛包、白玉昆演出《关公取长沙》，压轴芙蓉草、金少山《穆柯寨》，大轴新编旧剧全本《柳迎春》，姜妙香、王少楼分饰前后薛仁贵。苏少卿到场观剧并撰文点评，对程艳秋之唱做赞誉颇多。

10月9日，沪上闻人沈德福先生为其太夫人八秩大庆于梵王宫祝寿，邀沪上名票串演京剧，至午后三时半始散。王少楼、高雪樵演出《阳平关》，郭瑶卿、曹二庚演出《女起解》，杜月笙、程艳秋、王少楼演出《贺后骂殿》。

10月12日夜，戈登路大华饭店举行上海市筹赈东北水灾委员会主办之跳舞游艺大会，中外来宾六千余人，自晚九时起至黎明始告结束。大会有名媛化装舞会、胡蝶等男女电影明星合演大葡萄仙子歌舞，场中干事张啸林、杜月笙、郑毓秀女博士之妹、钱芥尘、俞子英等公推刘云舫代表水灾委员会致辞并致赠中外名媛奖品，之后由洪深当场拍卖名媛捐赠之奖杯。夜半2时，程艳秋到场，表演《红拂传》中舞剑一段，复徇来宾所请唱《汾河湾》中柳迎春的一段【南梆子】，一曲既终，座客始散。

10月13日，北平著名唱片公司之一开明公司于上海设营业部已三月左右，该公司主任吴先生特约程艳秋在梵王宫晚餐，商量聘请程艳秋灌录唱片事宜。

10月14日，冠生园总经理冼冠生、协理薛寿龄于冠生园饮食部宴请程艳秋，由吴天翁代邀，宴毕，同至冠真照相馆合影留念。当天出席者尚有黄玉麟、严独鹤、周瘦鹃、余空我、蒋剑侯、丁慕琴、舒舍予、陆澹安、徐慕云、周希丁、顾芷庵、孙雪泥、樊发源、顾国华、王少楼、赵桐珊等人。

程艳秋及鸣和社到南京，程艳秋主演《青霜剑》。

10月15日，程艳秋主演《风流棒》。

10月16日，程艳秋主演《审头刺汤》。

10月17日，程艳秋主演《红拂传》。

10月18日，程艳秋主演《碧玉簪》。

10月19日，鸣和社演出《探母回令》，程艳秋饰演铁镜公主，王少楼饰演杨四郎，吴富琴饰演四夫人，赵桐珊饰演萧太后，姜妙香饰演杨宗保。

11月10日，程艳秋夜戏演《金锁记》，较之传统戏《六月雪》前后添加多场，唱词较多，全剧须演二小时余，极为繁重，故虽傍晚大雨滂沱，池座仍可卖满，该剧号召力可见一斑。

11月11日，于荣记大舞台首演《陈丽卿》，此次自10月3日起，在大舞台共登台40日，演剧57出，其中夜戏45出，日戏12出；已演过新戏14出，未演过新戏2出（《柳迎春》《陈丽卿》），旧戏15出。此次在上海所演剧目共计31出。在沪期间，邀请俞振飞北上合作演出。

11月12日，上海种植园主人虞顺恩先生发起莳菊大会，假南京路市政厅举行。除陈列各种名菊外，尚有虞澹涵女士书画展览，并邀上海名票友会串演剧。下午4时程艳秋由王晓籁陪往参观书画展，后返菊会办事处化装，装毕登场演出《女起解》，蒋勃公配演崇公道。

11月13日，程艳秋应中华戏曲音乐会之邀参加由该会发起的首都慰劳伤兵，赈济辽宁水灾游艺大会，晨率鸣和社自上海赴南京，准备演出六天义务戏。

11月14日下午4时，鸣和社于南京安乐酒店招待新闻界，出席京沪记者四十余人，程艳秋应邀为《南京晚报》书题：大地皆春，四海升平。晚，励志社举办宴会，为中国国民党第三届四中全会召开宴请外宾，蒋中正、张学良、东北各省要人及全体国民党中央委员出席。程艳秋演出《青霜剑》。

11月15日中午，鸣和社赴怡社宴，王晓籁、裘剑飞与名记者石信嘉、金华亭、舒舍予、黄美生及南京票界共四十余人出席以表欢迎。晚，舒石父宴请程艳秋。夜，中华戏曲音乐院发起的慰劳伤兵赈济辽宁水灾游艺会在国民大戏院正式开幕，李石曾、孙科、王正廷莅会。程艳秋演出《玉堂春》，张学良到场观剧。

11月16日，江苏银行苏民生经理在金陵春饭店设宴欢迎鸣和社。程艳秋、王少楼于国民大戏院演出日戏《贺后骂殿》，夜场由姜妙香演出《岳家庄》，程艳秋与王少楼合演《四郎探母》，张学良莅席观剧。

11月17日，鸣和社全体演出《柳迎春》，时任外交部长王正廷夫妇陪同出席祝贺"中国统一"（即东北易帜）的各外国使节观剧。

11月18日，下午，江祖岱、蔡培、钱庭梁在秣陵饭店隔壁怡社宴请程艳秋、王少楼、姜妙香，会商特烦续演三天事宜。

11月19日，王少楼、芙蓉草演出《天门走雪》，王晓籁演出《得胜回朝》，程艳秋、姜妙香演出《文姬归汉》。

11月20日，鸣和社于南京国民大戏院作临别演出，由王少楼、芙蓉草演出《乌龙院》，程艳秋演出《红拂传》。当晚，鸣和社离开南京，返回北平，准备与马连良同班在明星戏院演出。

11月21日，程艳秋同王少楼、姜妙香发表《启事》："艳秋等应中华戏曲音乐院之约来京参加游艺会，承蒙各界不弃，赐之华燕，宠以佳章，或锡品珍，或劳玉趾，隆情厚谊，感幸莫名。瞬届满期，本拟遍为答谒，互倾积愫，借致谢忱，只以平津函电促归，未便久留，即于21日起程，征装匆遽，初愿重违，惟祈。曲宥不尽，依依诸惟。公鉴。"

11月23日至24日，鸣和社一行经沪、津返回北平。

11月，明星电影公司经理周剑云设宴饯别，广邀嘉宾，出席者剧评界有陈彦衡、苏少卿、刘豁公、舒舍予、鄂吕弓、郑子褒、徐慕云、徐筱汀，票界有朱耐根伉俪、罗亮生、汪时雍，电影明星有郑正秋、郑小秋、王元龙、汤杰、高占非，戏剧家有洪深，伶界中有程艳秋、王少楼、姜妙香、周瑞安、赵桐珊五人，程艳秋应邀唱《汾河湾》一段，王少楼唱《状元谱》一段。程艳秋与陈彦衡、郑正秋、王少楼、赵桐珊同席，席间对新旧电影多有议论。

12月1日，鸣和社回到北平后首日开始演剧，到中和戏院演夜戏，此后陆续演出《镇潭州》《金沙滩》《钓金龟》《连环套》《御碑亭》《探母回令》《孔雀屏》《金锁记》《春香闹学》《法门寺》《柳迎春》《能仁寺》《桑园戏妻》《女起解》《碧玉簪》《武家坡》《雁门关》《宝莲灯》《朱痕记》。程继先加入鸣和社。

1931年（民国二十年辛未），27岁

1月1日，程艳秋、王少楼、李洪春、程继先及童伶卢邦彦赴天津明星戏院演出，以《玉堂春》打炮。

1月2日，程艳秋在天津明星戏院演出《碧玉簪》，此后至1月5日陆续演出《樊江关》《贺后骂殿》《柳迎春》《鸳鸯冢》。1月5日，程艳秋一行结束演出返回北平。

1月7日至8日，由程艳秋主演《朱痕记》《红拂传》于开明戏院。

1月12日，鸣和社在中和戏院演出夜戏，由程艳秋主演《文姬归汉》，此后至21日陆续演出《四郎探母》《审头刺汤》《春香闹学》《八大锤》《黄鹤楼》《女起解》《孔雀屏》《回龙阁》《青霜剑》。

1月18日，中才小学与第二小学在开明戏院合办义务夜戏，尚小云、王又宸、筱翠花、侯喜瑞合演《法门寺》，程艳秋、曹二庚合演《女起解》。

1月26日，鸣和社在中和戏院演出夜戏，首演金仲荪新编悲剧《荒山泪》，程艳秋饰演张慧珠，周瑞安、文亮臣、曹二庚、范宝亭等配演。

1月27日，程艳秋演出《荒山泪》。

1月28日，程艳秋、王少楼、周瑞安合演《柳迎春》。

2月2日，鸣和社在中和戏院演出夜戏，首演全本新剧《陈丽卿》，由吴富琴、李洪春、侯喜瑞、曹二庚、范宝亭等配演。

2月至4月，鸣和社继续在中和戏院演出。

4月至6月，程艳秋南下宁、沪，与陈叔通畅游焦山并合影留念。

6月8日，程艳秋参演上海天蟾舞台日戏。

6月9日至11日，程艳秋参加杜月笙浦东高桥宗祠落成典礼堂会，第一天与王少楼合作压轴戏《宝莲灯》，第二天与贯大元合演《贺后骂殿》，又与谭富英、言菊朋合演《武家坡》，第三天程艳秋、谭富英、王少楼合演《忠义节》，与梅兰芳、尚小云、荀慧生等合演《五花洞》，高庆奎饰演张天师，金少山饰演包公，此为四大名旦第二次合作。

6月中旬，程艳秋、贯大元自上海赴哈尔滨演出。

6月22日，鸣和社在中和戏院演出夜戏，程艳秋、王少楼、曹二庚、吴富琴合演《一捧雪》。

7月1日，鸣和社在中和戏院演出夜戏，程艳秋、李洪春、文亮臣、吴富琴、曹二庚、俞振飞合演《玉狮坠》。

7月12日，中华戏曲音乐院院长李石曾发表聘书，聘请金仲荪、程艳秋担任南京戏曲音乐院副院长。

8月6日，程艳秋青衣开蒙老师之一、著名京剧演员陈啸云病逝于北平，卒年71岁。

8月12日，鸣和社在中和戏院演出夜戏，此后至26日陆续演出《花舫缘》《风流棒》《聂隐娘》《碧玉簪》。

8月27日，天津市政府召开赈灾委员会成立大会，程艳秋与余叔岩各捐款500元。

8月30日，鸣和社在报上刊登启事，为助赈江淮流域水灾，发起演唱义务戏一日，发起人：程艳秋、王瑶卿、王少楼、赵桐珊、吴富琴、程继先、李洪春、侯喜瑞、文亮臣、梁华亭、姜妙香、慈瑞泉、周瑞安、李多奎、曹二庚。

8月，程艳秋在中和戏院创演反战新剧《春闺梦》，并手书《苦兵集》印行发售以赈灾民。

程艳秋寓所自高碑胡同5号迁至府右街枣林大院兴平巷6号。

9月2日，鸣和社在中和戏院演出赈灾义务戏，张学良、天津市市长张学铭、万福麟、王树翰、吴铁城、祁大鹏、徐永昌、李石曾夫妇及北平市市长周大文等莅临剧场观剧。

9月11日至13日，北平梨园大义务戏在第一舞台连演三晚，第一晚程艳秋与王少楼合演《贺后骂殿》，第二晚程艳秋、尚小云、王又宸、王少楼、程继先、王琴侬依次合演《探母回令》，第三晚程艳秋与梅兰芳、杨小楼、马连良、王凤卿、尚和玉、龚云甫、谭富英、郝寿臣、程继先、李洪春、李多奎合演《美人计·甘露寺·回荆州》。

9月20日，程艳秋原定于中和戏院夜戏演出《文姬归汉》，因发生"九一八"事变，国难当前，不忍再粉墨登场，显露色相，遂通知中和戏院回戏，决不出演。

10月3日，李石曾电告程艳秋，谓将有法国之行，邀程赴沪同行出洋。

10月17日，程艳秋邀请抵达北平的法国国家歌剧院秘书长、著名汉学家赖鲁雅同游颐和园并会谈。

10月20日，程艳秋在中和戏院夜戏演出全本《荒山泪》，由李洪春、周瑞安、范宝亭、文亮臣、贾多才、曹二庚配演。

11月26日至28日，《大公报》以《非战的文学》为题发表程艳秋手书《苦兵集》之短叙及全文。

12月4日，《北平新报》发表程艳秋《检阅我自己》一文上部。

12月11日，《北平新报》发表程艳秋《检阅我自己》一文下部。

12月22日，《北平晨报》记者在南京戏曲音乐院北平分院研究所内访问程艳秋，询以久闻盛传游欧消息确否。据程云："艳秋自任南京戏曲音乐院副院长之职后，先在北平设立分院，组织研究所，成绩颇佳，惟深以个人学识浅陋，决计赴欧留学，正在准备中，志愿对英、德、法、意等国均须次第往游。"

12月25日，程艳秋在中华戏曲专科学校作题为《我之戏剧观》的演讲。

1932年（民国二十一年壬申），28岁

1月1日，程艳秋在报上刊出启事，更名"艳秋"为"砚秋"，同时易字"玉霜"为"御霜"，以示玉洁冰清、御风霜当有自立之志。同日，程砚秋在前外煤市街丰泽园饭庄正式收荀慧生长子令香为徒，并于拜师仪式上发表讲话。当日到场的有曹心泉、荀慧生、陈墨香、王泊生、金仲荪、张体道、徐凌霄、许志平、丁剑秋、邵茗生、刘守鹤、马竞安、刘少华、刘麓生等。

1月3日，鸣和社在中和戏院演出日戏，程砚秋演出《文姬归汉》，由姜妙香、吴富琴、侯喜瑞、李洪春、贾多才、曹二庚配演。

1月4日，赴欧留学离别在即，程砚秋写下致梨园同人的《一封留别书》。

1月5日，梅兰芳在北平缀玉轩为程砚秋即将赴欧游学举行欢送大会，在平中外名流均莅席，梅兰芳、李石曾、郑毓秀分别致辞。程砚秋讲话阐述此次赴欧游

学的理由，并致答谢词。

1月8日，北平市市长周大文特于私宅设宴为程砚秋饯别，邀梅兰芳、齐如山、杨仲子、金仲荪、李石曾等二十余人作陪，程砚秋在主人致辞后致答谢词。

1月10日，金仲荪在北平二龙路贵人关18号私寓公饯程砚秋，王瑶卿、曹心泉、陈墨香、王泊生、焦菊隐、荀慧生、徐凌霄、刘守鹤、林素珊、张体道、邵茗生等出席，并请李石曾、赵曾隆、赵新生、许志平、杜颖陶、梁铁僧、胡如熙、汪子余与会。下午1时宾主到齐合摄一影，宴后举行清唱助兴，由王泊生唱《辕门斩子》《十道本》双出，刘守鹤唱《行路宿店》《乌龙院》双出，陈墨香唱《奇双会》《汾河湾》双出，徐凌霄唱《汾河湾》《南天门》双出，程砚秋唱《南天门》一出。晚7时许入席，谈笑风生至9时，始尽欢而散。

1月11日，梨园公益会在樱桃斜街会所举行饯别大会，欢送程砚秋赴欧游学。出席者有梨园界名人一百二十余位，由梅兰芳任主席，主持整个活动，先报告程砚秋此次赴欧求学意志及经过，程砚秋致辞答谢。

1月12日晚，李石曾26年前在法国组织的世界社联合北平各界于中南海福禄居举行盛会，公饯法国教授郎之万和程砚秋，出席者有郑毓秀、魏道明、周作民、胡惟德、于学忠、徐永昌、李服膺、张伯驹、余叔岩、梅兰芳、齐如山、金仲荪、曹心泉、王泊生、陈墨香、杜颖陶、刘守鹤、张体道、徐凌霄、陈半丁、郑颖苏、彭济群、万子和、李麟玉、李宗侗、汪申、许志平、杨梦游、陈亦侯、陈鹤孙、白寿之、王孟钟等，以及法国大使、美国代大使、汇理银行行长窦德美、中法大学教授铎尔孟等。

1月13日下午4时15分，程砚秋乘北宁车自北平赴天津，同车有返法国的郎之万教授，李石曾先生秘书、世界学院干事赵曾隆等。赴火车站送行者有李石曾、李宗侗、周大文、梅兰芳、尚小云、金仲荪、王泊生、吴瑞燕、焦菊隐、林素珊、陈墨香、张体道、徐凌霄、丁剑秋及梨园公益会、中华戏曲专科学校在职人员及中和戏院全体同人三百余人。长城公司特拍摄新闻片记录。晚，抵天津，下榻万国桥裕中饭店。上海长城唱片公司经理叶庸方设宴忠兴楼欢送，出席者有社会名流、各报记者及津门名票等共三十余人，有张季鸾、侯曜、鲁觉吾、张聊公、法国人米大夫、杨豹灵、李组才、胡光鹰、韩慎先、田润川、王镂冰、王小隐、周拂尘、杨乐彭、吴秋尘、王芷洲、林小琴、赵雨苏、陈之翔、朱忱薪、刘毅行、朱钦元、袁显章、陈福康、魏鸥艇、严逸文、侯东明、王菁若等。著名捧角家叶庸方、《大公报》总编辑张季鸾、艺术家侯曜发表即席演说，均望程撷欧西艺术精华以补中国旧剧不足以改进社会、启迪民智，程砚秋致辞答谢。当夜在叶庸方宅应叶氏要求演唱《六月雪》《刺汤》，又与张季鸾合唱昆曲《思凡》，后又与名票夏山楼主合唱《武家坡》，满堂喝彩。

1月14日，自天津火车站乘火车赴塘沽。

1月15日，自塘沽港口搭日轮"济通丸"号赴大连，一行下榻大连浪速町辽东旅馆。

1月16日晚9时，程砚秋一行乘快车北上哈尔滨，途经辽宁、吉林等处，并未逗留。

1月17日，程砚秋一行自哈尔滨乘国际列车继续北上。

1月25日，程砚秋一行抵达莫斯科，参观大小剧院。当地剧院开欢迎会欢迎程砚秋，程砚秋与苏联著名表演艺术家会面交谈。程有心作进一步深入考察，因郎之万接到急电，须速归巴黎，为旅行方便计，程砚秋决定与其同赴巴黎，故未久留莫斯科，后归国时走海道，未再经过莫斯科，程砚秋深以为憾。

1月30日，程砚秋与郎之万安抵法国巴黎，由法国国立大剧院秘书长赖鲁雅陪同参观市容，访问各剧院、学校，应酬极繁。

1月31日至5月9日，程砚秋寓居巴黎，其间除游览应酬外，主要活动为参观剧院，观摩戏剧和音乐表演，与当地戏剧家、音乐家、学者等沟通交流，学习法文。

5月10日，程砚秋自巴黎往游柏林。

5月11日至7月25日，程砚秋寓居柏林，在此期间，参加当地名流和留学生举行的欢迎会，参观柏林音乐大学、各大音乐戏曲剧院、乌发电影公司、无线电台、博物馆等，并观看电影多次。住院开刀诊治幼年学艺遭师父毒打造成的腿内瘀血，继续学习德文、法文。

7月26日，程砚秋乘车赴法国尼斯。

7月27日中午，程砚秋到达日内瓦。

7月29日，程砚秋抵达尼斯。

7月30日至8月10日，程砚秋参加在尼斯举行的国际新教育会议并发表题为《中国戏曲与和平运动》的演说，观摩戏剧舞蹈。

8月11日，国际新教育会议闭会，中法大学校长孙佩苍约程砚秋到里昂，陈和铣夫妇约程砚秋前往瑞士休息。程砚秋最后决定前往里昂。

8月12日，程砚秋同毕修勺、朱洗、孙佩苍抵达里昂。晚，在孙佩苍家进餐。

8月15日，中法大学开会欢迎程砚秋并合影留念，程砚秋应青年学生要求演唱，有胡琴伴奏。

8月17日，程砚秋乘夜往柏林。

8月18日夜，程砚秋抵达柏林。

8月26日夜，程砚秋到达里昂。

8月27日，程砚秋动身前往意大利。

8月28日晚，程砚秋抵达威尼斯。

8月31日，程砚秋晨与刘大悲同赴里昂，至夜到达。

9月10日，程砚秋到达斯特拉斯堡。

9月17日，程砚秋三子永江出生于北平兴平巷6号宅。

9月18日，适逢"九一八"事件一周年纪念日，程砚秋心绪甚悲。

11月7日晚，程砚秋由柏林出发前往瑞士日内瓦。

11月8日中午，程砚秋到达巴塞尔。

11月9日，程砚秋抵达日内瓦。

11月10日，程砚秋到访日内瓦贝励志学校。

12月28日，鸣和社须生郭仲衡因病逝世，卒年43岁。

本年，程砚秋寓所自府右街枣林大院兴平巷6号迁至崇文门内苏州胡同七贤里。

1933年（民国二十二年癸酉），29岁

1月23日晚，坐落于日内瓦的世界学校教职员及学生家长多人开欢迎会欢迎程砚秋，校董事长拉斯曼设宴招待，校长莫瑞特夫人致辞，程砚秋以法语演说，并表演太极拳，受到热烈欢迎。

1月27日至2月22日，程砚秋在世界学校教授太极拳，临别前将未教授完的太极拳教授给学校体育主任。程砚秋在日内瓦三个多月，除授课外，主要活动为游览风景和学习提琴。

2月23日，程砚秋赴意大利。

2月25日，程砚秋到巴黎，向郎之万、赖鲁雅诸先生辞行，此时考察工作并未完成，因国难危机日深，只得提前回国。在巴黎期间，经李石曾介绍，与欧阳予倩和陈真如结识。

2月27日，程砚秋到日内瓦取行李，未作停留，再赴意大利。

2月28日至3月6日，程砚秋到米兰，参观米兰戏曲音乐院，又到罗马，参观剧院和国际教育电影学院。

3月7日，程砚秋到达威尼斯。

3月10日，程砚秋从威尼斯乘意大利轮船"康德卢梭"号归国，同行者有国际新教育会议中国代表、世界文化合作会中国代表、中国赴欧教育考察团成员及留学回国多人，包括李石曾、程其保、杨立霖、郭有守、李熙谋、厉家祥等。程砚秋在船上教授太极拳，并与众人讨论太极舞的实现方案。

4月3日，轮船抵达上海。

4月5日，程砚秋由上海乘火车北上。

4月7日，程砚秋回到北平，亲友及梨园界同业多人到车站迎接。

4月29日，同人友好在北平西城绒线胡同蓉园饭庄小宴，欢迎程砚秋游学归国，参加者有梅兰芳、金仲荪、陈墨香、袁守厂、张体道、许志平、李伯言等。程砚秋唱《红拂传》一段，李伯言操琴。

程砚秋独力买下椅子胡同的房子改建，历时一年，用于中华戏校教学，内有学生宿舍、实验戏台、课室、练功室等设备。

5月至6月，鸣和社重新组班，琴师为周长华，二胡为任志林，鼓师为杭子和，除旧搭档芙蓉草、吴富琴、文亮臣、周瑞安、侯喜瑞、张春彦、曹二庚、慈瑞泉、李洪春等外，特请傅小山、程继先、金少山、姜妙香、王少楼、李多奎和俞振飞先后加入。

7月6日至7日，《华北日报》记者杨遇春访问欧游归来的程砚秋，就声腔、保护伶人嗓子和提高低级梨园同业待遇等问题进行采访。

7月12日，《实报》以《繁荣北平之象征，程砚秋明日出演，实行改良戏剧四办法》为题对程砚秋即将复演的消息及其戏剧革新办法进行报道。

7月13日，鸣和社重新组班后，在前门外中和戏院演出夜戏，此为程砚秋欧游归来的首次公演，当晚演出《贺后骂殿》，此后陆续演出《金锁记》《聂隐娘》。

7月16日，于中和戏院演日戏《花舫缘》，票价相对低廉，专门优待学工界人士。

7月20日，鸣和社因天气酷热暂行停演，程砚秋与李石曾去汤山避暑并参观农村中学。

7月21日，北平市学联会（华北学联总会）决议致函程砚秋，委北平大学校长徐诵明与之接洽演剧救济难民及失学学生。

8月10日，程砚秋《赴欧考察戏曲音乐报告书》由世界编译馆北平分馆出版。

8月16日，鸣和社在中和戏院演出夜戏，此后至9月1日陆续演出《奇双会》《鸳鸯冢》《柳迎春》《甘露寺》《碧玉簪》《朱痕记》《孔雀屏》《武家坡·算粮·大登殿》《玉狮坠》《青霜剑》。

8月20日，鸣和社在中和戏院加演日戏以优待学工民众。

8月，南京戏曲音乐院北平分院成立戏曲音乐博物馆，由程砚秋兼任馆长。

9月7日，程砚秋赴天津，在明星大戏院演出，头天演出《奇双会》，程砚秋饰演李桂枝，程继先饰演赵宠，姜妙香饰演李保童，实为珠联璧合之作。

9月8日，程砚秋、王少楼在天津明星大戏院演出《贺后骂殿》，程砚秋、程继先演出《弓砚缘》。

9月9日，程砚秋、王少楼、姜妙香、文亮臣合演《朱痕记》。

9月10日，程砚秋以《聂隐娘》一剧用于天津临别演出。

9月12日，程砚秋自天津返回北平。

9月13日，鸣和社仍在中和戏院演出，此后至10月12日陆续演出《法门寺》《风流棒》《牡丹亭》《宝莲灯》《一捧雪》《花筵赚》《鸳鸯冢》《四郎探母》《赚文娟》《探母回令》《红拂传》。鸣和社招待学工界票价特廉。

10月17日，鸣和社应全国运动大会之邀，协同中华戏曲专科学校学生王和霖、赵金蓉等赴南京演出，并于南京国民大戏院为南京戏曲音乐院兴建剧场筹款演义务戏五日。

10月19日，程砚秋到达南京，寓中正街西首成大旅社。中午，世界饭店设宴会欢迎鸣和社及中华戏校师生。晚，鸣和社及中华戏校师生在南京全国运动大会中央体育场演出《聂隐娘》，程砚秋饰演聂隐娘，由姜妙香、侯喜瑞配演，前为戏校学生王和霖、赵金蓉的《三娘教子》，杨畹农的《女起解》，金少山的《捉放曹》。

10月20日，程砚秋在南京中央体育场演出《鸳鸯冢》。

10月21日，程砚秋演出《碧玉簪》为黄河水灾赈济筹款，由姜妙香、吴富琴、文亮臣配演。

10月22日，为筹集黄河水灾赈济捐款，程砚秋在南京国民大戏院与红豆馆主溥侗合演《奇双会》，由姜妙香等配演。

10月23日至27日，为筹募南京戏曲音乐院基金，程砚秋仍在国民大戏院演出《花舫缘》《鸳鸯冢》《赚文娟》《金锁记》《荒山泪》五场义务戏。

10月29日，程砚秋在报刊发表《程砚秋告别首都各界人士书》，应上海天蟾舞台之邀，拟由南京直接赴沪演出。

10月30日，程砚秋自南京赴上海，电邀谭富英南下。

11月3日，鸣和社应上海天蟾舞台顾竹轩礼聘赴沪演出半月，特邀谭富英、张春彦、刘连荣合作。

11月4日，《新闻报》记者访问程砚秋，询问其对改良旧剧的感想，程砚秋表示京剧改革已刻不容缓，不能讳疾忌医，但个人能力有限，必须群策群力。

11月11日，梅兰芳移居上海后绘画研曲，恰逢其四十大寿，程砚秋特往拜贺，行叩头大礼。见者均叹砚秋虽归自欧洲，而未尝忘本也。

11月13日，程砚秋、谭富英在上海西藏路桃花宫酒家宴请上海报界暨名票友。

11月14日，上海《申报》已刊登程砚秋、谭富英即将在天蟾舞台演出的广告，此为程砚秋欧洲考察归国后首次赴沪演出。

11月15日，旅欧考察戏曲音乐返国后首次出演于上海天蟾舞台，打炮戏为《玉堂春》。该日，谭富英演出《空城计》，程砚秋演出《玉堂春》，姜妙香饰演王金龙，张春彦饰演刘秉义，程嗓音清健圆润，无腔不佳，众口交誉，掌声不绝。此后至11月30日又陆续演出《花舫缘》《鸳鸯冢》《碧玉簪》《探母回令》《聂隐娘》《虹霓关》《贺后骂殿》《朱痕记》《赚文娟》《风流棒》《荒山泪》《回龙阁》《能仁寺》《柳迎春》《红拂传》《梅妃》。其中，11月25日上海首演《荒山泪》，11月29日首演《红拂传》。

12月2日，程砚秋、姜妙香、侯喜瑞、吴富琴、李洪春等在上海天蟾舞台演《文姬归汉》作为临别纪念。

12月3日，程砚秋、谭富英、芙蓉草、姜妙香演出《四郎探母》。

12月5日，程砚秋等为上海伶界联合会筹迁葬经费演出义务戏。

12月7日，因济南屡电邀鸣和社，上海演出不再续期。程砚秋在天蟾舞台为浙江、川南崇宝启水灾赈济义演《贺后骂殿》。

12月8日，鸣和社一行离沪北返。

12月10日，鸣和社应北洋大戏院之邀抵达济南市。

12月11日，济南市市长闻承烈设宴邀请程砚秋，由当地军政要人作陪。

12月12日，孙桐岗于济南张庄机场亲自驾驶飞机为程砚秋到济南演出散发传单。

12月13日，程砚秋会见山东省主席韩复榘，并于进德社演出《碧玉簪》。

12月14日，程砚秋演出《青霜剑》。

12月19日，程砚秋应孙桐岗再三邀请，乘坐他驾驶的飞机游览济南全市。

12月21日，程砚秋演出救赈黄河水灾义务戏《聂隐娘》，登泰山，谒孔林，并于泰山顶镌石刻"御霜"二字以志念。

12月25日，程砚秋率鸣和社一行自济南北返，途经天津，在北洋大戏院演出赈济黄河水灾义务戏。

1934年（民国二十三年甲戌），30岁

1月11日，鸣和社自上海、天津返回北平后仍在中和戏院演出，打炮戏为《玉堂春》。

1月12日，程砚秋、侯喜瑞、文亮臣、曹二庚、吴富琴在中和戏院演出《聂隐娘》。

1月14日，程砚秋与程继先合演《御碑亭》。

1月15日，程砚秋、王少楼合演全本《朱痕记》。

1月16日，程砚秋在中和戏院演出《碧玉簪》。

1月17日，俞振飞来北平酝酿加入鸣和社事宜，与程砚秋合演《玉狮坠》。

1月18日，程砚秋主演《贺后骂殿》《春香闹学》双出。

1月19日，鸣和社在中和戏院演出夜戏《荒山泪》，程砚秋饰演张慧珠，由郭春山、马连昆、张春彦、曹二庚、文亮臣、罗文元配演。此后至1月30日又陆续演出《奇双会·大团圆》《探阴山》《柳迎春》《武家坡·算粮·回龙阁》。

1月31日，鸣和社以《文姬归汉》封箱，台上绘制长城景色的幕布代替了黄色的素幕，更新颖美观，切合主题。

1月，程砚秋寓所自崇文门内苏州胡同七贤里迁至东单牌楼西观音寺34号。

2月10日，北平梨园公益会在第一舞台演出救济贫苦同业大义务戏，集京剧界一时之盛。中轴戏为尚小云、谭富英合演的《四郎探母》，压轴戏为杨小楼、程砚秋、王少楼、郝寿臣合演的《法门寺》；大轴戏为反串《八蜡庙》，杨小楼饰演张桂兰，程砚秋、尚小云饰演前后黄天霸，高庆奎饰演朱光祖，芙蓉草饰演褚彪。

2月12日，程砚秋主演全本《宝莲灯》。

2月14日，鸣和社在中和戏院演出夜戏，程砚秋、王少楼、姜妙香、张春彦、诸如香、文亮臣、曹二庚演出《御碑亭·金榜乐·大团圆》，此后至3月24日又陆续演出《探母回令》《虹霓关》《宝莲灯》《金锁记》《梅妃》《战蒲关》《孔雀屏》《奇双会》《青霜剑》《樊江关》《贺后骂殿》《聂隐娘》。

3月30日至4月1日，鸣和社赴天津北洋大戏院连演三晚，程砚秋主演《武家坡》《碧玉簪》《柳迎春》。

4月2日，鸣和社自天津返回北平，仍在中和戏院演出，当晚演出《玉堂春》，此后至5月29日又陆续演出《一捧雪》、《柳迎春》、《女起解》、《儿女英雄传》、《三击掌》、《孔雀屏》、《荒山泪》、全本《宝莲灯》、二本《虹霓关》、《甘露寺》、《桑园会》、《长坂坡》、《金钱豹》、《梅妃》、《青霜剑》。

4月6日，《世界日报》成舍我、英文《北平日报》张明炜、《华北日报》陈国廉、《实报》管翼贤、《北平晨报》林仲易、中央通讯社潘仲鲁、《京报》邵汤修慧在中山公园水榭宴请中华学艺社，程砚秋应约出席。

4月29日，以鸣和社为主，在织云公所举行堂会祝贺那桐中堂夫人71岁寿诞。程砚秋、俞振飞演出《碧玉簪》，尚小云、王又宸演出《御碑亭》，郝寿臣演出《飞虎梦》，杨小楼、钱金福、刘砚亭、迟月亭、杨春龙、王福山演出三本、四本《连环套》。

5月9日，永增军衣庄铺东、红十字会会长封竹轩先生81岁大寿，特在西单报子街聚贤堂举办大堂会，在北平名伶均参加演出，程砚秋与程继先合演《碧玉簪》。

5月19日，鸣和社继续在中和戏院演出夜戏，程砚秋、萧长华、曹二庚、张春彦、文亮臣、贾多才合演《荒山泪》，特邀萧长华饰演征税助饷的知县。

5月22日，鸣和社在中和戏院演出夜戏，程砚秋、王少楼、周瑞安、赵芝香、扎金奎、苏连汉、刘砚亭、鲍吉祥合演《宇宙锋》、《黄鹤楼》（程砚秋反串周瑜）双出。

5月23日，中和戏院演出夜戏，程砚秋主演《梅妃》，由王少楼、芙蓉草、程继先、张春彦、吴富琴、扎金奎、张韵卿、唐富尧、张连升、贾多才、苏连汉、曹二庚配演。

5月29日，程砚秋于中和戏院主演《青霜剑》。

5月30日，鸣和社以《红拂传》作北平临别演出，由程继先饰演李世民，张春彦饰演刘文静，特约郝寿臣饰演虬髯公。

6月1日至2日，程砚秋一行离北平赴上海，程砚秋亲送10岁长子自上海赴意大利、法国转瑞士，程永光将在由国际技术合作代表拉斯曼博士主持的瑞士日内瓦世界学校就读，由世界学校中国同志会考选，所有留学费用均由学生自备。程砚秋一行抵沪寓居沧州饭店。

6月9日，程砚秋寓所北平西观音寺34号失窃行头多箱。

6月30日下午4时，南京戏曲音乐院北平分院在中南海福禄居召开会议，参会者有赵越、焦菊隐、余上沅、徐芳（女）、马静蕴（女）、周信芳、程砚秋、佟晶心、杜颖陶、马彦祥、王泊生、罗慕华、张鸣琦、徐志尹、崔嵬、刘念渠、吴瑞燕（女）、陈子华、林松年共19位。

7月1日，程砚秋在演毕优待学工民众的廉价日场戏《金锁记》后即辍演歇夏，前教育次长胡汝麟、李石曾、钱俊人、武术家杜心五、"老太婆"许志平等均出席观剧。

7月3日，中国第一批赴瑞士日内瓦留学幼童（含程砚秋长子永光）抵达日内瓦。

7月18日，中华戏曲专科学校在北平吉祥戏院演出陈墨香编剧、王瑶卿及程砚秋导演的《孔雀东南飞》。

7月，《群强报》《益世报》载："程以现值歇夏，为体恤同业起见，个人出资购备洋面百余袋，凡后台伙计以及上下手宫女龙套、场面并催管戏箱伙计，四知交场，每人各赠一袋以资接济。"

8月2日，南京戏曲音乐院在北平东城煤渣胡同中华戏曲专科学校召开第一次年会，参会者有李石曾、金仲荪、程砚秋、焦菊隐，以及戏曲音乐研究所博物馆职员数十人、戏校学生二百余人。李石曾、金仲荪、程砚秋、焦菊隐分别致辞。

8月9日，程砚秋赴中华戏曲专科学校亲授《文姬归汉》。

8月12日，《大公报》载，俞振飞拜程继先为师，同时加入鸣和社与程砚秋合作。

8月14日，中华戏曲专科学校校长焦菊隐特请程砚秋莅校教授剧艺，该日起到校义务教课，先授《碧玉簪》，所有程派名剧均陆续教完。

8月18日，《实报》载："中华戏曲专科学校专设戏曲改良委员会，已在社会局备案。特聘李石曾、周学昌、金仲荪、王泊生、秦公武、张群、林素珊、程砚秋等先生为委员。"

8月28日，南京艺术学院毕业生高华因景慕程砚秋的艺术，特远道来北平多方研究，并于当日在吉祥戏院与程砚秋合演《法门寺》。

9月1日，中华戏曲专科学校成立四周年纪念，全体师生合影。

9月4日，歇夏后，鸣和社在中和戏院首演全部《武家坡·算军粮·回龙阁》，俞振飞演出《监酒令》。

9月5日，俞振飞在中和戏院与王少楼合演《黄鹤楼》并伴程砚秋合演《玉堂春》，是为俞振飞与程砚秋合作之始。

9月12日至15日，鸣和社赴天津明星戏院演出四晚，先后演出程砚秋、俞振飞合作的《玉堂春》《赚文娟》《荒山泪》《梅妃》。

9月23日，鸣和社在北平中和戏院演出《梅妃》，名鼓师白登云加入鸣和社司鼓，此后与程砚秋合作多年。

9月24日，程砚秋与俞振飞在中和戏院合演《赚文娟》。

10月1日，程砚秋与俞振飞合演《琴挑》，又与王少楼合演《宝莲灯》。

10月3日，前国立艺术学院教授丁乃刚陪同程砚秋、俞振飞、曹二庚、吴富琴自北平赴南京，参加远东热带病学会第九届年会在南京励志社的开幕式演出。

10月5日至7日，程砚秋为远东热带病学会第九届年会招待演出《青霜剑》《聂隐娘》，串演《黄鹤楼》。

10月9日，程砚秋自南京返回北平，仍于中和戏院演出《贺后骂殿》，由王少楼、俞振飞、周瑞安、侯喜瑞、李多奎、曹二庚等配演。此后至11月13日又陆续演出《沈云英》《穆柯寨》《雪艳娘》《玉狮坠》《贺后骂殿》《法门寺》《金锁记》《柳迎春》《青霜剑》《碧玉簪》。

10月13日，鸣和社应黄河水灾委员会委员、惠中饭店经理王晓岩、孟少臣之邀赴天津法租界北洋大戏院参加赈济黄河水灾义演，胡碧兰、章遏云演出《金锁记》《宇宙锋》，谭富英演出《定军山》，程砚秋、俞振飞演出《玉堂春》。

10月14日，程砚秋、谭富英、俞振飞、曹二庚、李多奎、陈少五、吴富琴、哈宝山、周瑞祥在北洋大戏院合演全本《红鬃烈马》，章遏云、李宝奎、李庆山演出程派戏《金锁记》。

10月15日，程砚秋由天津返回北平。

10月23日，鸣和社老生王少楼因病辍演，梁华亭特约久不登台献艺的谭小培与程砚秋合作。当日中和戏院夜戏，程砚秋、谭小培、侯喜瑞、慈瑞泉合演《法门寺》。

10月24日，程砚秋、俞振飞在中和戏院合演夜戏《金锁记》，由慈瑞泉、文亮臣、曹二庚、贾多才、吴富琴、苏连汉配演。

10月25日，中和戏院夜戏，程砚秋与俞振飞合演新排悲剧《春闺梦》，程砚秋饰演张氏，俞振飞饰演王恢。

10月26日，经孔绂庵先生介绍，陈丽芳拜程砚秋为师。正午，陈丽芳在北平西观音寺34号程宅行拜师礼。下午6时，在北平新丰楼饭庄大宴嘉宾并合影留念。

11月7日，继续赴中华戏曲专科学校亲授《碧玉簪》。

11月14日，织云公所在杨宅举办堂会，由谭小培、慈瑞泉演出《打棍出箱》，程砚秋、俞振飞、吴富琴演出《玉狮坠》，程砚秋、谭富英、程继先演出《探母回令》，荀慧生、王盛意（外串）演出《红鸾禧》，余叔岩、王幼卿演出《打渔杀家》（余因故临时告假），杨小楼、郝寿臣、王福山演出《连环套》。

11月20日，唐槐秋的中国旅行剧团抵达北平，首次在协和礼堂公演话剧《梅萝香》，程砚秋、俞振飞、焦菊西等纷往观摩。

11月21日，程砚秋在开明戏院观摩唐槐秋演出话剧《女店主》。晚，在织云公所杨宅大堂会中演出《玉狮坠》和《探母回令》。

11月23日，北平育英中学广播电台举行开幕礼，蔡元培讲演并邀程砚秋介绍新排悲剧《春闺梦》，程清唱其中【南梆子】一段。

11月23日至24日，程砚秋与俞振飞在中和戏院合演《春闺梦》两天，极受观众欢迎。

11月27日，中和戏院夜戏，程砚秋主演《御碑亭》。此后至12月31日又陆续演出《鸳鸯冢》《赚文娟》《聂隐娘》《荒山泪》《桑园会》《孔雀屏》《汾河湾》《文姬归汉》。

12月7日，北平华光女子中学为扩充科学仪器设备在北京饭店举办募捐游艺会，特商约程砚秋、俞振飞演出《琴挑》。

12月11日，各界特烦程砚秋表演十数年未演之《三娘教子》和《儿女英雄传》双出。

12月31日，程砚秋主演《文姬归汉》，舞台使用新长城布景，极为美观。

1935年（民国二十四年乙亥），31岁

1月1日，中和戏院夜戏，程砚秋、谭小培、俞振飞、李多奎等合演全部《柳迎春》。此后至16日又陆续演出《玉堂春》《朱痕记》。

1月15日，鸣和社增加新成员即新拜程砚秋的陈丽芳、武生钟鸣岐（程砚秋二兄长女之婿）及其父二花脸钟喜久，并由钟喜久、雷喜福、陈丽芳在中和戏院演出《陈塘关》。

1月16日，程砚秋与谭小培、周瑞安、侯喜瑞在中和戏院夜戏中演出封箱戏《朱痕记》，由俞振飞、文亮臣、哈宝山、曹二庚、慈瑞泉、李四广配演。

1月17日，中和戏院夜戏，程砚秋主演《春闺梦》，封箱。

1月25日，世界知名作曲家亚历山大·齐尔品（Alexandre Tcherepnine）夫妇抵达北平，参加燕京大学音乐会，与乔治·洛赫教授（M. George Loch，美国人，中文名刘兆惠）、李伯言登门访问程砚秋，共同探讨国剧问题。

1月29日至30日，程砚秋参加第一舞台救济梨园同业义务戏演出，第一日大轴与杨小楼、马连良、谭富英、曹连孝、扎金奎、鲍吉祥、俞振飞、侯喜瑞、李多奎、周瑞安、王凤卿、姜妙香、贯大元、刘连荣、文亮臣合演全部《甘露寺》，第二日压轴与谭富英、慈瑞泉、文亮臣、贾多才、曹二庚、马连昆合演《牧羊圈》。

1月，程砚秋全力赶排旨在激发民众爱国思想的新剧《亡蜀鉴》。

2月14日，程砚秋与金仲荪赴协和医院礼堂观摩青年会剧团公演话剧《委曲求全》。

2月26日，程砚秋与俞振飞在中和戏院合演昆曲《琴挑》。此后至3月6日又陆续演出《鸳鸯冢》《武家坡·算军粮·大登殿》《沈云英》。

2月28日，程砚秋向张三丰嫡系徒孙高紫云学习太极拳，程砚秋亲赠老师宝剑一柄，以示敬意。

3月13日，什刹海会贤堂宁宅堂会，程砚秋与谭富英、高维廉、慈瑞泉、诸如香、孙甫亭、唐富尧、李宝奎、李四广、王丽卿合演《四郎探母》。

3月28日至31日，鸣和社到天津北洋大戏院演出，程砚秋与俞振飞、侯喜瑞、周瑞安、贯大元合作，共演出《贺后骂殿》《琴挑》双出、《朱痕记》《青霜剑》、《文姬归汉》四场。均为程砚秋重头戏，在天津颇不易看到，鸣和社演毕返回北平。

4月2日至3日，上海大学联合旅行团肄业北游，函请程砚秋4月2日在中和戏院演出《春闺梦》，4月3日与谭小培合演《三娘教子》，大轴与侯喜瑞、程继先合演《弓砚缘》。

4月10日，鸣和社应汉口辅堂街和记大舞台女主人华慧麟之邀赴汉口演出，抵达汉口后寓居法租界德明饭店三楼。

4月11日，鸣和社到汉口和记大舞台演出，程砚秋打炮戏为《玉堂春》，由俞振飞、哈宝山、曹二庚、焦凤池配演。

4月12日，程砚秋参观汉口市立实验民众教育馆，晚与贯大元合演《柳迎春》。

4月13日至21日，程砚秋在汉口演出《弓砚缘》《贺后骂殿》（14日），《赚文娟》（16日），《朱痕记》（17日），《红拂传》（19日），《法门寺》《文姬归汉》（21日）。长沙孤儿院请程砚秋赴湘演剧，开封广智戏院亦力约程砚秋赴豫演剧。因已应北平宋哲元宅堂会，须于4月25日前返回北平，程砚秋以不能在汉口多演为歉。

4月22日，鸣和社在汉口演毕，返回北平。

4月28日，宋哲元宅堂会，马连良演出《八大锤》，谭富英演出《定军山》，荀慧生演出《英杰烈》，程砚秋演出《红拂传》，杨小楼演出《连环套》。

5月1日，程砚秋应朱庆澜将军之邀参观朱在北平养蜂夹道创办的育婴堂，决定演义务戏三日捐助。

5月5日至7日，为捐助创办北平养蜂夹道育婴堂，程砚秋在中和戏院演出三天义务戏，分别为《碧玉簪》《贺后骂殿》《青霜剑》。

5月13日，湖南长沙金星民乐大京班大戏院经理李丽久一再函促并派叶寅亮赴北平陪程砚秋及鸣和社前往湖南。

5月14日，鸣和社四十余人与荀慧生（将于18日在汉口盛记大舞台演出）同车南下，夜抵汉口，程砚秋向汉口各界人士介绍荀慧生，极力宣扬荀派艺术，鸣和社准备次日赶赴湖南。

5月15日，鸣和社抵达长沙，参观长沙孤儿院，曹孟其院长致欢迎词，并伴程砚秋赴奇珍阁出席欢迎大会。

5月16日，长沙金星大戏院底包民乐大京班的赵小楼、张韵卿、赵云鹏等欢宴鸣和社全体演员，首由萧石朋致辞，次由程砚秋答谢。

5月17日，因运行头车迟误，原定5月16日晚鸣和社登台无法实现，剧团特发紧急通告。

5月18日，程砚秋在长沙金星大戏院以《碧玉簪》打炮。

5月19日，鸣和社日场演出《法门寺》招待长沙各界人士，夜戏演出《金锁记》。此后至28日又陆续演出《柳迎春》《贺后骂殿》《弓砚缘》《赚文娟》《青霜剑》《奇双会》《花舫缘》《玉堂春》《鸳鸯冢》《荒山泪》。

5月21日，汉口新市场经理携汉口闻人函件三四十封赴湖南，要求鸣和社返程经汉口时表演五日，并定于6月6日登台。

5月29日，程砚秋主演《红拂传》作为长沙演出临别纪念，由俞振飞、侯喜瑞、曹二庚、吴富琴、哈宝山、文亮臣、李四广、张韵卿、慈少泉、焦凤池配演。

5月30日，程砚秋、王少楼、侯喜瑞、俞振飞合演《牧羊圈》。

6月2日，鸣和社结束长沙演出，启程赴汉口，程砚秋住太平洋饭店，其余演员住华商街南楼别墅。因汉口各界要求演剧情词恳切，同意6月6日至10日在汉口表演五日。

6月6日至10日，鸣和社于汉口新市场大舞台演剧五日，剧目依次为《金锁记》(6日)、《武家坡》《大登殿》(7日)、《鸳鸯冢》(8日)、《青霜剑》(9日)、《聂隐娘》(10日)。

6月11日至19日，鸣和社自汉口赴河南开封，在广智戏院演出三日，后又加演义务戏，其间程砚秋与豫剧皇后陈素真相识。

6月20日，鸣和社结束湖南、湖北、河南三省演出返回北平。

7月4日，程砚秋在中南海福禄居招待到北平游历的法国女文学家冉斯基夫人，金仲荪、陈墨香作陪，宴后由汪申陪往参观戏曲学校并观看戏校演剧，冉斯基夫人极赞赏《翠屏山》一剧中饰演石秀的王金璐，观剧后与王金璐、侯玉兰合影留念。

7月26日，程砚秋特派田紫亭先行赴重庆，与当地绅商景涌山、刘显卿接洽鸣和社入川演出两周事宜。

7月，程砚秋歇夏，暂停演出。

8月1日，程砚秋经毛醇厂先生介绍，在聚贤堂正式拜太极拳名家高紫云为师。

8月5日至6日，程砚秋在中和戏院夜戏演出《赚文娟》《金锁记》。此后至20日又陆续演出《梅妃》《樊江关》《贺后骂殿》《小天台》。

8月15日，鸣和社于各报刊登启事，程砚秋将于18日义演为湖北水灾筹款。

8月18日，中和戏院日戏，程砚秋与王少楼、俞振飞合演《梅妃》，新艳秋等均往购票观摩。

8月中旬，程砚秋在《维纳斯》杂志创刊号发表《谈非程式的艺术》一文，对话剧发表精当议论。

8月24日，北平私立中国高级戏曲职业学校校长金仲荪发起演义务戏二日活动，特请程砚秋义务参加，收入所得悉数交由《大公报》汇寄江汉灾区济赈。

8月25日，北平东安市场吉祥戏院白天义务戏，由宋德珠演出《泗州城》，王金璐演出《落马湖》，王和霖、赵金蓉演出《游龙戏凤》，傅德威演出《挑滑车》，程砚秋、俞振飞演出《琴挑》，大轴戏由程砚秋、关德咸演出《三娘教子》。

8月26日，吉祥戏院白天义务戏，由宋德珠、傅德威演出《蟠桃会》，王和霖、赵金蓉演出《法门寺》，王金璐演出《林冲夜奔》，大轴戏由程砚秋、俞振飞演出《奇双会》。

8月28日，第一舞台夜戏演出全国赈灾大义务戏，尚和玉演出《战滁州》，李多奎演出《滑油山》，周瑞安演出《金钱豹》，尚小云演出《虹霓关》，筱翠花演出《文章会》，程砚秋、谭富英演出《朱痕记》，大轴戏由杨小楼演出《长坂坡》。

8月30日，北平青年会剧团邀请程砚秋在暑期戏剧讲演会讲《旧剧的导演方法》，分《旧剧的导演方法》《理想的〈打渔杀家〉》等题目，共讲五周。

9月9日至17日，程砚秋与俞振飞、王少楼、侯喜瑞在中和戏院先后演出《宝莲灯》《碧玉簪》《春闺梦》等。此后至11月18日又陆续演出《桑园会》《长坂坡》《三娘教子》《儿女英雄传》《风流棒》《琴挑》《法门寺》《花舫缘》《碧玉簪》。部分演出由戏曲学校学生配演。

9月，程砚秋寓所自东单西观音寺34号迁至东四牌楼北大街什锦花园6号，乃经李锡之先生介绍租赁旗人邓家宅邸后花园。

10月28日至29日，鸣和社在中和戏院夜场首演新剧《亡蜀鉴》，该剧选自川剧传统剧目《江油关》，程砚秋将其改编，取名《亡蜀鉴》，此剧旨在讽刺当局的不抵抗政策，所以《亡蜀鉴》演出两场后即遭禁演。

11月19日，中和戏院夜戏，程砚秋、俞振飞、侯喜瑞及戏曲学校学生演《文姬归汉》作为赴上海前临别纪念。

12月4日，应上海各省水灾义赈委员会之邀，程砚秋、谭富英、俞振飞一行赴上海，住静安寺沧州旅馆，在黄金大戏院登台演出。

12月11日，程砚秋在上海法租界八仙桥黄金大戏院演出，打炮戏为谭富英、金少山的《空城计》，程砚秋、俞振飞、曹二庚、哈宝山、王荣森的《玉堂春》。此后至22日又陆续上演《碧玉簪》《朱痕记》《柳迎春》《法门寺》《贩马记》《御碑亭·金榜乐·大团圆》等。

1936年（民国二十五年丙子），32岁

1月6日，黄金大戏院夜戏，程砚秋主演《文姬归汉》作为临别纪念，由俞振飞、吴富琴、曹二庚、哈宝山、苏连汉、李四广、慈少泉、董志扬、袁小楼配演。

1月11日至13日，程砚秋、俞振飞同游西湖及莫干山。

1月14日，程砚秋与俞振飞自上海返回北平。

1月21日，鸣和社在中和戏院演出封箱戏《红拂传》。

1月30日，程砚秋在中和戏院主演《碧玉簪》。此后至2月7日又陆续演出《贺后骂殿》《琴挑》《鸳鸯冢》《柳迎春》《赚文娟》《梅妃》。

2月13日至16日，程砚秋率鸣和社赴天津，在法租界国泰大戏院演出四日。程砚秋寓六国饭店，其他同人居惠中饭店。临时约名净李春恒演出《盗御马》《审李七》等戏。2月13日，程砚秋以全部《金锁记》打炮，此后至16日又陆续演出《聂隐娘》《柳迎春》《花舫缘》《文姬归汉》。

2月17日至18日，德国经济考察团到北平访问冀察政务委员会宋哲元，并连续两日在中和戏院观看程砚秋《金锁记》等剧。

2月19日，应山东旅平同乡会鲁省水灾筹赈会之约，鸣和社在中和戏院演出义务戏，程砚秋、王少楼、郝寿臣大轴戏合演《红拂传》。

2月25日，中和戏院夜戏，程砚秋主演《荒山泪》，由哈宝山、曹二庚、文亮臣、苏连汉、慈少泉、郭春山、李四广、张连升、周瑞祥、扎金奎配演。

2月29日，应山东旅平同乡会鲁省水灾筹赈会之约，鸣和社在中和戏院演出义务戏。李多奎演出《滑油山》，王幼卿演出《穆柯寨》，茹富兰演出《林冲夜奔》，韩世昌演出《狮吼记》，谭富英、侯喜瑞演出《定军山》，程砚秋、王少楼、郝寿臣合演《红拂传》。

3月16日，萧振瀛封翁及太夫人双寿堂会在北平萧宅举行，郝寿臣、郭春山演出《醉打山门》，陆素娟、姜妙香、朱桂芳、萧长华、王少亭、孙甫亭演出《廉锦枫》，近云馆主（杨慕兰）、程希贤演出《坐宫》，程砚秋、俞振飞、程继先、侯喜瑞演出《红拂传》，余叔岩

演出《盗宗卷》，尚小云、谭富英演出《探母回令》，杨小楼演出《落马湖》等。

3月29日，中和戏院夜戏，程砚秋、郝寿臣、王少楼合演《红拂传》。

4月11日，中和戏院夜戏，程砚秋、王少楼、俞振飞合演《柳迎春》，由哈宝山、曹二庚、李四广、张韵卿、文亮臣、吴富琴、慈少泉配演，并特约戏曲学校学生助演。

4月18日，程砚秋应南京新华大戏院之约赴南京演出六天。

4月19日，程砚秋主演《三堂会审》以为打炮戏。

4月20日，程砚秋主演《碧玉簪》。

鸣和社经理梁华亭与李锡之先生飞重庆接洽入川演出事宜。

4月22日，程砚秋应国立戏剧专科学校校长余上沅及张道藩之请参观该校，观摩师生演出的法国作家雨果名剧《狄四娘》。

4月25日，四川建设厅长卢作孚、银行界康心如、杜衡君邀约鸣和社入川演剧。

4月26日，鸣和社在南京新华大戏院演出日戏《花舫缘》，夜戏演出《红拂传》作为临别纪念。

5月8日，鸣和社六十余人乘民生公司"民丰"号轮船抵重庆，下榻美丰银行大楼，俞振飞寓青年会宿舍。鸣和社在留春幄餐馆宴请各界人士，重庆市市长李剑鸣，商界胡汝航、王渭若，新闻界刘玉声、丁孟牧及票友共三十余位出席。

5月12日，鸣和社在重庆一园大戏院演出打炮戏全本《玉堂春》。

5月12日至27日，鸣和社在重庆共演剧15日，演出《玉堂春》《碧玉簪》《柳迎春》《玉狮坠》《桑园戏妻》《穆柯寨·烧山》。

5月28日，鸣和社赴成都演出七日，首日夜戏演出《鸳鸯冢》。此后至6月2日又陆续演出《王宝钏》、《甘露寺》、《聂隐娘》、《江油关》（即《亡蜀鉴》）、《雪艳娘》、《文姬归汉》、《金锁记》。

6月2日，成都各界特别挽留鸣和社最后续演二日，演毕返回北平。

6月3日，程砚秋、王少楼、侯喜瑞夜戏合演《红拂传》作为临别纪念。

演出期满后，又适值重庆民生公司召开第一届经理会议，应卢作孚之请，鸣和社在该公司大礼堂演剧助兴。程砚秋与当地票友合演《三娘教子》。

6月6日至7日，王少楼、俞振飞、侯喜瑞等鸣和社同人因华北时局紧张，先行搭民贵轮转返北平，程砚秋应成都军政界邀请再赴成都演出。

6月9日，程砚秋及琴师等场面十余人再次到达成都，下榻华兴街沙利文餐馆，在春熙舞台登场演出。

6月10日，程砚秋在成都主演《金锁记》。

6月11日，程砚秋主演《汾河湾》，饰演柳迎春，平津名票陈汉涛饰演薛仁贵。

6月12日，程砚秋主演《贺后骂殿》，亦由陈汉涛配演。

6月13日，成都己巳友集票社及新闻记者宴请程砚秋。

6月14日，程砚秋赴灌县青城山游览，并于次日返还成都。

6月16日至18日，程砚秋答应再续演三日，剧目拟定为《牧羊圈》《宇宙锋》《回荆州》。

6月中旬，程砚秋游峨眉山金顶。

6月19日，程砚秋搭中航班机赴上海。

6月21日，程砚秋赴上海接洽安排参加法国巴黎世界博览会演出事宜，之后返回北平。

7月5日，程砚秋在北平中和戏院观看中国高级戏曲职业学校高材生侯玉兰演出《贺后骂殿》。

7月21日，初返国的好莱坞女星黄柳霜偕中国高级戏曲职业学校副校长李伯言赴东四什锦花园程寓拜望程砚秋并合影留念。

7月26日，中国高级戏曲职业学校高材生为准备赴法国巴黎世界博览会，在北平哈尔飞剧院演出程砚秋为之新排的《碧玉簪》，参加演出的有关德咸（饰张瑞华）、白玉薇（饰陆夫人）、储金鹏（饰赵启贤）、李金泉（饰赵母）、赵德普（饰顾妈妈）、王德溥（饰陆少庄）、侯玉兰（饰张玉贞）。

8月18日，鸣和社开始每周二、六在中和戏院演出夜戏。

9月2日，梅兰芳夫妇回北平祭扫祖茔，计划演出义务戏及营业戏45日。程砚秋赴南苑机场迎接，并在什锦花园寓所宴请梅先生。

9月6日，北平第一舞台演出梨园义务戏，第一日，程砚秋、郝寿臣、王又宸、萧长华、筱翠花、叶盛兰、慈瑞泉合演《法门寺》。

9月7日，北平第一舞台梨园义务戏第二日，程砚秋、王又宸合演《武家坡》。

9月11日，鸣和社在中和戏院演出《儿女英雄传》《桑园会》。此后至30日又陆续演出《金锁记》《贺后骂殿》《琴挑》《柳迎春》《一捧雪》《雪艳娘》《梅妃》。

9月27日，中国高级戏曲职业学校设宴欢迎梅兰芳先生，除程砚秋外，出席晚宴的还有蒋梦麟、梅贻琦、周大文、汤尔和、成舍我、冯耿光、齐如山、周作民、陶希圣、李伯言、郝荫棠、张体道等，程砚秋即席致辞欢迎梅先生并向在座各界领袖敬致谢意。

10月2日，鸣和社在中和戏院演出《红拂传》。

10月6日，鸣和社在中和戏院演出《赚文娟》。

10月8日，胜利唱片公司来北平邀约名角灌制唱片，录制了程砚秋、谭富英的《四郎探母》《武家坡》《御碑亭》，杨小楼的头本《连环套》《恶虎村》，梅兰芳、谭富英的《四郎探母》《打渔杀家》。

10月9日，中国高级戏曲职业学校在中和戏院演出日戏《碧玉簪》。

10月10日夜，为庆祝双十节，宋哲元在中南海怀仁堂举办堂会，邀请各界看戏，有余叔岩、程继先、鲍吉祥、郝寿臣、萧长华、王福山等人合演的《群英会》，马连良、尚小云合演的《赶三关》，梅兰芳、谭富英合演的《武家坡》，谭小培、筱翠花、姜妙香、慈瑞泉合演的《银空山》，程砚秋、荀慧生、王凤卿、李多奎合演的《大登殿》，杨小楼、郝寿臣、王福山合演的《连环套》。

10月12日，第一舞台为警察医院筹款义演，梅兰芳、杨小楼、郝寿臣、马连良、钱宝森、许德义、迟月亭合演《长坂坡》，程砚秋、谭富英合演《武家坡》，梅兰芳、萧长华合演《女起解》，荀慧生演出《文章会》，尚小云、筱翠花、叶盛兰合演《得意缘》。

10月13日，第一舞台为警察医院筹款义演，梅兰芳、杨小楼、王凤卿、姜妙香、萧长华、王少亭、刘砚亭、迟月亭、于莲仙、王福山合演《霸王别姬》，程砚秋、谭富英合演《朱痕记》，马连良演出《九更天》，尚小云演出《战金山》，荀慧生、筱翠花合演《双沙河》。

10月16日，梅兰芳应天津中国大戏院之邀赴天津演出，并就便到李企韩宅堂会演出，杨小楼、程砚秋与梅兰芳同行赴天津，同演此次堂会戏。晚，天津商检局局长常鸿钧、交通银行经理徐柏园共六十余人在新华大楼宴请梅兰芳、程砚秋，宴后在天津明星戏院演出李宅大堂会。梅兰芳演出《宇宙锋·金殿装疯》，杨小楼演出《铁笼山》带《草上坡》，程砚秋演出《玉堂春》，谭富英演出《定军山》带《斩渊》，筱翠花演出《醉酒》。

10月，程砚秋重排《陈丽卿》一剧，加入舞剑身段，从名武术家高紫云学习太极剑对刺法三十六式。

11月5日，鸣和社要员侯喜瑞公子侯英山与李香匀之妹在北平手帕胡同成婚，程砚秋、余叔岩、尚小云、王庆奎等二百余人上门道贺。

11月10日，中和戏院夜戏，程砚秋主演《花舫缘》，由俞振飞、吴富琴、哈宝山、曹二庚、文亮臣、慈少泉、李四广、张连升、张韵卿配演。

11月14日，中和戏院夜戏，程砚秋与谭富英演冬赈义务戏全部《红鬃烈马》，净余1064元用于办平民工厂及香山粥厂。

11月18日，程砚秋、谭富英应北平市慈善团体联合会邀请在中和戏院演出义务戏《红鬃烈马》，由吴富琴、曹二庚、芙蓉草、程继先、李多奎、文亮臣、哈宝山、苏连汉配演。

11月19日，北平妇女社会服务促进会为冬赈游艺会邀请程砚秋在协和礼堂指导排演英文京剧《王宝钏》，由卞万年夫人着戏装饰演王宝钏，其余配角均为便装，导演为关颂韬夫人、赵贻璋先生。

11月21日至28日，程砚秋赴上海办理出国手续并料理私事。

11月29日，中和戏院夜戏，程砚秋主演《青霜剑》。

12月1日，三里河织云公所姚宅堂会，李婉云演出《女起解》，郝寿臣、郭春山演出《打曹豹》，尚小云、南铁生、金仲仁演出《得意缘·下山》，李多奎演出《长寿星》，马连良演出《借东风》，大轴由程砚秋、俞振飞、侯喜瑞合演《红拂传》。

12月6日至8日，程砚秋再赴上海与各方接洽明年赴欧演出事宜，赴法事已大体就绪，先由刘锡昌前往法国布置，刘已在上海放洋，程本人预定1937年4月间启程。

12月10日，上海慰劳救济总会邀约程砚秋在黄金大戏院演出义务戏。

12月19日，程砚秋为上海静安寺愚园百乐门歌舞厅开幕式揭幕。

12月25日，程砚秋由上海返回北平。

12月26日，胜利唱片公司华北总经理天津勒益商店发行程砚秋、谭富英合唱《武家坡》唱片一张，程砚秋独唱《四郎探母》唱片一张。

1937年（民国二十六年丁丑），33岁

1月1日至5日，程砚秋应冀察政务委员会宋哲元之邀，在中南海怀仁堂演出新年祝贺戏五日，以招待在北平的各界人士。程砚秋与杨小楼、尚小云、荀慧生等同台先后演出《玉堂春》《法门寺》《碧玉簪》。

1月5日，程砚秋在中和戏院主演《赚文娟》，程砚秋饰演苏小妹，芙蓉草饰演文娟，俞振飞饰演秦学士，曹二庚饰演柳元卿。此后至21日又陆续演出《青霜剑》《梅妃》《鸳鸯冢》。

1月20日，天津中国大戏院邀约鸣和社前往演出五日。

1月23日，程砚秋在庆乐戏院主演《碧玉簪》。

1月27日至31日，程砚秋赴天津国泰戏院演出，随行赴津的有王少楼、俞振飞、芙蓉草、侯喜瑞、周瑞安、文亮臣、慈瑞泉及坤伶李明卿等。27日以《玉堂春》为打炮戏，俞振飞饰演王金龙，曹二庚饰演解差。此后至31日又陆续演出《碧玉簪》《柳迎春》《青霜剑》《王宝钏》《梅妃》。

2月4日，程砚秋参加吴幼权（吴泰勋）为其母五旬寿诞举办的堂会，余叔岩、马连昆演出《李陵碑》，程砚秋、赵桐珊演出《弓砚缘》，程砚秋、周大文演出《大登殿》，马连良、马连昆、吕宝棻演出《甘露寺》，吴幼权、吕宝棻、吴彦衡、韩富信演出《青石山》。

2月7日，北平第一舞台梨园工会筹款义演，程砚秋与李洪春、马连良、李多奎、侯喜瑞、程继先、王凤卿、李盛藻合演《龙凤呈祥》。

2月15日，国际妇女友仁会北平分会在北京饭店举办救济美国水灾慈善游艺会，会长刘吴卓生女士、主席管邵挹芬等邀请李世芳舞剑，程砚秋、俞振飞演出《琴挑》。

2月24日，程砚秋在天津中国大戏院演出《玉堂春》，由俞振飞、哈宝山、扎金奎、曹二庚配演。此后至3月2日又陆续演出《朱痕记》《玉狮坠》《红拂传》《花

舫缘》《荒山泪》《风流棒》《鸳鸯冢》。

3月2日，宋哲元在位于天津黎家花园旧址的进德社宴客，特邀程砚秋主演《弓砚缘》。

3月3日，程砚秋主演全部《金锁记》。

3月4日，程砚秋主演《春闺梦》。

3月5日，程砚秋主演全部《沈云英》。

3月6日，程砚秋主演《文姬归汉》。

3月7日，日戏程砚秋、王少楼合演《三娘教子》，夜戏程砚秋主演全部《沈云英》。

3月16日，程砚秋乘火车赴上海办理出国手续，赴法国巴黎参加世界博览会。演剧事宜经年余筹备大体就绪，原定3月初成行，后因经费及其他问题改为5月底动身。计划以俞振飞、吴富琴为基本演员，另外从中国高级戏曲职业学校选关德咸、宋德珠、洪德佑、殷金振、傅德威、赵德勋、佟德新七人前往，同行人员共二十余人。

3月20日至4月11日，鸣和社应邀赴上海，在法租界黄金大戏院演出。剧团由俞振飞、曹二庚、文亮臣、李四广、慈少泉、吴富琴、芙蓉草、陈少霖、盖三省、钟喜久组成基本阵容，程砚秋参加演出的剧目有《金锁记》《王宝钏》《玉狮坠》《青霜剑》《柳迎春》《荒山泪》《十三妹》《三娘教子》《梅妃》《鸳鸯冢》《赚文娟》《四郎探母》《聂隐娘》《宝莲灯》《琴挑》《春闺梦》《文姬归汉》《碧玉簪》《奇双会》及《费宫人》（首演）。

4月9日至10日，程砚秋首演新排剧目《费宫人》两日，在黄金大戏院做临别纪念，德国乌发电影公司驻沪摄影师现场摄制电影纪录片。

4月15日，鸣和社自上海返回北平。

4月16日，程砚秋游历泰山，较鸣和社迟一日返回北平。

4月20日，因与中和戏院合同期满，程砚秋回到北平后对长安大戏院和新新大戏院展开考察。

4月21日，程砚秋改组鸣和社为秋声社，由吴富琴任社长，成员有曹二庚、程继先、慈瑞泉、侯喜瑞、李四广、俞振飞、苏连汉、钟喜久、鲍吉祥、钟鸣岐、李多奎、哈宝山、扎金奎、杨春龙、刘永利、张蝶芬，司鼓白登云，鼓师周长华、任志林，大锣高文诚，王少楼最新搭入，即与程砚秋挂并牌。

4月下旬，秋声社决定在万子和任经理的北平新新大戏院继续演出。

5月1日，程砚秋、王少楼主演《王宝钏》。

5月5日，秋声社在新新大戏院首演《红拂传》。此后至22日又陆续演出《聂隐娘》《春闺梦》《费宫人》《沈云英》，并重新设计制作全新天幕及布景。

5月7日，程砚秋以1400元自胜利唱片公司购得最新式轻便灌音机及扩音机设备，赠给中国高级戏曲职业学校用于教学。

5月23日，河南旱灾大义务戏，程砚秋、王少楼主演《朱痕记》。

5月28日，程砚秋、俞振飞、王少楼在第一舞台主演《牧羊圈》。《费宫人》新剧布景五种运抵新新大戏院。

6月4日至5日，秋声社连续两晚夜戏在新新大戏院首演新剧《费宫人》，程砚秋饰演费贞娥，俞振飞饰演崇祯帝，侯喜瑞饰演李闯王，钟喜久饰演李过，吴富琴饰演公主。该剧曾在上海试演，誉满春申。演出首日夜场，唱做悲壮忠烈，立体布景更显富丽堂皇。演出当日虽大雨滂沱，仍复满堂。

6月8日，程砚秋、王少楼主演《三娘教子》《弓砚缘》。

6月9日，程砚秋主演五至八本《雁门关》，中华戏剧专科学校学生助演。

6月12日，程砚秋主演《费宫人》，由芙蓉草、程继先、俞振飞、曹二庚、慈瑞泉、李四广、吴富琴、钟鸣岐、文亮臣、李多奎、王少楼、侯喜瑞配演。

6月13日，对昆曲素有研究的名音乐家韩子和经吴富琴介绍加入秋声社。

6月19日，程砚秋在新新大戏院主演《青霜剑》。

6月30日，第一舞台为救助东北三省难民举行义演，程砚秋主演《贺后骂殿》。

7月1日，程砚秋率秋声社一行五十多人赴山西太原，参加筹款赈济山西灾民义演。抵太原后即赴鸣盛楼观摩蒲州梆子名演员舒明贵演出的全本《铁冠图》，对舒的甩翎子功夫极为赞赏，认为词句台步与昆曲本相近，唱念做道白法式都有所本，唯音乐似太高亢。

7月2日，山西各洋行老板米禄斋、白连城等在山西大饭店为秋声社接风。下午，程砚秋在山西饭店招待太原市记者三十余人，由山西大戏院经理蒋孟陶致辞，程砚秋答记者问。当晚程砚秋在山西大戏院主演《碧玉簪》。

7月3日，太原名流李枫桥在贾氏韬园设宴欢迎程砚秋。

7月5日，太原梅花国剧社社长谢竹溪在新民西街本宅欢宴程砚秋一行，席间谈论戏剧颇详，程砚秋对蒲州梆子尤为赞许。晋剧名角丁果仙代表伶界公会在正大饭店东楼欢宴秋声社全体。

7月6日至9日，秋声社在山西大戏院演出《碧玉簪》《花舫缘》《金锁记》。

7月10日，因"七七"卢沟桥事变，秋声社以《青霜剑》一剧作告别演出，即乘汽车赶回北平。

7月至8月，俞振飞决定脱离秋声社南返，程砚秋遂改商请顾珏荪加入以顶小生之缺。

8月至10月，秋声社在北平排演新剧《燕子笺》，该剧由程砚秋、陈墨香根据明末清初阮大铖传奇改编为皮黄，由杨韵谱、金仲荪加以润色而成。

10月12日，中和戏院夜戏演出《红拂传》，由李洪春、侯喜瑞、姜妙香、曹二庚、吴富琴、苏连汉配演。

10月23日，秋声社赴上海，在黄金大戏院演出。

10月26日，程砚秋以《玉堂春》为打炮戏。

11月27日，程砚秋主演《费宫人》。

11月28日，伶票联合会演出义务戏《四郎探母》，名票赵培鑫加入。

12月3日，秋声社参演新新大戏院义务戏，程砚秋、王又宸、谭富英、俞振飞演出《四郎探母》。

1938年（民国二十七年戊寅），34岁

年初，程砚秋寓所自东四北大街什锦花园6号迁往西四牌楼北报子胡同18号自置物业（今易名为西四北三条39号程砚秋故居）。

1月8日，新新大戏院夜戏，程砚秋主演全部《金锁记》。

1月19日，秋声社在北平新新大戏院使用新绘制布景演出《文姬归汉》。程砚秋发明的银灰底色绘黑蓝云龙新式舞台大幕正式启用。

1月20日至21日，天津市冬赈委员会举办义务戏，程砚秋与马连良合演《宝莲灯》。

2月6日，程砚秋在新新大戏院主演全部《柳迎春》。此后至3月12日又陆续演出《赚文娟》《梅妃》《碧玉簪》《审头刺汤》《穆天王》《法门寺》《朱痕记》《王宝钏》《荒山泪》《奇双会》。

3月13日，新新大戏院演出山东赈灾义务戏，程砚秋、王少楼、慈瑞泉、俞振飞、侯喜瑞、文亮臣合演《朱痕记》。

3月19日，新新大戏院举行开幕周年纪念演出，程砚秋主演《春闺梦》。

3月23日，程砚秋主演《风流棒》。

3月26日，新新大戏院特烦程砚秋主演《贺后骂殿》《弓砚缘》。

3月30日，秋声社赴天津，在中国大戏院演出夜戏全部《王宝钏》。

3月31日，天津中国大戏院夜戏，程砚秋、王少楼、钟鸣岐、侯喜瑞、俞振飞等演出全部《朱痕记》。此后

至4月4日又陆续演出《碧玉簪》《青霜剑》《贺后骂殿》《弓砚缘》《风流棒》《荒山泪》。

4月5日，天津中国大戏院夜戏，程砚秋、侯喜瑞、俞振飞、文亮臣、曹二庚演出《文姬归汉》作为临别纪念。

4月9日，程砚秋、俞振飞、侯喜瑞主演《红拂传》。

4月13日，程砚秋主演《青霜剑》。

4月27日，程砚秋、王少楼主演《宝莲灯》《穆柯寨》。

4月30日，程砚秋与顾珏荪合演《青霜剑》。4月以后，俞振飞演完即脱离秋声社南返上海，秋声社小生遂由顾珏荪担纲，并特邀金少山合作。

5月4日，程砚秋、金少山、王少楼在新新大戏院为北平育婴堂演出久未露演的《二进宫》义务戏。

5月7日，新新大戏院夜戏，程砚秋、张春彦、顾珏荪、孙甫亭、慈瑞泉合演《金锁记》。此后至28日又陆续演出《宇宙锋》《柳迎春》《龙凤呈祥》《朱痕记》《聂隐娘》《贵妃醉酒》。

6月1日，新新大戏院夜戏，程砚秋、王少楼、侯喜瑞、顾珏荪、孙甫亭合演《沈云英》。此后至7月2日又陆续演出《鸳鸯冢》《玉堂春》《碧玉簪》《珠帘寨》《三击掌》《法门寺·大审》《思凡》《宝莲灯》《赚文娟》《柳迎春》。

6月，程砚秋的老搭档、长期为程砚秋配戏的老旦演员文亮臣病逝于北平，卒年60岁，身后萧条，善后事由程砚秋一手操办。

6月至8月，翁偶虹为程砚秋编写《锁麟囊》剧本，程砚秋亲自为该剧编腔，并请王瑶卿审听。

8月5日至26日，程砚秋主持之中国高级戏曲职业学校第一班德字班学员毕业，计有宋德珠、李德彬、王德吟、陆德昌、何德保、关德咸、杨德锡、王德元、吴德成、何德亮、傅德威等。

9月14日，程砚秋、谭富英、孙甫亭、慈瑞泉在新新大戏院合演《朱痕记》。此后至10月8日又陆续演出《金锁记》《玉堂春》《龙凤呈祥》《青霜剑》《梅妃》。

9月，秋声社在长安大戏院演出赈济山东水灾义务戏三日。

10月下旬，秋声社应上海黄金大戏院约请赴上海演出，姜妙香、芙蓉草搭入秋声社，程砚秋之老伙伴张春彦代替鲍吉祥之里子老生，孙甫亭代替已故的文亮臣，苏连汉代替钟喜久，慈少泉代替慈瑞泉，叶盛茂、李克昌为新加入的成员。

10月26日，在上海黄金大戏院以《玉堂春》为打炮戏，由程砚秋、张春彦、王荣森、姜妙香合演，此外还有叶盛茂演出《盗御马》，顾珏荪、芙蓉草、吴富琴、孙甫亭合演《得意缘》，王少楼、苏连汉、李富春合演《捉放曹》。此后至11月27日又陆续演出《碧玉簪》《青霜剑》《四郎探母》《贺后骂殿》《朱痕记》《金锁记》《赚文娟》《王宝钏》《沈云英》《能仁寺》《三娘教子》《荒山泪》《法门寺》《穆桂英》《梅妃》《聂隐娘》《鸳鸯冢》《春闺梦》《柳迎春》《贩马记》《文姬归汉》《玉狮坠》《费宫人》。其间著名剧评家苏少卿著文点评。郑颙子在《力报》发表评论，认为《荒山泪》的剧本为程剧中最好的一出，且程之唱做表情，实臻化境，感人至深。

11月28日，伶界联合会串演义务戏，程砚秋、王少楼、赵培鑫、芙蓉草、姜妙香、吴富琴、张春彦、孙甫亭合演全部《四郎探母》，特请名票赵培鑫加入饰演杨四郎。

11月29日，难民救济协会演出义务戏夜戏，程砚秋、王少楼、苏连汉、曹二庚、李四广、慈少泉等合演《宝莲灯》。

11月30日，难民救济协会演出义务戏夜戏，程砚秋主演全本《春闺梦》。

12月1日，难民救济协会演出义务戏夜戏，程砚秋、王少楼、姜妙香、芙蓉草、顾珏荪、张春彦、孙甫亭合演《御碑亭》。

10月26日至12月1日，程砚秋率秋声社赴上海演出，共演出三十七天，四十场。最后又应上海难民救济协会之请，加演义务戏三场。

1939年（民国二十八年己卯），35岁

1月13日，新新大戏院冬赈义演，马连良、程砚秋、刘连荣主演《宝莲灯》。

2月5日，新新大戏院夜戏，程砚秋主演《文姬归汉》封箱，由顾珏荪、吴富琴、张春彦、苏连汉、曹二庚、李四广配演。

2月13日，中国同义会在新新大戏院举办赈灾义演，程砚秋、王少楼、曹二庚、孙甫亭、慈瑞泉、顾珏荪合演《朱痕记》。

2月15日，秋声社在同兴堂祀神，奖励底包、配角等同人每位大洋三元，共发出七百多元。

2月19日，秋声社在新新大戏院演出全本《龙凤呈祥》，程砚秋饰演孙尚香，王少楼前乔玄、后鲁肃，张春彦饰演刘备，孙甫亭饰演国太，顾珏荪饰演周瑜，苏连汉饰演张飞，钟鸣岐饰演赵云。

2月26日，新新大戏院夜戏，程砚秋、王少楼、顾珏荪、张春彦、孙甫亭、吴富琴演出全部《柳迎春》，由戏曲学校学生助演。其后至4月9日又陆续演出《玉堂春》《牧羊圈》《思凡》《聂隐娘》《春闺梦》《三娘教子》《贵妃醉酒》《宝莲灯》《青霜剑》《鸳鸯冢》。

3月10日，新新大戏院夜戏，程砚秋、曹二庚、孙甫亭合演《牡丹亭》，程砚秋饰演杜丽娘，曹二庚饰演梦神，孙甫亭饰演杜母，特请韩世昌饰演全部春香，白云生饰演柳梦梅，戏曲学校学生饰演花神。

4月10日，秋声社应天津中国大戏院之邀前往演出。

4月12日至23日，程砚秋率秋声社赴天津，下榻惠中饭店，4月13日起以《玉堂春》为打炮戏，次演《牧羊山》《春闺梦》《王宝钏》《梅妃》《柳迎春》《青霜剑》《碧玉簪》《金锁记》《风流棒》《荒山泪》，临别日演《赚文娟》，夜演《文姬归汉》。同赴天津的有王少楼、钟鸣岐、顾珏荪、吴富琴、袁世海、张春彦、苏连汉、钟喜久、曹二庚、孙甫亭、李四广、慈少泉、任志秋、卢邦彦。

4月24日，秋声社自天津返回北平，继续排演吴幻荪根据百子山樵传奇改编的新剧《燕子笺》。

5月5日，袁世海加入秋声社，与王少楼、林秋雯、慈瑞泉合演《打渔杀家》。程砚秋在长安大戏院演出大轴戏《文姬归汉》。

5月7日，国剧分会为穷苦同业筹款，在新新大戏院演出义务夜戏，程砚秋、谭富英、郝寿臣、杨盛春、程继先、李多奎、张春彦、张盛利大轴合演《美人计》。

5月12日，程砚秋在新新大戏院主演《玉狮坠》。

5月17日，程砚秋主演《金锁记》。

5月21日，半园老人张白翔八十大寿，在福寿堂饭庄举办寿宴，程砚秋、顾珏荪同往贺寿并绘《半园图》赠之。程砚秋因饮酒过量病嗓，休息一期。

5月，程砚秋寓中试戴《燕子笺》新剧所用五云髻仙女装头面，该头面乃仿自唐代吴道子龙兴寺壁画，并经程砚秋及编剧家吴幻荪共同参酌而制成。

6月4日，程砚秋在新新大戏院主演《碧玉簪》。此后至20日又陆续演出《朱痕记》《贺后骂殿》《弓砚缘》《荒山泪》《玉堂春》。

6月9日，青岛约角人盛连魁经张春彦介绍，在北平与程砚秋签约。约程砚秋赴山东，在青岛新新舞台演出。该舞台初为新闻界人士张乐古所办，后由富连成二科学生净角盛连魁接办。

6月18日，秋声社赴青岛演出人员选定：老生关德咸、张春彦、卢邦彦，小生顾珏荪，老旦孙甫亭，文净萧德寅、钟喜久，武净陆洪瑞，文丑曹二庚、李四广、慈少泉，旦角程砚秋、张蝶芬、吴富琴，武生钟鸣岐，管事高登甲，王少楼、侯喜瑞均不同行。

6月25日至26日，秋声社赴山东青岛，寓中国及瀛洲二旅社。

6月27日至28日，青岛新新舞台经理盛连魁引导程砚秋拜会中外当局。

6月29日，青岛各界在中山路咖啡店为秋声社接风，程砚秋回请于亚东饭店。

6月30日，秋声社在青岛新新舞台演出，以《金锁记》为打炮戏。此后至7月10日又陆续演出《春闺梦》《龙凤呈祥》《青霜剑》《朱痕记》《碧玉簪》《荒山泪》《王宝钏》与前部《风流棒》、《赚文娟》，后部《风流棒》、《鸳鸯冢》。

7月11日，青岛新新舞台夜戏，程砚秋主演《文姬归汉》作为临别纪念。

7月12日，秋声社部分人员由吴富琴率领返回北平，程砚秋留青岛避暑数日。

7月16日，程砚秋赴济南，寓三马路纬二路20号友人伍啸盦宅，因黄河大水滞留济南候车，应山东各界要求，决定返回北平后于旧历八月下旬率秋声社来济南专演赈灾义务戏，暂先捐款以表助赈之意。

9月23日，程砚秋自济南返回北平，返回后向记者表示自山东返京途中目睹各地水灾惨况，令人惨不忍睹，虽觉身体不适，仍将通过演剧筹款赈灾。

10月1日，程砚秋在新新大戏院演出平津水灾赈济义务戏《玉堂春》，票友迎秋馆主刘衡玑（即刘迎秋）同演《贺后骂殿》。

10月2日，程砚秋演出赈济山东水灾义务戏，主演《青霜剑》。净角刘连荣、花衫魏莲芳加入秋声社。

10月7日，程砚秋主演《梅妃》。

10月中旬，秋声社继续排演新剧《燕子笺》。

10月21日，程砚秋主演《朱痕记》。

10月23日，程砚秋、王少楼、顾珏荪、吴富琴、曹二庚、慈瑞泉、林秋雯、张春彦合演《朱痕记》。

10月26日，新新大戏院为山东举办水灾筹款义演，程砚秋、言菊朋、马连良、刘宗杨、李洪福、郭春山、刘连荣、裘盛戎合演《龙凤呈祥》。

11月11日，秋声社与新新大戏院合同期满，改在北平长安大戏院演出，程砚秋主演《柳迎春》以为打炮戏。

11月16日，长安大戏院夜戏，程砚秋主演《文姬归汉》，由侯喜瑞、林秋雯、储金鹏、王元芝等配演。

11月18日至23日，程砚秋主演《荒山泪》《鸳鸯冢》《风流棒》《二进宫》《穆柯寨》《宝莲灯》《青霜剑》。

12月24日，程砚秋35岁寿辰，平界名流金受申、景孤血、翁偶虹、陈墨香、徐凌霄、孙伯轩、杜颖陶、佟晶心、李锡之、刘小波、黎世衡、吴幻荪、赵韵文、音韵专家王厦材诸先生及吴富琴、张春彦、顾珏荪、关德咸等秋声社部分演员齐集报子胡同18号程宅祝贺。

1940年（民国二十九年庚辰），36岁

1月6日，程砚秋在北平新新大戏院演出冬赈义务戏《法门寺》。

1月22日，程砚秋为新民会救济贫民，在北平长安大戏院义务演出《龙凤呈祥》（《美人计·回荆州·芦花荡》）。

1月31日，程砚秋在北平长安大戏院演出封箱戏《文姬归汉》。

2月21日，程砚秋在北京长安大戏院以《红拂传》作告别演出，翌日赴山东济南。

3月1日至8日，程砚秋率秋声社在山东济南北洋大戏院演出《王宝钏》《金锁记》《玉堂春》《青霜剑》《朱痕记》《柳迎春》《荒山泪》《红拂传》等，其中《红拂传》为救济灾民义务演出。

3月11日至16日，程砚秋率秋声社在山东青岛光陆大戏院演出《玉堂春》《王宝钏》《贺后骂殿》《弓砚缘》《柳迎春》《四郎探母》《红拂传》等。

3月24日，程砚秋率秋声社在青岛市民大礼堂演出。

4月1日，程砚秋率秋声社到达上海虹口码头。

4月2日，黄金大戏院主人金延荪宴请程砚秋、王少楼、姜妙香、顾珏荪、刘连荣、张春彦、孙甫亭、高登甲等，并由黄金大戏院孙兰亭、金元声、赵培鑫、汪其俊、吴江枫等陪客参加。后又由汪其俊陪同程砚秋等拜见上海闻人黄金荣、杜维瀚等。

4月3日至9日，程砚秋率秋声社旅沪公演，在上海黄金大戏院先后演出《玉堂春》《王宝钏》《碧玉簪》《青霜剑》《御碑亭》《朱痕记》《金锁记》《贺后骂殿》《弓砚缘》等。

4月29日至5月3日，程砚秋在上海黄金大戏院首演翁偶虹编剧的《锁麟囊》（又名《牡丹劫》），程砚秋饰演薛湘灵，吴富琴饰演赵守贞，芙蓉草饰演胡婆，张春彦饰演薛良，刘斌昆饰演梅香，曹二庚饰演碧玉，顾珏荪饰演周庭训，孙甫亭饰演薛夫人。演出极为轰动，连演五场；又应观众要求，再演五场，场场爆满。

5月19日，秋声社以日场《玉堂春》、夜场《文姬归汉》作临别演出，4月3日至5月19日共演出56场。

5月25日，秋声社应山东烟台市商会会长邹子敏等之邀，离开上海前往山东。

5月30日至6月15日，秋声社为募款赈灾，在烟台丹桂舞台演出义务戏《王宝钏》《贺后骂殿》《金锁记》《柳迎春》《朱痕记》《荒山泪》等剧，并以《红拂传》一剧作告别演出。烟台近县牟平、福山、栖霞、海阳、莱阳、招远等地的灾民得到了这笔善款的赈济。

9月28日，程砚秋在前门外煤市街泰丰楼饭店收刘迎秋为徒。

10月7日，程砚秋首次在北平演出《锁麟囊》。

11月18日，程砚秋鉴于日伪统治下的严峻形势，和金仲荪被迫宣告停办中国高级戏曲职业学校。该校创办10年，培养德、和、金、玉、永五班学生，共三百多人，其中不少人日后成为京剧界栋梁之才。

1941年（民国三十年辛巳），37岁

1月，秋声社戏箱被敌伪警宪以刺刀、镪水毁坏。被迫停办后的中国高级戏曲职业学校改名为光华社，仍在北平广和楼戏院演出。

2月9日至10日，秋声社一行四十余人离北平赴济南。

2月13日，程砚秋率秋声社在济南北洋大戏院演出10日，演毕转赴青岛、烟台。

3月7日至9日，秋声社为青岛剧社慈善基金，在青岛兰山路礼堂筹款演义务戏。

3月19日至4月5日，程砚秋率秋声社为烟台市孔庙筹款演剧委员会筹款，在丹桂舞台演义务戏全本《王宝钏》《风流棒》《朱痕记》等。

4月8日至9日，程砚秋自烟台乘轮船北返。

4月18日，秋声社仍在北平长安大戏院演出，每周一、周五演出两晚夜戏。同时着手排演新剧《女儿心》。

9月4日至18日，程砚秋与杨宝森在天津中国大戏院首次合作，程砚秋对杨宝森的艺术颇为钦佩，遂邀请杨宝森赴上海合作演出，并挂双头牌。

9月下旬至11月下旬，程砚秋率秋声社第八次赴上海，在黄金大戏院共演出46天，打炮戏为程砚秋和杨宝森合演的《王宝钏》，之后二位多次合演《四郎探母》。

10月1日，程砚秋第八次赴上海演出第一天，以《王宝钏》为打炮戏。

10月，汪其俊、吴江枫主编的《程砚秋专集》由黄金出版社出版。

10月18日，程砚秋第八次赴上海演出第十八天，与俞振飞再度合演《红拂传》。

11月9日至14日，程砚秋在黄金大戏院首演《女儿心》，共演六场，饰演百花公主，顾珏荪饰演江六云，芙蓉草饰演江花佑，苗胜春饰演安西王，刘连荣饰演巴喇铁头。

11月17日，秋声社结束上海演出返回北平。

11月28日，程母托氏太夫人病逝，程砚秋为母守孝百日，至次年3月始登台演出。

1942年（民国三十一年壬午），38岁

2月24日，程砚秋为母亲守孝期满。

3月18日至21日，程砚秋率秋声社在长安大戏院演出《锁麟囊》。

3月25日，程砚秋率秋声社在天津中国大戏院共演出12日，外加三场义务戏。

4月30日，程砚秋率秋声社赴青岛，在青岛市民大礼堂为平民免费诊疗所施药基金演出义务戏《王宝钏》《春闺梦》《金锁记》。

6月3日，程砚秋结束青岛演出前往烟台。

8月，程砚秋率秋声社赴上海黄金大戏院演出。

9月初，秋声社结束上海演出，经天津返北平，在前门东车站遭铁路警宪盘查群殴。宪兵欲捕程砚秋，以报复其拒绝演出为日伪献飞机的义务戏。程只身击退围攻，暂得脱身。之后以下乡隐居务农的实际行动抗议日寇的侵略暴行。

1943年（民国三十二年癸未），39岁

2月，开始记日记，记录每日见闻，以作回忆。

3月至6月，秋声社舞台调度高登甲受张君秋委托向程砚秋要《柳迎春》《朱痕记》《金锁记》剧本。程慨然允诺，并为君秋排练《朱痕记》多次，改正唱腔，授其四声活用方法（5月17日），再亲授君秋《金锁记》一剧（6月23日），又予其《鸳鸯壶》剧本（6月30日）。砚秋对青年一代演员极为关注，认为"张君秋有希望"，"君秋标榜梅派，亦来学程派，有心人有辨别，此时向学，尚不为晚"。

5月21日，吊唁余叔岩。

6月1日，参加余叔岩丧礼。

本年，程砚秋在北平郊区青龙镇隐居，除务农外，坚持读书、学画、练字。

1944年（民国三十三年甲申），40岁

2月6日，程砚秋在青龙桥住所接受《三六九画报》摄影记者专访，并陪同至红山口拍摄照片。

3月19日，日伪宪兵、特务十余人于深夜越墙进入西四报子胡同18号程宅，搜寻程砚秋未果。

5月25日，秋声社小生顾珏荪病故，程砚秋入城吊唁。

7月至8月，王淮臣父女来青龙桥向程砚秋学戏。

1945年（民国三十四年乙酉），41岁

3月15日，金仲荪病故，程砚秋入城至金寓吊唁。

8月18日，程砚秋宣布结束闭眼、闭口、闭心的"三闭主义"，从此实行开眼、开口、开心的"三开主义"，准备正式出山。为此，重组秋声社。

11月2日，程砚秋在丰泽园饭庄收王吟秋为徒。

本年，程砚秋认李世济为干女。

1946年（民国三十五年丙戌），42岁

年初，程砚秋率秋声社为东北难民还乡筹款，在长安大戏院义务演出6场，所演剧目《锁麟囊》《荒山泪》《春闺梦》《青霜剑》《文姬归汉》《碧玉簪》皆为程派名剧。

2月21日，程砚秋与储金鹏、林秋雯等演出程派本戏《荒山泪》《锁麟囊》，这是抗战胜利后正式营业演出。

6月25日，程砚秋在上海湖社收赵荣琛为徒。

秋，应宋庆龄先生的邀请，程砚秋率秋声社赴上海，在中国大戏院为儿童福利基金会演出义务戏，与梅兰芳各演三天。之后应王准臣邀请在天蟾舞台作两期营业演出，每期33天。演出剧目非常丰富，不仅有《荒山泪》《春闺梦》《青霜剑》《碧玉簪》《金锁记》《文姬归汉》等代表作，也有多年不演、经过增删补益、独具匠心的《玉堂春》《御碑亭》《桑园会》等，还有《女儿心》《赚文娟》《风流棒》，是为程派剧目的一次大展演。其中最受欢迎的是《锁麟囊》，连演了20场，场场爆满，观众还一再要求续演。

11月11日，由天蟾舞台广告部邀集上海诸文化名人著文书题之《程砚秋图文集》出版。

1947年（民国三十六年丁亥），43岁

1月15日，与杨宝森义演《朱痕记》。

1月至2月，程砚秋率秋声社在上海天蟾舞台演出，时隔九年再度与俞振飞合作，先后演出《赚文娟》《碧玉簪》《青霜剑》《锁麟囊》《鸳鸯冢》《梅妃》《金锁记》《红拂传》《女儿心》等剧目。

2月23日，程砚秋、俞振飞以全部《春闺梦》作为沪上66天演出之临别纪念。

2月25、27日，程砚秋演出《朱痕记》《文姬归汉》，作为对天蟾舞台前后台同人的酬谢。

3月，程砚秋在上海红棉酒家收李丹林为徒。

9月28日至10月3日，应介寿堂筹建委员会、中美文化协会天津分会、天津市报业工会和天津私立中正中学的邀请，秋声社为筹募基金义演。在中国大戏院演出《春闺梦》《青霜剑》《王宝钏》《金锁记》《柳迎春》《锁麟囊》等。

12月20日至22日，程砚秋为河北大名旅滦同乡会救济难民义务筹款，再赴天津演出《锁麟囊》《荒山泪》《文姬归汉》三场义务戏。

12月底，天津演毕返北平，后仍隐居北京郊区董四墓村程家花园，间或于城内家居专心授艺王吟秋及北上求艺的李世济。

本年，程砚秋在青龙桥办农村功德学校。

1948年（民国三十七年戊子），44岁

本年，程砚秋隐居于北平西郊董四墓村之程家花园，主持功德中学。该校因国民党当局阻挠而不得不停办。

1949年（己丑），45岁

1月，程砚秋重组秋声社。

3月27日，程砚秋率秋声社在中南海怀仁堂演出《三击掌》，庆祝北平解放。是日，周恩来初访程砚秋，由于程外出，两人未能晤面。晚上，二人在北京饭店相见。

3月，程砚秋赴捷克斯洛伐克布拉格参加世界保卫和平大会。

3月29日至5月31日，程砚秋作为中国代表团成员出席在布拉格举行的世界保卫和平大会，并与阔别15年的长子永光相聚。

7月2日至19日，程砚秋参加中华全国文学艺术工作者代表大会，向大会提出《改革平剧建言》《筹设戏曲音乐博物馆建议书》等五项提案。

9月，程砚秋和梅兰芳、周信芳、袁雪芬四人，作为戏曲界的特邀代表参加了中国人民政治协商会议第一届全体会议。

秋，程砚秋在西四报子胡同程宅收尚长麟为徒。

11月2日，程砚秋应赵清泉之邀赴西安演出，并进行第一次地方戏曲音乐考察。在西安市群众堂演出《春闺梦》《荒山泪》和《锁麟囊》。程砚秋在调研秦腔后，还考察了眉户戏、灯影戏、傀儡戏及京剧、评剧等在西北的状况，以及各地方戏曲剧团排演新戏的情况和缺少剧本及编剧等现状，同时建议召开全国文联工作会议，推动各地成立戏曲改进组织。

12月18日，程砚秋率秋声社赴沈阳演剧兼作地方戏曲调查。

12月21日，程砚秋在东北局礼堂演出《金锁记》。

1950年（庚寅），46岁

2月9日，程砚秋致函主管文艺工作的周扬，讨论开展戏曲调查的范围并附《西北戏曲访问小记》。

2月25日，程砚秋《西北戏曲访问小记》在《人民日报》发表。

3月18日，程砚秋二次致函周扬，感谢他对地方戏曲音乐调查工作的支持，并列出《全国戏曲调查计划大纲》和在调查研究基础上编撰《全国戏曲总志》《中国戏曲通典》《中国戏剧史》《中国音乐史》《中国歌曲史》的设想，提出将原中国戏曲音乐博物馆收藏多年的乐器、实物、图片、书籍捐赠给拟建的"国立戏曲音乐博物馆"。

4月16日，程砚秋第三次致函周扬，交流戏曲考察工作需求。

4月至5月初，程砚秋率秋声社赴山东、江苏演出，同时调查地方戏曲。剧团先去青岛演出，后来几乎跑遍了山东。他在青岛调查柳琴戏、茂腔戏，在济南调查吕剧，在潍坊调查秧歌大鼓梆子，在周村调查五音戏。每到一处，程砚秋除了演出，还要去调查当地戏曲情况，并搜集各方面对于改革戏曲的意见。

6月至7月18日，程砚秋率秋声社再赴徐州演出兼作当地戏曲音乐调查工作。

7月21日，程砚秋一行四人抵达西安，开始第二次西北地方戏曲调查，在西安考察汉中二黄戏。

7月29日，程砚秋一行离开西安，前往甘肃、新疆、青海调查地方戏曲。程砚秋在兰州考察秦腔，在南疆了解维吾尔族十二套大曲，在青海了解藏族土族歌舞。

8月10日，程砚秋在乌鲁木齐，为广大军民演唱《汾河湾》《贺后骂殿》。

11月23日，程砚秋一行完成历时7个月、行程约3万里的青岛至帕米尔的旅行考察，从西安返京。

11月27日，程砚秋参加文化部召开的全国戏曲工作会议，介绍在西北调查戏曲的情况并就戏改问题提出建议。

12月2日，程砚秋接受上海《文汇报》专访，报道文章为《调查研究与戏改的关系——程砚秋先生访问西北戏曲归来谈片》。

12月底，程砚秋应全国戏曲工作会议东北地区代表之邀赴沈阳访问演出并介绍戏曲考察情况。

1951年（辛卯），47岁

2月1日，程砚秋率秋声社赴中南地区演出并考察地方戏曲。

2月3日，程砚秋一行到达汉口，在汉口停留15天，作观摩演出四次，公演三天，并与当地汉剧、楚剧等剧种的艺人交流了戏曲改革的经验，还观摩了汉剧、楚剧的演出。

2月18日，程砚秋一行溯江而上前往重庆。过宜昌时，见当地艺人生活困苦，戏装陈旧，遂在宜昌演出，将收入捐献给当地剧团添置戏装。

3月2日，程砚秋一行到达重庆，在重庆演出并观摩川剧。

3月13日至22日，程砚秋一行在重庆与厉家班合作公演10场，又与战斗剧社联欢。

4月3日，中国戏曲研究院成立，梅兰芳任院长，程砚秋、马少波、罗合如任副院长。

4月18日，程砚秋结束重庆调研，经贵州赴云南演出，在昆明公演五场。程砚秋观摩了云南的花灯、滇剧等，这些剧种的老艺人的演技都给他留下了非常美好而深刻的印象。他还搜集了五百多个剧本、一百多张唱片，并向各剧种的老艺人们学了戏。

7月3日至19日，程砚秋一行与昆明劳动剧团联合公演共21场，其中13日至15日在胜利堂的义务演出收入捐献用于抗美援朝。

9月8日至11日，程砚秋一行途经宜昌，又演出三场，收入用于当地剧团发展。

9月18日，程砚秋为汉口各医院抗美援朝荣誉军人演出一场慰问戏。

9月24日，程砚秋白天为武昌、汉阳各医院荣誉军人慰问演出，晚间为中南军政委员会演出。

9月25日，程砚秋为武汉市文艺界观摩会演出，演出结束后乘车返京。

10月23日至11月1日，程砚秋以特邀代表身份列席中国人民政治协商会议第一届全国委员会第三次会议，向文艺界介绍赴西南地区考察戏曲音乐的情况和体会。

11月24日，程砚秋应中央戏剧学院院长欧阳予倩之邀到该院作《舞蹈与歌唱问题》的讲座，总结自身舞台实践经验和调查学习地方戏曲音乐所得。

年底，程砚秋向文化部提交《西南地区戏曲音乐考察报告书》，介绍西南地区戏曲考察过程并提出戏改问题建议。

1952年（壬辰），48岁

春，程砚秋由于常年劳累，患病休息。

9月，程砚秋赴上海大舞台演出，约一个月。

10月6日至11月14日，文化部在京举办第一届全国戏曲观摩演出大会，程演出《三击掌》，程砚秋与梅兰芳、周信芳、袁雪芬、常香玉、王瑶卿、盖叫天同获荣誉奖。

冬，程砚秋在长安大戏院首演《祝英台》，饰演祝英台，李丹林饰演梁山伯。该剧在北京、天津、苏州、杭州、南昌等地演出，在上海连演26场，是程砚秋排演的最后一出新戏，也是秋声社的收山之作。

1953年（癸巳），49岁

2月，程砚秋率新组建的程砚秋剧团赴天津新华剧院演出，主要剧目为《祝英台》。

3月，程砚秋主动将《锁麟囊》《柳迎春》等本戏送中国戏曲研究院审查修改。

4月，程砚秋自天津赴南京演出兼考察戏曲。

5月13日，文化部《关于中国戏曲研究院1953年度上演剧目、整理与创作改编的通知》中，准许上演194出剧目，"程派"本戏除《文姬归汉》《朱痕记》及传统戏改编的《审头刺汤》《窦娥冤》4个剧目外，包括新排的《祝英台》均未获准上演。

5月，程砚秋率剧团赴上海，在天蟾舞台接连演出程派本戏《窦娥冤》《柳迎春》《王宝钏》《荒山泪》《马昭仪》《锁麟囊》和新排的《祝英台》（易名为《英台抗婚》），还特意在戏报上套红印出《锁麟囊特刊》。

10月，作为中国人民第三届赴朝慰问团第一总分团副团长，程砚秋携剧团四人赴朝鲜深入前沿阵地为志愿军演出。他演出了《三击掌》《贺后骂殿》等剧，并应志愿军要求，与马连良合演《审头刺汤》《法门寺》《桑园会》《甘露寺》等戏，受到热烈欢迎。

12月，程砚秋结束朝鲜慰问演出，在沈阳东北京剧院演出《柳迎春》《荒山泪》和《锁麟囊》等本戏，演毕返京。

1954年（甲午），50岁

1月，程砚秋率剧团在北京长安大戏院演出《英台抗婚》。

2月，《戏剧报》第2期发表程砚秋、陈伯华、丁是娥、吴祖光等参加第三届赴朝慰问团返国后所写的文章。

4月，程砚秋率剧团赴浙江舟山慰问解放军。

6月3日，程砚秋在《光明日报》发表《悼瑶卿先生》一文，缅怀刚病逝的恩师。

9月15日至28日，第一届全国人民代表大会第一次会议在京举行，程砚秋作为河北省人大代表出席。

11月12日、22日、27日及12月2日，中国戏剧家协会连续召开有关戏曲艺术改革问题座谈会，以老舍、吴祖光为一方的所谓"保守派"和以当时戏改局副局长马彦祥为一方的"改革派"之间展开争论，程砚秋的观点属于"保守派"。

12月2日，鉴于天津杨宝森剧团面临的困难，程砚秋决定邀杨宝森来北京合作灌制唱片，以多少缓解杨的经济窘境，并实现多年来与杨派老生在艺术上合作的夙愿。

12月30日，中国戏曲研究院举行大会，国务院任命梅兰芳为院长，周信芳、程砚秋、张庚、罗合如、马少波为副院长，研究院自1955年1月重新改组，确立以民族戏曲改革研究工作为主。

1955年（乙未），51岁

4月至5月，《戏剧报》刊载的文章提到"《锁麟囊》是宣扬缓和阶级矛盾及向地主'报恩'的反动思想的剧本"。

8月31日，程砚秋与张庚同赴德意志民主共和国参加国家歌剧院开幕典礼。

11月21日至12月22日，程砚秋作为河北省人大代表赴保定参观考察，重点调研地方戏曲。

本年，经周恩来介绍，程砚秋破例收江新熔（即江新蓉）为弟子。

1956年（丙申），52岁

3月30日，程砚秋在北影厂演员剧团礼堂彩排演出《荒山泪》，开始了该剧的电影拍摄工作，由吴祖光任导演。

6月2日，程砚秋畅谈拍摄《荒山泪》的体会，由张体道记录成《初拍电影的观感》一文。

6月18日至9月28日，文化部委托中国戏曲研究院在北京举办了第二届戏曲演员讲习会。程砚秋在该班讲授了《略谈旦角水袖的运用》，他将程派旦角中变化多端的水袖归纳为10个字，即勾、挑、撑、冲、拨、扬、掸、甩、打、抖，并结合具体的艺术形象分析、讲解，该文发表于《戏曲研究》。从此，他一发而不可止，先后发表了《谈戏曲演唱》《我的学艺经过》《与青年演员谈如何学艺》《戏曲表演艺术的基础——"四功五法"》《创腔经验随谈》《谈窦娥》等表演体会、经验及论文。

11月至12月，程砚秋作为全国人大代表团成员，随团前往苏联和东欧参观访问。该团以彭真为团长。

1957年（丁酉），53岁

1月，程砚秋随人大代表团继续访问罗马尼亚、保加利亚等国。于1月20日随代表团返京。

春，程砚秋到中国戏曲学校教授《二堂舍子》。

4月至5月，程砚秋赴山西观摩戏曲，并为当地演员传授戏曲表演的技艺。4月20日，以文化部观摩团团长的身份参加山西省第二届戏曲观摩演出大会开幕式，发表《祝贺与希望》的讲话。

5月6日，程砚秋向山西各剧种青年演员作《戏曲表演艺术的基础——"四功五法"》的讲话。

6月7日，在文化部和中国音乐家协会共同召开的戏曲音乐工作座谈会上，程砚秋作《戏场上的音乐》的讲话。

7月24日，程砚秋与梅兰芳、周信芳、袁雪芬、常香玉、陈书舫、郎咸芬联名在《人民日报》上发表倡议，建议戏曲界不演坏戏。

7月，程砚秋赴莫斯科参加第六届世界青年联欢节艺术表演评委会工作，担任东方歌唱比赛评委会副主任。

9月20日，程砚秋将自传和入党志愿书呈交中国戏曲研究院领导。

11月13日，周恩来致函程砚秋，谈了他作为入党介绍人对程砚秋的看法和希望。

11月16日，贺龙作为入党介绍人致函程砚秋，谈了对程砚秋的看法和希望。

本年，程砚秋与杨宝森合作《武家坡》，由中央人民广播电台录音，成为二人合作的绝唱。

本年，程砚秋与徐凌霄合作完成《艺术杂记》一至五部分，对戏剧理论建设做出了重要贡献。

1958年（戊戌），54岁

1月，为纪念世界文化名人关汉卿，程砚秋发表《谈窦娥》一文，结合自己演戏的体会叙述了对关汉卿的认识。

2月，文化部组成中国戏曲歌舞团，准备访问欧洲诸国，程砚秋担任团长，程为俞振飞、言慧珠排练多年未演的《女儿心》中一折，更名为《百花赠剑》。

3月初，程砚秋因积劳成疾，多病缠身，日趋严重。

3月9日晚8时20分，程砚秋因突发心肌梗塞，抢救无效，病逝于北京医院，享年54岁。

3月12日至13日，生前师友陈叔通、田汉、夏衍、马少波、荀慧生发表悼念程砚秋文章，梅兰芳、尚小云、晏甬、厉慧敏、李蔷华发来唁电，来自日本、印度、俄罗斯的艺术团体发来唁函唁电。国内多省市文联、剧团、剧协和艺人先后发来唁电。陈叔通悼念挽联书："融会贯通，卓然成家，仍继续钻研，以冀有利社会主义；坚决奋斗，终能入党，是光荣结束，庶几无愧艺术人才。"

3月14日，首都各界在北京嘉兴寺殡仪馆公祭程砚秋，由郭沫若主祭。灵堂周围摆着周恩来总理、彭德怀副总理和各有关部门、团体、个人敬献的几百个花圈。公祭开始，中国戏曲研究院副院长张庚介绍了程砚秋生平并宣布了中国共产党文化部委员会批准追认程砚秋为中国共产党正式党员的决定。郭沫若致辞，全国人大常委会副委员长陈叔通代表砚秋生前友好，介绍了程砚秋的道德品质和对艺术的严肃认真态度。前来参加公祭的有国务院副总理贺龙、陈毅，全国人大常委会副委员长沈钧儒、文化部部长沈雁冰、对外文化联络委员会主任张奚若，程砚秋的生前友好许广平、邵力子、王维舟、高崇民、萧长华，以及北京文艺团体代表、程砚秋的学生和家属等共八百多人。公祭结束后，程砚秋的灵柩由陈毅副总理和贺龙副总理执绋出殡，在郭沫若、陈叔通、田汉、张庚以及程砚秋家属亲友等陪送下，起灵去八宝山人民公墓安葬。

附录

程砚秋艺术谈*

韩雨晴 整理

一、程砚秋在山西省第二届戏曲会议上的讲话[1]

今天因为时间的关系，大家还要休息、吃饭，晚上还要演出，所以我就很简单地把我个人对京剧唱腔的一知半解，介绍给大家，请大家来指教。

关于唱腔的问题，必须得掌握一套东西，跟着这一套去发展原来旧有的腔调，同时根据这个规矩可以创造出很多的腔调来。舞台表演，有四功五法之说。四功：唱、做、念、打；五法：口法、手法、身法、步法、眼法。唱腔要唱出来声音好、腔调好听，关于这一方面有什么呢？在研究腔调的规则里也有一种方法，叫五音四呼。五音：喉、牙、齿、舌、唇五个部分的音；四呼：开、齐、撮、合，也是应该在四个地方发出来。

关于练声的问题，京剧在这方面组织喊"咿""啊"，教、练这两个声音，我认为这两个声音是不够的。我来到这，也请教了好多各地方的名演员们关于练声的问题，也是发声"咿""啊""嗯"之类的。我认为中国的唱词里边，总是三块单音字，尤其是要唱八句戏词，有十个字的，有七个字的，字全不相同。咱们唱出来有的唱得很顺，有的唱得就不顺，因为什么呢？就是"咿"跟"啊"，咱们练习得多，旁的咱们没有机会去练习，里头有几个很别扭的音不顺，也就是练声的方法还不够。

所以我们练声的时候就拿数目字来替代，数目字是什么呢？就是1，2，3，4，5，6，7，8，9，10，一个数目字、一个数目字地去练习。虽然说是有十个字了，可是这里边同韵的字很多，十个字里边大概有四个字是同一个韵，十个字里是有六个音六个韵。

演员必须知道，传统编戏词要合辙押韵，有十三道辙。咱们平时作诗、填词那一类的，差不多有二十多个。演员有的用得着，有的用不着，所以把它归成了十三大辙。十三大辙里头就是十三个字（词），里头有中东，有的戏词里有"往（wàng）东""取其中"，

---

* 本文根据中国艺术研究院艺术与文献馆提供的20世纪50年代讲座录音进行整理，已获得中国艺术研究院《程砚秋画传》编委会授权。第一部分与《程砚秋戏剧文集》收录的《创腔经验谈（提纲之一）》一文有部分重合，录音提供了更丰富的艺术阐述，此次完整地展示了讲座内容。第二至第四部分，为笔者从同一时期的录音收藏中整理的未公开发表过的三种录音，并按照录音时长由长至短对整理稿进行排序。

1 本部分的标题根据中国艺术研究院艺术与文献馆提供的录音名称整理而来，"山西省第二届戏曲会议"应为"山西省第二届戏曲观摩演出大会"。《程砚秋戏剧文集》收录《创腔经验谈提纲之一》（程砚秋著，程永江编，钮葆校勘：《程砚秋戏剧文集》，华艺出版社2010年版，第369—370页。《创腔经验谈提纲之一》是砚秋先生亲笔写在27cm×21.5cm硬纸片两面的《戏曲表演经验总结》提纲）一文，所谈内容与录音有部分重合，录音提供了更丰富的艺术阐述，此次完整地展示了讲座内容。

全都归中东一类；有江阳，戏词里的"见一道大江"就是江阳韵；还有言前、由求、坡梭、姑苏、怀来、发花、遥条等类，有十三个韵。咱们练声最好的方法，应该按照这十三道韵，每一个韵去练声。练声的时候，喊个"中"，或者喊个"东"，十三道辙每一道辙练两个，就练它本来的两个音，就有二十六个了，比练"咿""啊"就丰富多了。

关于唱腔发声，有的唱得很好听，有的唱得就不好听，这是什么原因呢？咱们必须要知道五音四呼。五音，说出来也很简单，喉、牙、齿、舌、唇，演员必须这几个部位全用得上。尤其京剧里面更需要了，它不单有五音四呼，还有尖字跟团字。主要是怕观众听不清楚，我们必须研究，使得观众听清楚我们唱的是什么字，所以五音必须把它弄清楚。中国各省有各省的地方语言，虽然方言有很多不同的地方，可是咱们唱的方法、规矩、法则是一样的，要唱就离不开喉、牙、齿、舌、唇。"喉"字，就是从喉咙里出来的，放在别的什么部位，全出不来这个音；"牙"是指后边的牙齿，前边的是"齿"，非得后边的牙咬住了，才出来这个"牙"；"齿"，也得要前面用力；"舌"，是讲的舌头，舌头要不动一下，"舌"这个音就出不来；"唇"，非得嘴动一下，要是嘴上不用力，"唇"字就出不来。五音就等于咱们吹笛子似的，笛子一吹它全响了。你要不摁，那就是一个声；假如你把这几个字摁出来，它就要发声了。

四呼倒没什么，"开"，要用到上颚的音；"齐"，要用到齿音；"撮"，是唇音；"合"，是喉音。五音四呼，是从前老先生给传下来的一种方法、口诀，昆曲里面很讲究，对咱们地方戏，尤其是京剧来讲，也要采用它的方法，得要把它融合在咱们这个剧种里来利用。

关于尖字、团字、上口的，怎么发现尖字呢？怎么会尖呢？就是舌尖抵着两颗门牙，才能够舌、鼻、齿两个音合为一个字。举一个例子，比如说远近的近，这是团的；进门的进，这是尖的。比如说进门，zin（音），舌尖舔前齿，zin（音），音就出去了；要是远近的近，jin（音），舌根压住后槽牙，jin（音）、zin（音）这两个是咬字的分别。关于这一类尖团字，尖字是舌鼻齿；团字就是舌根压着后槽牙。唇、春一类就全归为上口字。春天的春，必须要力量，要是chun（弱音），力量就小了。

关于声音，有声必有韵。韵是什么呢？就是韵味。说这人嗓子挺大，也挺宽，也挺亮，唱得挺高的，听起来也挺解气的，可是里头没有韵味，好像一碗白开水似的，渴了也解渴。人家放点好茶叶嘛，慢慢地去品就挺有味道的。韵就是五音，必须要掌握五音。五音要是仔细研究，各有专司、互相利用。一句戏词里头包括喉、牙、齿、舌、唇五个音，并不是单来的，不能说我今天来个喉音。唱词里七个字的、十个字的里面字字全不同，所以必须知道用喉音、用齿音、用唇音。念什么字，必须把它念清楚了。还有唱法，放出一个字，这个字唱出去应当还收字的音，转了多少花腔，归根还要归在元音里。为什么要分十三音呢？比如说"江"，唱了半天，转了半天，把它归到人辰韵里或者中东韵里，一耍腔把"江"字要没了，这是最忌讳的。必须要念出什么字，就要收什么音，唱什么腔，绕了半天，还要本着字的音转，转完还要回归本音，这是最要紧的，必须要念得很准、念得很稳。

歌唱的声音，只要你掌握住这个，不管你嗓子好或者不好，或者是沙哑的，或者是高亮的，全没问题，只要你能够出声，能够有声音就好听。好听什么？就是五音必须要让人听清楚了，准、稳，不要模模糊糊、含含糊糊地唱出来。初学时是很难，可是一旦掌握，就容易极了。必须一个字出去，收完了，再出第二个字，人怎么听不清楚呢？

十五六年前，我听见一位王玉山先生唱《火焰驹》，我想大家也知道的，在北京好多人说，王爷（水上漂）唱得好极了。好极了我们就要去听，可一听，他的嗓子并不亮，很闷，还带点沙音，但是那天他唱得清楚极了，那一段很长的唱里就得了好多掌声，他唱得是好，连我也为他鼓掌。为什么呢？他就是字字清楚，让你听得清楚，不是一个字转了一下，就把这个字的音全没有了，这是要忌讳的。

那天我听牛桂英同志唱《算粮》，她唱得很简单，并没有多少花腔，可她唱出来让人听得清清楚楚的，好像有一种美感。腔很花哨、很繁重，唱出来转多少弯，拿这种繁重的胜人容易。人全都想弄几个腔来夸耀夸耀，得个彩声。往往你绕了半天了，大家听着，好！这个倒容易。以简单的胜人难，没有花腔，也没有腔让你叫出好来，结果我唱得清清楚楚，这是最难的。没有腔的，一板一眼的，或者是散板，或是紧板，这么个唱法，那是最好的，这可是不容易。

关于声音这方面，五音也可以帮助产生韵味。如果全掌握了，那算不算一个艺术家呢？不能。他能算一个歌唱家。他全掌握住了，唱得很好，可是他脸上没戏，没唱出感情来，非得要把这一句唱的方面掌握好，同时唱出来要有感情，这个戏是悲是喜，是怒是恨，完全用情感、心理表达出来了，那是最好的，那就成为一个艺术家了。

最忌讳的是词不达意，你不能拿声音把词句的意思表达出来。同时把声音、情感结合起来，随着情感的差异，使它千变万化。每一个演员必须要有极丰富的生活体验，从体验中认识不同的情感，然后才能控制声音、支配声音。唱的时候，要抓住观众的心理，掌握住观众的情绪。咱们这一唱，观众的心理跟咱们的心理一个样，那就把观众注意力集中了。你在哭，观众在不知不觉中就可以流下泪；你唱得很高兴、很喜欢的，观众也跟着你就高兴了。所以唱出情感来，那是最好的。

　　唱出情感来，还得美妙动听。好听在什么地方呢？听着唱里头又有刚又有柔，又有阴又有阳，又有缓又有慢，还有紧张的，演员要把这些全都表达出来。比如说病人垂危了，要死了，这个唱法应该怎么样呢？从前有个人说笑话，说京剧界有一位老先生——谭鑫培先生，有一次他看某一个人唱《洪羊洞》，《洪羊洞》我想大家都知道，孟良、焦赞、杨六郎都死了，又叫《三星归位》。可是这个老乡声音非常之大，又很高、很宽、很亮，唱到最后他病到垂死，就快要死的前几句还是挺大的声，谭老先生就坐在那看：嘿！我看你怎么死！这有道理的吗？他还那么足的气力，还是那么唱，他怎么死？他离死的距离太远了，他一上来那么大声，结尾还是那么大声音，这人就死不了了。咱们每一个演员都知道，他到后头应该越唱越垂危。我今天唱一个《鸳鸯冢》，最后唱【反二黄】，很悲哀地跟嫂子诉说她的心事，联想到谭老先生说"看你怎么死了，给咱们一个启发，可以再加工、再深研究一下。病人快要死"了，嫂子来了，我要跟她诉说我为什么病，我的心事是怎么样的，唱的时候扎挣起来，就有一种回光返照的意思，人倒精神了，可以尽情地把声音发泄出来，好像一泻千里似的。然后慢慢微弱，最后就没了气了。她所要说的话把精神气力全支配完了。

　　戏唱完了、很好听了，就要给人一种耐人寻味的感觉。观众听了这个，脑子里老有印象，在这听完了，回到家里还有一个印象，你让他唱，他唱不出来，他就觉得有一个味道很好，就好像旁边吃杯茶，里头放点茶叶，他还研究里头味道是什么。让人听了脑子里总有一个印象，就是所谓声音和情感唱出来了，给观众留有一种好的印象，过了多少年，他还记得很清楚。我也可以举个例子，1953年，我在大连演戏，有一个放羊的，他是放完羊到市里卖，再上山去赶羊去。那次我们剧团的人，全在一个馆子吃饭，他一看放着一个牌子，就问人哪来的？我们说程剧团的。他说，哎呀，你们程剧团的！他高兴极了，好像听了我的戏了。那天他看的是《柳迎春》，他的脑袋里老有这个腔调，就觉得好像在台上看见这个人的动作跟唱的含义有一种行云流水的意思。

他回到山上去还下着小雨，靠着山躲避，看到水从山上流下来，才想到这个腔调。他回来之后，预备花两块钱买一双鞋，他说这回鞋我全都不买了，我还要听你们一回。我听见这个话，好像遇到知音了，他能够领略到所谓做动作动如行云、畅如流水的意思。我简直非常感动，想不到的，就好像他不是放羊的，简直是个诗人了，他形容的我都觉得了不得，所以我说他也算是我的一个知音了。

关于唱的问题，不要太保守。说我是中路梆子就是中路的唱法，我是北路的就是北路的唱法。观众一听，跟演员说他唱了你的了，你们唱了他的了。实际上艺术应该交流，唱腔应该吸收好的。就拿我个人来说，我的腔里就有梆子的腔，也有外边歌唱的腔调，也有越剧等其他地方戏的，只要你听见它好，音好，你就把它的主音取回来，你要是不把它说出来，大家不觉得。把它拿回来，融到京剧的腔调里头，那就听不出来。可是一解释，大家就能很清楚、很明显地分析出来，所以说采用腔调这是好的。

那进步的地方呢？就拿我自己来说，学的时候就是【二黄】里四个腔，【西皮慢板】里四个腔，就【反二黄】多一点。现在每个就不止三四个腔了，合起来恐怕一百多个、二百个，虽然没有计算，差不多也是这样。如果净是在自己的剧种里去发展，是不可能的，非得吸收各方面的腔调，拿来融合在自己的剧种里头，这是最要紧的。那么什么腔可以吸收呢？只要听得好听的全可以吸收。

还要举一个例子，就说《鸳鸯冢》。1949年，我到西安遇到一位杨子廉先生，杨子廉先生同我到易俗社，与演员们、同学们见面，说我演戏很严肃、上台认真。我和杨子廉先生并不认识，他忽然介绍，说他有一次看我的《鸳鸯冢》，到如今还记得住。为什么记着呢？那次满座，他就坐到上场门那，正好看到里头。《鸳鸯冢》舞台摆着大帐子，等到病了就转过身去，等到嫂子来才能唱。要是在过去，我转过身来了，就是我的自由了，我的天下了。但是还是要保持剧中人整个贯穿的印象。时间过去了二十多年，我到了西安，他提起来了，我倒吓了一跳。我起码那天是很严格很认真的，假如有一种不严肃的态度，他也可以提出来批评。所以说演员上台就要认真，贯穿到底，这个最要紧。

昨天我见到一位青年演员，说是嗓子坏了，让我想想法子。我一问他，他5点钟起来，练声喊嗓子，一直练两个钟头；再练两个钟头武把子，到晚上又有戏。这点很要注意，应该怎么注意呢？今天晚上要是有戏，第二天又起那么早，早上就不要再练声了，

二、程砚秋谈程腔艺术[1]

还是要保证晚上的演出，不是不让他练声了，是把旁的功课给他补进来，不要累着声带。

倒了嗓子之后，有的人就说嗓子越哑越要去喊，这也是错误的。它已然坏了，你还去喊它，或者还让你喊不出来对着风去喊，这全都是不对的。声带已然坏了，就不要劳累了，让旁的代替，或是练练武功，腰、腿，或者让他学音乐，试音的时候，就拿鼻子试试音。也不是让他从此后就不练嗓子了，要慢慢地拿鼻子里哼出音，鼻子音共鸣差不多很接近，只要你能够哼出音来，慢慢地就把它引出来了。最忌讳的是已然倒了嗓子，已然哑了，还拼命地去喊，那喊出来的嗓音是不会好的。在我们京剧里这就归为左嗓子，音听起来不正常，不像很顺利地把它唱出来的。青年演员必须要注意！

今天由于时间的关系，大家晚上还有戏，咱们就说到这好了。

（一）

开蒙的时候先生教我的这句"昨夜晚一梦甚跷蹊"，先生也不讲，就一个音一个音地教给你，我们也就按照这个音一个字一个字地学，跟着就唱，糊里糊涂地学，自己也不懂，先生也不解释，就那么念下去。字音要不对可不成，非得把字音弄对了。先生也不说字音应该怎么念法，只要像他的音，就算对了，不像他的音，那就不成。入手就是这么入手的，一直就这么呆呆板板地学下来了，像《祭江》《祭塔》，头一个好像是《彩楼配》，第二个是《宇宙锋》。

现在我们回想从前的《宇宙锋》，再有王校长（按：指王瑶卿）的，跟我岳父（按：指果湘林）跟谢双寿先生学的，他们是跟一个先生学的，跟我们这套相仿，是老派的《宇宙锋》，跟梅院长（按：指梅兰芳）唱的完全不同，连话白、语气、神情都完全不同。现在我就体会怎么会不同呢？我想这跟性格、个性有关系，个性很柔和的，或者性情很刚强的，话白、语气、表情、动作就不同了。因为梅院长为人很谦和，他的表情也不同，出来的话白、语气的音也是不同的。可是王校长的呢，跟我岳父虽然是一个先生，

---

[1] 本录音原题为《谈程腔艺术——程砚秋讲戏》，整理编辑时略做调整，共包含5段录音，笔者根据录音将文字分为5个部分。录音有听众提问内容，笔者在文中用括号标出。

但又不同了。后来我创造的腔调悲剧多，也是因为在艰难困苦的环境中生活过，没有一种精神的愉快，所以创造出来的腔调总是悲剧多，这也合乎自己的心意，声音就把内心的东西发泄出来了。同时，词、意思跟声音全配合起来，慢慢发展下来就成了一种那样的声调了。

我为什么说这个呢？我有这个比较，梅院长他不宜唱悲剧，他完全是喜剧的，富丽堂皇、雍容华贵，他是这个路子。像唱《生死恨》，这算是个悲剧了。在一出手的时候，他朋友就说：你怎么瞧不出悲样来？他心里不悲，经历里没有那个环境。我们的经历就是艰难困苦的，不用去做，心里就先有这意思了。

后来在十六七岁至二十岁之间的这几年，王校长给我的启发很大。他知道腔调不是这么呆板的几个调子，还可以有【快三眼】之类的。从前没有【快三眼】，旦角唱就是【原板】。也是在《骂殿》《宝莲灯》《六月雪》（才有），《六月雪》那时还不是全本，就是一段《探监》，里头全有【快三眼】了。那个时候只要上王校长那去的人全会唱，票友也唱。《六月雪》可以唱【快三眼】，【反二黄】【二黄】里头的腔，《梨花记》里头的变化……给我的启发很多，就觉得腔调还可以有这么多呢！

我二十三四岁以后的阶段，就开始唱《碧玉簪》。那时候罗瘿公先生去世了，情形完全变了，也没人编剧本了，没人管了。为这个剧本的事给我的刺激很大，戏班子的式样也变了，外界的看法也变了。那时候内行很多，就连时慧宝他们全都说，罗先生一死，我就要完了。那阵的确有这个情景，好像剧本是个武器，没人造武器，就要完了，程某人就要"不成"了。幸好罗先生引荐我认识了金仲荪先生，怎么想法补救呢？就弄《碧玉簪》。从前绍兴戏（越剧）有一出《碧玉簪》，金仲荪先生说他幼年时候曾看过，有一点印象，问我：就编这个怎么样？我说：好！只要有剧本就成。在那期间我就认为王校长是我的老师，什么全请教他，我还本着罗瘿公先生在的时候的规矩，还照样去。金先生写下这个剧本，我还拿到王校长那去请教。那时候刺激最深的是什么呢？本来大家全都有这些看法了。同时那期有一个叫蔡连卿的在天桥唱《碧玉簪》，那时的看法，演员只要到了天桥就是末路潦倒了。多好的演员，只要一到天桥就完了。当然现在完全不同了，练把式的也全都出国了。就连梆子极有名的崔灵芝、张黑、薛固久这些人，一到天桥就完了，永远不能翻身。当时一说这个戏是在天桥的蔡连卿唱了，大家就有点讽刺似的：哎呀，罗先生一死，没得戏唱了，把天桥蔡连卿唱的《碧玉簪》拿来了。那时候好像唱天桥的戏就是一个耻辱。可是这个本子已然拿到王校长那儿去了，请王校长给安腔、设计一下，在那搁了好多天。腔调也没安，剧本还在那"宣传"，尤其王校长那里门庭若市，都是内行去，我心里说王校长跟我这么好，不应该大庭广众地宣传这个，最好没有人的时候告诉我：这个戏天桥有人唱过了，不太好，或者改个名字。他不但没有说这个，还大庭广众地说这个戏是天桥唱的。那阵我就把本子要回来了，个性很强烈。我说不改名字，还要叫《碧玉簪》，我偏要唱，打那时候起我开始创造腔。

像张春彦、侯喜瑞这一拨人，全都是我们一入手的时候就在一起合作了。我这儿排《碧玉簪》，要是我自己本身说，已然就在很危急的时候了。可是朱琴心在华乐园唱《玉蜻蜓》《刘倩倩》，他们把我不唱了，上那边去唱《刘倩倩》。同时那边又新盖了戏园子，又是杨小楼给他配，又有郝寿臣，我这边相形之下，阵容就不成了，同时我的人又跑那边去了。后来，这个戏成功之后，晚会多极了，自己心里先给了一个鼓励。那会儿晚会是这样的，比如说在戏园子拿50块钱，要是晚会就拿150块钱，就加倍。那时候晚会跟李洪春头一次合作，代替张春彦来的张瑞华。成功了，晚会多极了，心里也有安慰，头一项试验好像给自己一个鼓励似的。

创造腔调的时候，要先把词句记熟，记熟了先想词句的意思，然后再想是什么环境。《碧玉簪》同时还有两段【南梆子】在一起，头一段【南梆子】，是她（按：指张玉贞）很怀疑丈夫为什么会这样，不复杂，但是心里很犹豫。第二个【南梆子】是误会了，天气很冷，她又怕丈夫冻着就想着给他盖衣服，有好几个层次，是盖好还是不盖好呢？后来决定给他盖了。这段【南梆子】又跟头一个不同。后来，等她回家的【二六】是见母亲，是很委屈的。在想那段【二黄】的腔调时，我喜欢的是《文昭关》里头的"满腹冤屈向谁言"，是老生的腔调，我说怎么把这个腔安到这段【二黄】里头呢，后来一弄成功了，把它安进去了。我找金先生编的时候，我就先有这个腔，我说：您顶好能够写一个"满腹冤屈向谁言"，我喜欢这个腔，别的还没有这么唱的呢，顶好把这个安上。他就把这句写进去了，所以编的【二黄】有"满腹冤屈向谁言"，这是有来源的。【二黄】差不多全是十个字的，十个字的容易，七个字的就得拿音拽节奏，《青霜剑》的【反二黄】也是七个字的。

由《碧玉簪》以后的戏全都是我自己跟着词句研究的腔调。在《碧玉簪》以前，《青霜剑》《梨花记》《鸳鸯冢》《金锁记》这类戏全是王校长的。王校长不讲这个字,他是我有这个腔,想出一个很别致的就给安上去。后来我懂得字的高矮变化了,变了的是什么呢?就是字的高低变了,腔调也就变了。周先生唱的,恐怕还是老味的,有点从前旧的味道在里面,没有什么多大的变化。我们那阵的青衣也是这样,呆呆板板的【西皮】三个腔或者【二黄】三个腔。《骂殿》虽然是那样了,里头的音节还没有阶层,就是上上下下,唱出来挺板、挺梗的,不是很流利。《碧玉簪》以后的调子才有变动。后来有人要学我的戏,我是不收女学生的,我全给介绍到王校长那儿去了。要唱程派的戏,当然要请教王校长了。王校长唱的时候就有出入了,就是字的高低的关系。字音的高矮一变,腔跟着全都变。

戏剧的东西是无穷的,只要你去想,它就有东西在那摆着,你要不去想,它就拉倒。那天我唱《朱痕记》那句"可怜我八十岁的婆婆"是这么唱,《金锁记》里头禁妈妈的快唱是那么唱,《三娘教子》见老薛保的快唱又是一个唱法,可以说全是唱快的,可是快的意思又不同。《朱痕记》是哀求,没有饭吃了,急了,您哪怕给我拿出一点东西,(示范)"我那婆婆……"是这个调子。《金锁记》禁婆那个虽然也是唱快的,是你打我,我很冤屈的,我全告诉你们,我不是这么认的,意思就变了。《三娘教子》是我一肚子的委屈,老薛保冤枉他,你要嫁你自管嫁,你不知道我因为什么,你说的全不对,很紧张的一件事情,全是快的,是完全有感情的。像您(按:指在场听众)那天那么唱,也成立,好像坐在那唱挺慢的,挺高的,性格跟当时的环境不是相同的。将来也可以把这三个唱的意思说进去,作为参考。要是没有变化,就没有进展,《朱痕记》也那么唱,《金锁记》也那么唱,《三娘教子》也那么唱,这是不行的。

七个字的【反二黄】还很少,有一个《青霜剑》。《青霜剑》的【反二黄】,完全拿音来拽板跟眼。在最初的时候,有人说怎么听着好像挺别扭的,不顺溜,现在就比较顺溜了,什么原因呢?还是字的高矮,跟音阶的层次有关系。比方他五个音拽过来了,现在你拿七八个垫上去了,就不显得呆板了。

这么多东西,这么多腔,以后一出戏是一出戏的腔,可是全都是在轨道上面规规矩矩的。我认为我们发展腔调不至于害人,不是出奇制胜的,完全是推陈出新,完全在旧的里头去发展,从旧的腔调里变化来。从前创造一个新戏,观众也抱"哦,一定要有新东西了"的看法,可虽然是新的,他们很容易就接受了,它就是用旧的套出去的。

等到《锁麟囊》以后的阶段就复杂了,什么全可以用了,地方戏的主音都可以采用。但不是整个拿来，要是整个拿过来，就很奇怪。就像《锁麟囊》里的【二六】加的【哭头】是梆子的【哭头】，拿梆子的调子用【二黄】的方法唱。要是完全用他们的东西安上去，就完全不对头。（示范）这是梆子里头，（示范）这就归到【二黄】里头了。

（听众：这【南梆子】是河北梆子吗？）

这个不是，【南梆子】是从前有的调子里的一种，【西皮】【二黄】【反二黄】【南梆子】。就取它那个音，有点韵或是尾音，还装在【二黄】里。咱们采用东西，无论如何还得回到【二黄】里头。

其实【二黄】里现在丢掉很多，它就是采各方的剧，哪个可以用，就加进去了。像山西的戏唱《野猪林》《猎虎记》，用好多京戏的点子，这也不是先入为主，也许这里的东西是从前在人家那儿拿过来的，咱们给变成京味了，人拿回去一听，挺舒服的，说我们从前也有，不过不是那种音。像咱们武戏里用的牌子，也是有昆曲里的，可以用的就拿进来往里安了，像夜行的时候唱的曲子，也是昆曲里的，觉得这个东西可以安进【二黄】里，就拿来安进去了。那么你说这是什么呢？全都是"风搅雪"的。就拿从前《王宝钏》或者是《大保国》来说，也是梆子翻下来的，为什么李良另外还来句梆子呢？有好多的【二黄】就是由梆子里移下来的。《空城计》，从前谭先生（按：指谭鑫培）是在郭宝臣先生那移下来的，也就等于现在他们唱咱们编出来的戏似的，这戏全是相同的。不过有的时候就翻不好，像《翠屏山》的《杀山》，翻了【二黄】，后头《杀山》的锣鼓点紧张起来，还是梆子的好。所以现在唱，往往后边还是搅着的，又唱一句梆子，好的就要，自己不及人家的，还用人家的，这也是很普通的。戏剧从前就是吸收人家的长处，去掉不好的。

像各地会演，就是没注意，要注意起来那东西很多。这一类东西，你有那么几样，我这儿又有一种技术，又能给添进去了。比如我看昆曲的《挡马》就很好嘛，上次会演的《挡马》，小花脸走矮子就变动了，走矮子迈出步去了，就不普通了，挺美的，这就是创造。这次来的华东的小花脸孙正阳，恐怕这回他来演出，或者是我这么一说，或者是戏曲学院给他提的意见，让他变动的，那么这就是好的。你有技术，有功夫，再又加工，就跟普通的不同，我想一切的创造全都要跟着这个，得有一个东西，再把它见了功夫。你要没基础，你怎么迈出步去？迈不出步去，捂着肚子上来照例是那样，你原本这么着，你就可以这么着，你也可以那么着，得先有那一个东西，你才可以变化。

（听众：开头创的这个腔，跟原来的变动大不大？）

原来的《碧玉簪》还没有【南梆子】，在这以前【二黄】七个字的也没有，是跟着"满腹冤屈向谁言"

这个才安上去了。两段【南梆子】唱出来你要细听，就可以分别得出来了。一个是怀疑的：他怎么这么对待我？她正猜呢。另一个就是直接跟她发生关系了，我是给他盖衣服还是不盖？两个音调完全不同，唱法也不同。最重要的就是别在那模仿这个腔，担忧可别错了。要是唱得所谓唱入化境，也没有板子来限制了，那就要着板唱，可就非得熟。熟了，俩字垛在一块儿也可以，搁那厚一点也可以，这就是唱得很灵活，可以控制住了，敢那么唱了。这也有阶段的，你要是在那担忧腔可别错了，唱某人的腔，我把它模仿好了，唱对了，就很好了，这就算不错了，这是一个时代。要是把这个阶段过去了，说我唱某人的腔，我比他还唱得灵活，自己有了这个控制，心里有一种变化，或者往往比创造腔的还唱得好，那就看你自己的聪明智慧了。就像陈丽芳他们这些学我腔调的人，老没突破这个，老是在这一个阶段里，一点也没出去，实在你要出去一点，就好了，那就可以往上去发展，他们是给拘束住了。

比方说，《二进宫》【二黄】的头一句由求辙改了江阳辙，"坐朝阳""哭先王"，一直就是戛然到底的这一段，我给李丹林说，这就是很普通、很简单的老腔，他就找不着这个东西，我就很奇怪，我说你唱了这么多遍，怎么这里头的东西你就抓不着？也许就是没抓住规律，我不懂。所以我们现在就说，我教一个人，教这个人的程度好像相差得太远，你说什么他都不知道。这里头就一个赵荣琛还知道，赵荣琛接受得快，可是他有好多"啊"的音恐怕也有点窝，在极力地改。他们接受得很快，也给记谱，可这里头的东西，又不成了，就是在那之间藕断丝连的、声断意不断、细细体验里头还在这儿的意思，他们唱不出来，不懂是怎么回事。

从前【南梆子】唱的都是玩笑戏，花旦唱这种的多，节奏也快，表达很活泼的一种意思。从前就是快，不像现在还表达环境跟词句的意思，【南梆子】就是一个调，就在于字的高低。后来在《碧玉簪》这个戏里，我觉得还是得唱词句的意思、字的高低和感情，《碧玉簪》的调子还是旧的调子，可是心里的意思唱出来了，就变了，【西皮】的音韵也变了。"对菱花暗地里芳心自转，听她言不由我喜上眉尖""果然是成佳偶两心欢恋，也算得人世间美满姻缘"，她心里完全都挺高兴的，就跟《武家坡》的不同了，虽然调子是老腔调，但是完全不同。（示范）"喜上眉尖"，这是一个旧腔，别人拿这个意思唱就变了：（示范）"眉尖"，同一个腔，它就变了，意思变了，音就跟着变了，就变成挺高兴的了。同时你要还是这个腔，是一个很呆板的或者是悲剧的（感情），那就是悲剧的味道了，主要还是唱感情。

（听众：您还记得学习的时候，老腔老调是怎么唱的？不是您后来创造的，就是先生教的那个。）

它就好像唱得挺硬的，根本谈不到感情，就得嗓子好，调门高，唱得响。比如说，《彩楼》的第三句：（示范）"因此清晨斋戒起。"

（听众：如果你现在唱，你唱这个腔，你应该怎么唱？）

唱得就要柔软点，就不能这么白，那么梗。当然现在也知道句子的词意了，她是个小姐，早上起来，要去烧香，然后洗干净脸。我学的时候就是音别错了，"清晨斋戒起"的意思根本不懂。现在要唱当然就变了，（示范）有变化了，就柔和一点。从前我跟陈德霖先生也学过，完全是硬派式的，他们管我叫"小石头"，那个时候全都是那样。现在陈少霖先生也是老味的，所谓老腔老调的。就是王瑶卿先生他们的路子唱活动了、复杂了，有点唱感情的意思。从前就是几个调子，【西皮】完了就要转【二六】。（示范）

（听众：从什么戏开始成熟的？）

从《梨花记》开始，腔调就复杂了，它的音多了，就变化复杂起来了。等后来要研究字的高矮，往往有三个矮的字搁在一块儿，应该怎么通用，三个高的一块儿应该怎么用，所以往往要看观众的反应怎么样。从前文亮臣唱《回龙阁》，唱"来来来随我到养老院"（示范），总是有好的。可是你说三个"来来来"在一块儿，或者用一个高的（示范），就没好了。所以我们就研究了，你是给研究的人唱，还是给普通的喜欢大嚷大叫的人去唱，这必须要弄清楚。你做好菜给对方吃，你研究好的东西给对方听，他听着好了，他再来。那阵观众对你也没有感情，人花钱来吃饭，哪好我就上哪去吃，哪好听我就上哪去听，可不是所谓曲高和寡，我就是这东西，你爱听不听，这不成，也得要明白这个道理。你是喜欢听入情入理的，你是喜欢听瞎胡闹的，你是喜欢听有规矩的唱，还是喜欢听瞎嚷的，这全都要弄清楚。比如说讲身份，王允丞相出来，他有他的地位身份，假定到乡村去演出，他不知道宰相应该是怎么样的，这么吹胡子瞪眼睛地出来了，观众就满足了。同时王宝钏也有她的身份跟性情，可是有时你就得做火气一点，要到的这个地方喜欢热闹，你就得激烈一点，大笑大哭大动作的，就不能顾身份了。古典戏从前全是行不动唇、笑不露齿，男女的表情也是不表露，点到就成。现在你到有的地方，也得要迁就一点，看什么地方是什么环境，一种什么需要，这是必须要弄清楚的。你说我就是热闹到底，我就嚷，或者我就是吹胡子瞪眼睛。那您要是到怀仁堂去唱，这么一来，人家就有疑问。这些都是有关系的，还得要抓住这个心理。

可以小声唱点《碧玉簪》的【南梆子】。

（示范）"莫不是听谗言将人错怪，莫不是嫌貌丑有口难开。莫不是另藏娇无心纳采，倒叫我费心思难以详猜！"这四句全是跟着意思和表情唱的，腔调是很简单。"莫不是另藏娇无心纳采"，这里想着的是他是不是另有一个什么，这点腔就要放长了，（示范）"莫不是"，可是这里挺简单，没有腔调，完全是在怀疑着、想着唱这么一段。底下这个就比较复杂一点了，有好多词句了。

（示范）"夜深沉秋风起遍身寒冷，可怜他独自个睡梦昏腾。他虽是待奴家十分薄幸，总算我张玉贞名义的夫君。况且是老夫人一心爱疼，怎能够听凭他冒冻伤身。我不免取衣衫与他盖定，女儿家这举动怎不羞人。"这是头一个阶段的创作，还是挺呆板的。

（听众：你现在唱的调是不是还保持着开始的样子？）

还是有点儿，从前《风流棒》里头还有段【南梆子】，不过字里头有变化了，腔就变了。

（听众：你后来用【南梆子】的呢？）

后来用【南梆子】的，就像《锁麟囊》《春闺梦》《祝英台》。《祝英台》里的【南梆子】，很费思想。（与听众讨论并示范"守信之人""系冰弦乃是古琴，砚同琴……"等句唱腔。）

（听众：《春闺梦》的【南梆子】也好，撑着一板"被纠缠"。）

这就是耍着板唱，反正唱熟了。《春闺梦》有多少年没唱了，这是"非战"的戏。这个戏可以加整个的音乐，就是一个歌舞剧。音乐性很强，一入手【导板】出去全是唱，一直唱下去就做梦，四场就完了，唱七刻钟，里头连战场也没有，这就是新的了。照例是一起兵就是起霸，我把起霸取消了，现在搁在幕后比画，后头打仗，比画完了，战鼓完了，头里唱几句，后头又来带着剑上，全在暗场，不上来打，这就比《荒山泪》进步多了。照例的起霸、上来通名字，这里全都没有了。照例的扯四门又变化了，扯四门是走银锭式的，不是呆板地这一句那一句，这就算活了。做梦是我们头一个的创作，她（按：指张氏）醒了，丫头来了，她说丈夫回来了，结果在哪呢？她说的是个梦，不是真的回来了。她还在心里又赶巧想起她的梦境来了，"我还有好主意，不如您回去还是去做梦"。唱那么几下，收得也很好，那也是一个创作。（示范：五、六、七下猛住）吹那个尾声，往后退，想着刚才那梦境，然后闭幕，这是新鲜的。往后退，退完了尾声，正好闭上幕，这是定好的一个格局。

这个戏有一次在怀仁堂唱，这是"非战戏"，那天给苏联友人看，可别征兵了。里头是加身段，全抄着尾声盖板，"门环偶响疑投信，市语微哗虑变生"（示范），头一回加身段，舞蹈多了，完全是袖子。收得也好，有16个兵，那时候想也很费事，这几个兵应该怎么穿过去，怎么摆分开，怎么再回本位。人很多，兵很多，这东西又可以用布景，因为是幻境，忽然瞧见老公在那儿等着，乌鸦吃人什么的，还留着一条儿青布衣巾，见到"残骸"和"模糊血印"，还有"箭穿胸刀断臂"……这东西全都是瞧到可以套出来了，等过来走了慢慢地吟起来，又走到这边，又瞧见了，又瞧完东西又害怕，又做身段，又瞧着，再慢慢吟起来。这里用布景也很好用。

（二）

我喜欢唱悲剧也是自己的身世不好，这种材料搜集得最多。内战各霸一方的时候，大兵一过就跟蝗虫似的，多好的房子、家具都给变得一寸一寸的，凶极了，山东那边把房契、地契贴到门上就走了。

《荒山泪》和《春闺梦》这两个戏很好的是什么呢？戏剧是可以改的。像现在所有的东西，咱们看着很照例的形式，那时候创作就很新颖。比如，起霸就是我要出兵了，整整盔甲出征，把背包弄好，把鞋捆捆，也就是这个意思。可是唱着唱着，什么戏都抄袭，您那一出戏，我编一出戏，要起兵前往，一定是先起霸坐大帐，变成照例了，这就讨厌了。假如一个戏一个样子就新鲜了。所以《荒山泪》和《春闺梦》就把这一套东西全都没有了，又干净，场面听起来也挺热闹。

咱们编的戏也可以根据时代需要，比如说内战多了，我们就编这类戏；那个时候婚姻不自主，就编《鸳鸯冢》，那就是一种很反封建的戏剧；像《青霜剑》就是土豪劣绅霸占人家的东西，咱们现在没有那个了，这个戏就不存在了。这一阵宣传公检法，那么也可以编个戏。

现在的戏剧不好弄，你有很好的舞台上的技术技巧，你要配合有内容的戏，那是很好的，相得益彰。要是一个没有内容的戏，你多好的东西搁在里面也不成，全给毁了，显不出来。前几年我还想到请翁偶虹先生给写《比目鱼》的故事，讲这个妇女是唱戏的，有一个女儿也让她唱戏，母亲到处纠结哪里有晚会去兜揽，她的立场是为金钱、为利益什么全可以牺牲的。在那个时候的确有这个事，尤其是女演员，她们的母亲思想全很不正当，全想拿女孩子发财，一切全不顾。那阵我就想编这个戏，差不多有20年，后来我一想要唱这个太伤众了，那种女演员太多了，差不多都有"四大名妈"了。结果剧中那女孩子的对象是班里一个小生，原本是一个秀才，为了她也学戏了，让他唱大花脸，他不干，非得要唱小生，就好陪着她长期演。后来到一个招待大官的晚会上，戏里唱到婚姻不自主，女孩子一边指着石头，一边骂土豪劣绅，骂完了，越瞧越细越像真的，她就抱着石头跳了江，小生这才明白，原以为她想贪图荣华富贵，后来发现她真投江，他也跟着跳下去了。这是一个很好的布景，台上搭台，最后是两只比目鱼出来，就跟变幕景似的。我还想编这个，把学校的科班制度安进去，全可以融合在这个戏里头，并且还可以创造东西加进去，可惜后来好多的顾虑，搁浅了。

（听众：舞台上的这出戏是什么时代？是在清朝的时代，还是民国的时代？）

古代有《比目鱼》这出戏。我找清逸居士庄清逸编戏，我瞧着那个（原来的本子）太简单了，那阵他编一个本子是20块钱，我想起什么来就请他编，编得就厚了，一个用上的也没有。后来他又把这批东西卖上了。今天我们瞧着戏里的不够，又找金先生跟着写，写了还不合乎自己的意思，得要加很多东西。

后来我又看见一故事，就合乎现在了，但是我找不着了。也不知是在金史里边，还是在辽史里边的，有这么个故事：哪一国关外老想欺负侵占我们，他要多少牛马，我们就给他，他们一瞧，要这给这的，瞧着太太好，我要太太，我们也给你。底下人就急了，要什么给什么，这不是欺负我们？等最后要土地了，说你哪块地给我。牛马给了，太太给了，现在要土地，你们说给不给？大家一看，既然太太给人家了，土地也给吧。这不成，不能给！怎么不能给？土地是怎样怎样重要！这就合乎现在的情形，就好像跟台湾似的，你要土地那可不成。所以我说有戏咱去找，这种东西就很有价值，不找就这几个才子佳人的戏总是在这。

（三）

（程砚秋先生示范《锁麟囊》各唱段。）

"望官人休怪我做事荒唐"，这里是"做事荒唐"，一个是"做事慌张"，"张"就是阴平了，"唐"就是阳平，腔就合适。

（听众：腔太慢了吧？）

也不算太慢，里头没加锣鼓都不显。

（听众：我听起来听得挺着急的，一个音老不出来。）

有时候要快的，有时候要慢的。有的一定要慢，

有的必须要快，有的里头有快有慢。（示范）

首先什么东西全是唱感情的，《三娘教子》那一段也是要快的，就跟老薛保诉说心里的许多委屈，普通的慢的是照例的。（示范）"我哭，哭一声老薛保，叫，叫一声老掌家。小奴才下学回我把书来问，不想他，他对我信口胡言！手持家法未曾打下，他、他、他……他道说不是他的亲生的娘亲，难以管旁人。啊！掌家呀！"这就不是照例那么唱的。就好像《牧羊圈》里一样，也是诉说事情的。（示范）"有贫妇跪席棚泪流满面，尊一声二将爷细听我言。可怜我有八十岁的婆婆她三餐未曾用饭，眼见得就饿死在那那那席棚外边。啊，二将爷。"这段要是普通的也是慢慢地唱，快的也不容易唱的，还不能放长了，放长了音就长了。这里头连尖团字跟上口字也全都有。

（听众：我好像使了好大劲字也咬不清楚，我看程院长也不是使很大劲，但是字就很清楚地出来了，不晓得窍门到底在哪？）

唱多了就熟能生巧，尖团字跟上口字得弄清楚。比方说《青霜剑》里《祭坟》一场，"最可叹我夫郎是懦弱的书生，难受五刑，押禁在监，问成死罪，惨凄凄，黑暗暗，抛下了娇妻幼子，死也不瞑目丧在云阳"。这就四十多个字在一块儿。所以说，京剧里是多种多样的，像长短句的、三个字的、五个字的，丰富极了，你能想的全都有。

（示范）"青霜剑报冤仇贼把命丧，提人头到坟前去祭夫郎。都只为狗奸贼将人屈枉，又遇着糊涂官丧尽天良。用非刑逼我夫写下招状，最可叹我夫郎是懦弱的书生，难受五刑，押禁在监，问成死罪，惨凄凄，黑暗暗，抛下了娇妻幼子，死也不瞑目丧在云阳"。这是一边跑一边唱。

最长的《祝英台》那时候二十多个字音，还有三个字的，像《文姬归汉》开头的【快板】。（示范）"登山涉水争逃命，女哭男嚎不忍闻。胡兵满野追呼近，哪晓今朝是死生。举目看、旌旗影，侧耳听、刀剑声。我呼天，天不应，我待入地，地无门。没奈何我只得……"这是三个字的，各种各样的多得很呢。京剧里面有些是十个字的十言的好唱，还有【快板】是七个字的好唱。《青霜剑》是七个字的【反二黄】，《碧玉簪》是十个字的【二黄】，这全不好唱。王校长给杜近芳创作的《祝英台》，七个字的，还是那味，就是拿音在转，用音代替字，七个字的【反二黄】也是这样。这些老戏里是没有的，老戏全是呆板的。反正得要够板够眼，十个字是顺理成章的，七个字非得拿音拽到板上补上它。

"最可叹我夫郎是懦弱的书生……"这句的感情有层次，意思也有层次。这个场景是王校长想出来的。他跟罗瘿公先生写剧本的时候，就想最后一场《祭坟》得要紧张一点，紧张一点就写垛句，字垛得越多越好。这都是有所本的。

（听众：《锁麟囊》也有垛句呀。）

我们想【二黄】有垛句，【西皮】怎么不可以有呀，就把它垛上去了。没有【二黄】的，也就没有【西皮】的。所以我在想，我这一生没有抄袭过人一个腔，荀也好，尚也好，梅也好，是人家不做的我才做，人家唱的我不唱。我17岁跟梅先生（按：指梅兰芳）唱的《天河配》是古装的，从此以后我不唱《天河配》。《天河配》很流行的，哪一个好角色不唱《天河配》？我就不唱《天河配》。那回梳了古装以后，我从此以后不梳古装，自己还要知己知彼。这也是个性强，是一个优点，也是缺点，是自信力太强了。

那么您这儿放了一个腔，我拿着就用多好，多省事，为什么要成天坐车跑到公园里坐在那儿去想？一抄袭就没意思了。在三十多年前，那个时候最有趣，为什么观众那么多人？他们总知道你一出戏有一出戏的腔调，虽然腔调是旧的，可是他要来听，看你怎么变。观众中间的那部分人是真研究，他就比较，谁的发明，谁用了谁的腔，真是记得很清楚。要避免，连一点都不能用。不像现在好像第二天工作很忙，我看完了赶紧就走，听完了忘了，脑袋里就没有了。

胡琴也有层次的，先简单的，慢慢地再来，再深再深，一说很复杂的，他就觉得苦恼，接受不了。先大致说一个，熟了他自己也要往里深求的，然后再说复杂一点。像现在说胡琴，一听就要拉了，那没法子拉，跟张长林说唱一个《汾河湾》，我想这得要简单的，得要将就他。他要到台上拉，也得要拉出感情来。《荒山泪》他也得跟着我们一样，要是他家里办完喜事这么一拉，就不成。

要是创造出来一个成功了，那真高兴。《锁麟囊》我真高兴，到什么地方全都不错的，有了这东西，慢慢又加深动作、感情，一排的人全都照顾到了。

（四）

那阵好唱，我们唱《回龙阁》也算一天，《骂殿》也算一天，《武家坡》也算一天，《落花园》也算一天，三刻钟、二刻钟就算一天戏。现在发展到两个钟头、三个钟头了，腔就丰富起来了。像青衣的开蒙戏，《彩楼配》完全是【西皮】的，《二进宫》完全是【二黄】的，再学一个《祭塔》《祭江》，就成了，青衣的腔调就算应有尽有了。后来连【散板】，带【快板】，带【导板】，带【哭头】，那就丰富极了。现在好像编个新腔就算新戏了，不是那么简单的。我们那阵创造腔调时，要先按剧情、词句的意思去安腔。要是悲剧，研究好了一个腔还且得修改，看够不够悲味。当然后来也有研究一个腔就随便安上去，那当然没有感情的。可是我们的过程就是这样的。小时候学戏的时候怎么教就怎么唱，后来王校长给排本戏，腔调就复杂了，后来我们自己创造戏，又复杂了，就讲究字的高矮音，要唱感情。悲剧就要唱悲剧的腔，喜剧安喜剧的腔。还得要格局高的是什么呢？你要演悲剧，你不能说唱出哭声来，当然那又是一个格局，那也忌讳的，抽抽搭搭哭着唱出来的腔是要不得的。就是唱意思唱情感，好像《清风亭》里拿手往小孩脑袋上这么念几下，就能感动人，用不着大哭。研究腔调就是这个意思。

音乐的问题也是这样，懂我的拉胡琴的不多。每一个胡琴，他原来的全让我给改正过来了，得要随我这个，不是要花腔。从前的周长华很好，拉了有十五六年，到台湾去了。最后钟世章，那完全改了，从前他火气大极了，现在一点火气没有，他个性很暴躁的那么一个人，现在一拉起来很舒展，平心静气的，那很不容易的。腔是咱们自己创造的，得要教给他。教他们腔的时候，我从前是很热心的，你今天是生的，赶紧就全都告诉你，这还没有熟，又说第二个，老是这么样说，那我就吃亏了。怎么吃亏呢？他们是一块白纸似的，临时抓到一条腔调，我要给您拉，恭顺极了，等把腔拿在手里，他就摆起架子来了，就不买你的账了。我这儿也是这样子，弄得很寒心。

日本投降的时候，我给钟世章说腔。他住在南城，早晨到我这儿来总要三个钟头，那么冷的天，天天不断，准时九点钟。那这个人当然得陪着他，教给他。咱们的腔调跟普通的不同，拉法也不同，你把他教好了，他自己就放心大胆了，有节奏了。所谓戏里腔调，它是肩膀，得有个交代你才能转，要熟了就好了，应当交到板上，我给交到末眼上，他给你垫上，那就方便多了。要是歌唱非得有好的胡琴不可，不像咱们有谱子的，他也是生记，可是他拉熟了，咱们就可以十成力省了八成了，那就很自然的，所以胡琴非常要紧。比如杨宝忠拉得很好，或者王少卿拉得很好，给人家拉得很好，要给我拉？不见得了。这次在沈阳就是，李慕良是很好的了，我跟马连良唱《桑园会》就一段【快板】，按道理是到秋胡唱完了一直是李慕良拉，等老生唱完了那一大段，再我的胡琴接。可是那天，他想他也有个地位，待会换来换去，面子上不好看，他就来找我，说他给拉下这段【快板】，但是他就找不着那个【快板】。那段【快板】是让板的，"桑园之内无人往，见一位客官在道旁"（示范），他没拉过这个，垫一个小过门，还要闪一板。就"见一位客官"这么一点，他拉了五六回，第三天就唱这个了，结果他还是没拉上来。我就想不到会有这么难，他都能给马连良拉！这就是一个熟不熟，所以胡琴很要紧。昨天让我唱了，说你随便唱一个吧，不成，其实咱们唱的是不同的，必须要好的胡琴。

上回周总理让唱《三击掌》，钟世章上石门去了，就找咱们团里的张长林，他算是很好的，钟世章回不来就他给拉。但是他得慢慢适应，头天给他说了，这天他就没拉上来。头一天说了十几遍还没拉上来，第二天，就把它简单一点，别弄复杂了，他就是生记，记不住了，功夫也不一样，劲头也不一样。三天恢复"官中"的唱了。"官中唱"是怎么样的呢？那就是应有尽有、随随便便的，不要加小的东西来，你要加小东西，胡琴也得加小东西，还得把它拉出来。我全都由简，越来越简单。赶上钟世章回来了，他又给拉了，他脑子里就是我的腔，我准知道他是这么拉，多少天也没有调嗓子，我到那天就来了，换一个胡琴哪成？

他们（按：指从前别的演员）要唱我的戏，怎么挖呢？就是挖我的打鼓的跟拉胡琴的。头一个穆铁芬，章遏云给拉了去，管吃大烟管住，还拿钱，就是为了学我的戏。后来我由国外回来了，我也不要欺负女士，我再训练周长华。那时周长华好多人反对，因为他是在胡同里给姑娘拉的，被认为不登大雅之堂，说咱们戏场里为什么找这么一个来。我说我不是这个看法，我觉得他拉得不错，可以陪着。我急了就说他是一个给姑娘拉胡琴的，你们大家反对，都不愿意，我说要是你们给那姑娘去配戏呢？我说你们给她们配戏有什么分别呢？这全是艺术，可陪着你就陪着。后来我把周长华教好了，在上海就是他拉得好，他也跑台湾去了。像咱们要是演戏，要规规矩矩的，我应该得多少就是多少。有的胡琴你要会了我的腔，你随上来了就算是好的。有的是你的腔唱出来了，他在后头跟，这是最难过的。他没合在一起，老是差一点，那是最差的。给你合上了，喊上你了，唱什么腔得给你拉出来了，这是在倚着呢。最好的胡琴像梅雨田先生一样，他就带着这个唱的，那是最舒服的。他在头里，那再怎么少使点劲，他也是给你拉上来，那是最好的。

陈彦衡先生是拉胡琴最有名的了，他是拉谭派的，那次在上海见着大家，大家说："你这好唱的主儿再来一个好音乐家，你们来一个。"他就说："你唱简单一点。"我说："我唱《汾河湾》，四句【原板】。"要是大庭广众之下，唱歌的和拉胡琴的弄不到一块儿，那不成的。他要是完全拉某一派熟，他拉另一派就不成。所以陈彦衡先生说"你唱简单一点"。拉我这个胡琴的不多，可以数得出来的也就几个，这几个简直了不得了，大家抢，就可见胡琴是要紧的。为什么这么居奇呢？就是没有谱子，假定这腔要有谱子了，人人可以拉了，你再找就容易了。

李世济是唐在炘给拉的，唐在炘我也教了他好久。从前他是圣约翰大学的学生，他在那儿说："哎呀，我几时能给程先生拉，拉一段我就满足了。"后来他见到我了，我一给他说，整出的他全拉了，他就满足极了。

（听众：像过去有的人光学着您的腔去弄。）

那不成，胡琴拉不好就完了。轻重、阴阳就是一个弱音一个强音，要是你唱得很悠扬，他跟着来回这么一拉就完了，我最怕这个。还有小腔，放出去了，音还要很复杂地催出去，他也应该轻着音，他那一弓子要带多少字，可是要是他来回那么一下就响了，那就全完了，你白费劲了。咱们要控一个腔，要唱出这个，他得要早就预备好，等到那这一下要带上多少字，不是大拉大扯的。那好拉，这不好拉。将来胡琴是个问题，这个腔调你没有胡琴也听不出好在哪。顿挫拉不出来，快慢也拉不出来，那不成。

所以后来我们唱有闪板，还有垫过门的，唱的时候有层次的，不是一下就到这个阶段。你要能耍着板唱，比普通的又快，这非得熟不可。很快的同时还要找变化，唱的次数太多了，熟能生巧，再能把旁的东西拿进来，再运用在里头。比如学某人，学像了心里就很满足了，恐怕学不像，一个字、什么音怎么来，全要模仿，生怕错了，那绝唱不好戏。那你还唱什么情感？你在那模仿那个字、那个味、那个腔，感情、动作就配合不到一起。表演戏跟唱腔、动作之间是有规矩的，有一种方法的。唱要不拘成法、灵活运用，那就是很好的。像周先生（按：应指周信芳）的动作是有功夫的，他随便就来了，一个僵尸，他一下就来了，完全是功夫，他能控制住才敢来那一下，才能推陈出新。要没那个底子，你想这么快，那起不来了。戏里只要按照规矩这条路去研究，那东西是多极了。像周先生他们，把唱、一切的人物性格全都描写出来了。

假定一个演员扮上戏，为什么装谁像谁呢？从前的优孟，扮孙叔敖，让皇帝一瞧，就想起孙叔敖了，可能在从前就有一套东西。演员不单要唱出感情，喜怒哀乐在脸上全都要表现出来。为什么现在还不如以前呢？那就是退步了。这就没往里去研究，不然你搽一脸的粉，站在那全不动，就跟泥娃娃似的，这是忌讳的。

（听众：像《骂殿》写了三个腔，里面就很丰富了。

那丰富了什么？为什么要这样丰富？）

《骂殿》头一个腔就是照例的，【二黄】全是这一个。（示范《贺后骂殿》的【二黄】唱句）后来在哪个里头变化呢？就是王校长给我排《梨花记》里的一个腔，就在一个腔里的所谓四梁四柱里头变化。那个腔是"提起了霜毫笔心中悲惨"（示范），这就变了，里头腔就变太多了。后来在《梅妃》《鸳鸯冢》《金锁记》里，只要是有【二黄】的，里头全有变化，就是由那个里头发展出来的。（示范《金锁记》的【二黄】唱句）后头全都变了。（示范《碧玉簪》的【二黄】唱句）这又是变了一个。还有《梅妃》里，（示范）"别院中起笙歌因风送听"，这又变了。好多【二黄】里全是这么变的，可是开头必要用这个。为什么要用这个？这东西是有所本的，先入为主，人都知道青衣全是这样的，你在当中必须找【二黄】的头一个腔里头去变化，容易被接受。还有结尾拉的那个音也有变化。还有《鸳鸯冢》，（示范）"对镜容光惊瘦减"，全是在一个老腔里头把它融化出来的。

字音也有关系的，字的高矮就变化得多了。《锁麟囊》那个就是有点唱时间了，不是整的了。（示范）"一霎时把七情俱已昧尽，参透了"，"参透了"这里必须要把它加快，第二句要来一个整的必须要有过门。（示范）"酸辛处泪湿衣襟"，这就有点唱感情了，不照例等一个过门再唱，这就后面一点了，不拘成法了。还有《文姬归汉》里，那就是唱情感，（示范）"身归国兮儿莫知随"，这是往下来的。所以昨天有同志他们说字将来不必要这么念了，我觉得还是有关系的。"知"字，有的唱得念 zhii，比方梅院长唱《宇宙锋》，"但不知"里"知"（zhii）归到 i 的音就好听，"但不知（zhi）"就不成。所以要留意上口字、尖团字，从前能留下来就一定有道理，不过现在让他们弄得太过火了（示范念白"不知道哇"，夸张演示将"知"字过度归韵到 i 音的效果），它就是一带。日月的"日"为什么要 rii？它恐怕和唱的音量有关系，比如"吉日良辰当欢笑"，（示范）"吉日（rii）"，（示范）"吉日（ri）"，它音的轻重就不调了。这个东西还得要研究，它能给你留下这么多的字，你怎么来加工，不能说这我不要，没道理的。就拿高腔跟昆腔之分，白云生、韩世昌先生他们是学过昆曲，那么听《春香闹学》，这个"学"字就是上口的，他们就是"怎么还不见女学（xiao）生来上学（xiao）啊？"两个"学"全上口就不好听。说是听惯了就好了，那么现在听惯了你为什么不弄呢？从前留下的东西太有道理了，得很费点研究。前进的"进"，就是尖的，远近的"近"，就不是。同样的字太多了，要不这么分，全变成一样了。当然现在汉字全都改成简单的了，用不着了。可是唱还应该去讲究，应当什么字收什么音，这是主要的，好听不好听就在这个。

比如说《荒山泪》，"原来是秋风起扫叶之声"，"之"要是换一个音，搁在这就不合适。这两个平声字搁在一块儿，腔也出来了，这从前谁也不敢这么用的。普通的【原板】要用普通的腔。不一样的腔，字一倒了就变了。要是按照普通的照例的【原板】，更简单。后来的【原板】就复杂多了。《汾河湾》"儿的父投军无音信"，字平了，我就把它改了，"你的父去投军无音信"，这里就有变化了。只要把这几个字一倒就不同了。当然与四声有关系，要没四声，就没有好的腔调出来，腔调全是在四声里出来的。就好像"扫叶之声"，把"之"高了，就不是原来的照例的腔了。四声、阴阳多少得要知道点。我们要讲四声，但到地方上唱也要灵活运用。

像这几个地方有研究的必须唱得字正腔圆，比如上海、天津、北京、青岛，青岛有个研究程腔的小组。可到别处就不那么唱，你要到周村、博山，他们就听个响，往往字不能让它那么响。你要到研究人多的地方，我们就（示范）"哪有银钱来奉上"，要是到生的地方，他就听响，咱们也不知道底下有知音没知音，那么就（示范）"哪有银钱来奉上"（"来"字拔高音），这样是不是就响？你不能说完全我就这个，就是这菜你爱吃不吃，那不成，到一个地方你得要灵活运用，说你嗓子不好，怎么这么闷呢？你要到上海、天津，这么一唱，他就不研究你了，你字全唱倒了，我研究什么？现在上海有群众只要一个戏出来，当时看了记谱子，就把腔记住了，字他们全会找，该高还是该低。

（程砚秋与听众讨论"之""知"字音，听众专家指出两字音韵地位不同，因此字音是不同的，前者为"支师"的，后者为"一七"的。）

我们唱腔，还要把不好的音免了，像"姑苏"的、"由求"的，《二进宫》里"八月中秋""闷悠悠"音不好听，并且又跟上句不押韵，所以我们改成："天地泰日月光秋高气爽，可怜我抱太子闷坐椒房。遭不幸老王爷龙宾天上，恨太师欺幼主祸起萧墙。徐小姐守宫门以为保障，怕的是太师爷闯进官墙。"编戏忌讳说话全一个音，一场戏，你也说"言前"的音，他说话也"言前"的音，答我也"言前"的，非要这个不可吗？你穿红的，他穿绿的，为何全要一样的？但这唱可就非得这么的。听戏的也知道，瞧这是"江阳"的，刚听了仨字，就能想象第四个字是什么了，那就是便利听戏的了。

所谓口诀跟字的、说白的功夫最要紧。青衣里唱【快板】，他们说，唉呀，就你唱得最快！【快板】要是口齿上没力就快不上去。【二黄】里快的【摇板】，他们叫【滚板】，其实一样，他就唱不出来快。《朱痕记》里的快唱，是王校长给我说的，这个唱法就不同了，完全跟口诀和练习有关系。这段我听好些个人唱，还没有这么唱的呢！这就是从王校长那学来的，这段就他这么唱，他是快的，不好唱。（示范）"有贫妇跪席棚泪流满面，尊一声二将爷细听我言。可怜我有八十岁的婆婆她三餐未曾用饭，眼见得就饿死在那那那席棚外边。"这一下要把它唱出来，【二黄】的【摇板】要把它唱得很快，这很有意思的，那准是有好的。嘴上要看你有没有力量控制，关系很大。到时候你想那么快都快不上去，得要换气，得一下就把它唱出来。

（听众：这种算不算破格呀？把原来的【摇板】变了。）

这是原来的，把它唱快了，是【滚板】。【滚板】是【二黄】里头的，普通唱的【快板】是【西皮】里的。这块非得要超着锣鼓唱，很紧凑、很紧张的。

这种就是非要唇、齿（相配合），（示范）"可怜我有八十岁的婆婆她三餐未曾用饭"的"三餐"，这是最快的。"未"（vi）也是上口字，要是wei，就完了。"为（wei）什么"的"为"就不上口，他们现在把"为什么"的"为"也念成上口字，这是不对的，上口字、不上口字是有分别的。这唱的时候占便宜，您取消，我不取消，我唱出来好听，但是我还照着规矩来，规矩里头就有变化。我听这么多唱《朱痕记》的，全都是王校长一派下来的，就没听一个唱快来的。

（听众：王瑶卿先生唱是不是也那么快？）

不晓得，我没听过他唱。这个腔是他的，我把它加快。《朱痕记》这里（剧情）有连带关系，她在那要饭，要饭也不看时候，早饭已过，午饭未到。天天来得不凑巧，那边要饿杀婆婆了，她就急了，你赶快给我点东西吧，我婆婆要饿死了。

从前用话剧导演的方法，好多的就是这样。20年前白话运动的时候就主张《玉堂春》别搽粉，应当穿布衣裳，披着头发。要在这一跪一唱，披散的头发让它像干草似的，那听戏的不全走了嘛。曾经《牧羊圈》不搽粉，还要甩发，我们从前跟陈啸云先生学的那阵还有打三个嘴巴。让她见侯爷，一个女人怎么见侯爷呢？那是封建的时候，没法安排，把她打出去，这个还很难为情的，当着大众打自己三个嘴巴，后来我就不要了。

《牧羊圈》的女生不打扮，清水脸，慢慢地就美化了。从前苏三也就是一个抽条、素的衣服，也不戴很多，我那枷锁就是木头的，就不用玻璃镜子的。玻璃镜子有一样坏处，尤其电灯光照下来脸上不好看，我就改木头了，又没有反光，看上去又很舒服。后来他们就拿起去做了。什么东西你就去想一想，里头老有东西，只要你去想就全归艺术这一门里头。

王校长真是一个创造者，真是了不得，真是博学。不仅是青衣，老生也全都请教他。他跟谭鑫培先生唱《宝莲灯》，又有身段又有节骨眼，绝不会弄乱，可见他有研究。

（五）

《宝莲灯》里的"侧耳听"一段，这是一板，就这里的第三句变化得多。头一句或者把第二句连上，到取消一板的倒是有，比如说《锁麟囊》和《武昭关》。

（听众：这个【二黄】头一句，都没有加一板。）

老生、青衣全是这样，全都是老的方法，就这么遗留下来。【西皮】里有在板上转的，有在头眼转的。我总喜欢在旧有的腔调里给它加工，所以容易接受，也容易很别致。【西皮】的老腔第三组是拉腔，比如（示范）"宝钏"，完全极老的；我把它加工就这么加：（示范）"宝钏"，就变了，还是老的，在里头加东西，听起来觉得有老腔这个味了，先入为主，这是最简单的方法。可是这个东西不容易加进去，比如说擞音。

（听众：青衣的戏，【西皮】的多还是【二黄】的多？）

总之从前的开蒙戏就是《祭江》《祭塔》，【反二黄】最多，将来排什么戏，完全在这里头去找东西。

【二黄】的戏有《二进宫》，【西皮】就是《玉堂春》，反正就这几个调子，青衣挺简单的，后来【南梆子】也多了，【快板】也多了，以前【快板】没有这么复杂的。

（听众：【南梆子】是后来的？）

【南梆子】是后来的，排《碧玉簪》的时候安的【南梆子】。

（听众：应当是【西皮】多一点吧？）

【西皮】多，有【二六】，有【快板】。

（听众：【二黄】难唱一点。）

【二黄】见功夫，费嗓子，男怕【西皮】，女怕【二黄】。

（听众：像把腔给它一个变化、一个创造，是不是也还有人不同意这样子？）

那倒没有。我们是在旧的里头去变化，你要把它推翻，我新来一个，那就不成了。所以我这个过程，到如今还是有所本的。

（听众：有怪里怪气、怪声怪调的，追奇、标新立异的，人家反对。）

那是，标新立异的就不顾这个乱转，所以我们总是有所本的，印象也有，先入为主。尤其是从前老听戏的，你就得迎合他的心理，所以我这个发展得很快也有关系的。

（听众：都是取新腔，一些人取了新腔，人家欢迎，某一些人取了新腔，人家反对，我现在记不住名字了，有这样的言论吗？）

不是很多。上次在上海召集的座谈会，刘晓恒就说，从前人说"我们是'海货'，他们是'京装'"。从前唱的，你说它不近情理吗？是真近情理。咱们北京没有这个，打武把子，除去闹热的戏打出手，要下场掏腿，把腿抬起来，要是刀马旦腿全不许抬的，这就是一个规矩，那阵是"行不动尘，笑不露齿"。忽然女的把腿抬起来，现在变本加厉全朝天弄，那更不成了，连耍下场、掏腿、抬腿全不许，武旦可以的，刀马旦像《马上缘》《穆柯寨》绝对不允许。像小杨月楼跟周先生一块唱的，那真是连打带唱，一边打一边唱，打完了待会又鹞子翻身转多少身，对着枪打着转。

（听众：白玉昆都是这样搞，后来就骂去了。）

这也是有道理的，打起来了当然不能就闭着嘴打，一边打一边骂，你说不近情理吗？可是不成。北京的练习扎靠、髯口、宝剑、翎子，全都得要下猛功夫，也不肯这么连打带唱。上海把旗子取消了，像《收姜维》的靠也不是那样，厚底儿也换成薄底儿，胡子也是粘的胡子，30年前就粘胡子，是先进的；可是北京练功的时候越零碎多越见功夫，瞧的就是你这个，要是打一下胡子也掉了，翎子也飞了，靠旗也卷了，这不成。靠旗哪儿都不乱，这才是好演员。前多少年，在北京唱戏不能胡来的，像演员带一个"他妈的"，不可能的，那叫所谓脏口。小花脸、小丑，全不许带脏字，实在严格极了。

（听众：另一面是革新的精神可嘉。）

叫好儿是真叫好儿的。

（听众：京派就干干净净的，规规矩矩的。）

绝不像现在的京派，脸上不带表情、喜怒哀乐全表现不出来，这也是一个大忌讳，一点没有朝气。从前跟杨小楼先生唱《长坂坡》，他看着真好。不是说他是好角儿，一出来一瞧就是杨小楼出来了，不是。《长坂坡》是都在那逃荒，保护刘备跟俩娘娘，一出来他也恭顺极了，不是出来一个【四击头】，亮得那么挺那么高，杨小楼都不是，那简直恭顺极了。刘备坐在那，他还遵守君臣之礼，对俩娘娘也是。等打起来了，那精神就来了。戏是要这样的，他把他本人抛开了，他就管他这戏中的赵云是怎么样的，看着真好，有时候真能看入神。

像《宝莲灯》，王校长要唱："打在儿身痛娘心。"（示范）"痛""痛娘心"，他的腔完全拿鼻子出来，那唱得好。一般的不敢这么唱，还得有功夫。

（听众：一般人遇到这个"痛"，就是短音不拖。）

跟咱们老先生在一块儿，真是有启发。所以，后来就有这么一个观点：今天我们要看一天戏，不管你是好角儿唱还是次的演员唱，我们去看了有所获，那就高兴极了。我看韩世昌他们演《跳墙》，一个"老小姐"出来规规矩矩的，袖子弄得好极了，水袖一点也不乱，很舒展。嘿！我们就得到好多收获，这一看今天就没白看。这袖子挺长的，不许踢里秃噜的，这么一折，不许把这翻过来，忌讳袖子在这，手这么露，京剧必须搁在这挺整齐的，用的时候再敨[1]。

"勾、挑、撑、冲、拨"，这些全有用处的。我们今天说的这些，全是基本功夫，不是说看见了就是这个了。就"一、二、三、四、五、六、七、八、九、十"，你要把这些喊准确了，那在台上就够用了，你唱什么音，就很自然。你看这几个字很简单，且喊不准呢！所以我老有这么点感觉，你创造腔也可以，想出一个身段也可以。你想的就想出来了，大家也想起来了，"哦，是怎么样的"；可是（你不想）谁也不可能想去，等你想出来，大家全来用了，用了觉得也很好。

所以，我们排《费宫人》的时候就是。崇祯死了要上吊时，得掉一只靴子，那阵是俞振飞演的崇祯，说，我这只靴子怎么办，穿得挺高，蹬下去怎么下来呀，怎么甩下一只？那不好甩呀，跑着圆场就上山了，那也是立体布景。我说，你呀，你要是屁股座，坐下来就把靴子的后跟秃噜了，脚后跟不就从靴子出来了吗？你再一边走一边来，到一圆场你再甩出来。他说，好，这个好！可是他就问你，这个我怎么往下进场？你就得负这个戏的责任。你就得给他想，先屁股座，把脚后跟先拿出来，再站起来走，到时候上山赤着一只脚。其实想这些小东西顶难了。导演必须要知道这些东西，你得给他解决问题，到时候他就找你说呀。所以京剧导演非得把这一套东西全知道了之后，再给他去加工。这一套东西你要不知道，你怎么给他加工？京戏的导演很难的。青衣、花旦分多少门？老旦、小丑、老生、武生、花脸，一个人是一个人的动作，一人是一个脚步。花脸的手全是怎么样的？老生是怎么样的？小生是怎么样的？旦角是怎样的？为什么要那样冲出去呢？他就是到台上要夸大。花脸要拍多少，武生要拍多少，老生要拍多少，小生应该怎么样，全都有一套东西，你弄得不对了就不好看。这里的玩意多了，全把它弄清楚了，那没有一个出来不好看的。为什

---

[1] 敨(tǒu)，方言，抖动使展开。

么出来不好看，瞧着不像个大将，大将的戏份多少？比如帝王将相、典型人物的形象问题，一个人有一个人的风格，你不去研究，将来排戏的时候就有问题，不能按普通的就上来了。尤其京剧要分，高宠一个身份，赵云一个身份，性格全不同。研究腔调也是这样的，也得按身份，一个是唱庄严的、庄重的，不要转花腔。花腔要看什么地方用，不能乱加。

（听众：您再讲讲陈德霖先生的老腔。）

陈德霖先生一个新腔也没有，就是【二黄】的三个腔，千锤百炼的就是那三个【导板】，很流利的，他也不讲究字，不像王瑶卿先生讲字、音。他完全是拿声把腔唱出来，完全是那么一个路子，不讲字、配合、感情和动作，完全是一种过去的东西。

（听众：再他的上一辈呢？）

他上边有余紫云先生、时小福、胡喜禄，不过咱们将来说这话要选择一下，我就怕咱们在这儿信口开河。

（听众：好的东西我们要取其精华，是有很多的东西，比如说掏翎子。）

翎子也是一个功夫。

（听众：宋德珠上去唱一次折一个翎子。）

那全得有方法的，全得有姿势。髯口也全都有姿势，翎子也有姿势，纱帽翅也得有姿势。姿势，你净是有势没有姿，配着就不美；已经有姿，没有势衬托着，华而不实，没有依托，得里头有东西。那天我看《断桥》，就感觉有一点华而不实，表面上挺美，那要见功夫了，没有功夫。（听众：过火了。）要看过火的是什么？是身段过火了，还是表情上过火了？

（听众：他是自己发展了一下，发展的基础都变了，不是好的发展。）

不过我昨天看了《闹天宫》，我也有这么个感想，就像我在上海唱戏，白天盖叫天先生的儿子张翼鹏唱《闹天宫》，真好，还有曲子，布景也好，立体布景中云彩占满了一台。猴与托塔李天王俩人各种各样地打，打完一段托塔李天王还有一段唱，现在他的唱也取消了，昨天打的弄得乱了，没看清楚……

（听众：他这是当然了，都是学校的小孩子。）

（听众：那个打是真不容易，他明明知道他那里打起来，我这里招架，人家还没有打起来，就不能等……）

这还是好的，当然这归武的了。还有打仗或是借船的，俩人一见面，谁给对方打了，翻一跟头，又上了一队，也打了，这全不对的。从前富连成就小孩打几下，一招一式的。俩人打起来了，打你，你得看着，你打我脸了，我好还再打你，不能稀里糊涂、心不在焉地下去。这也是留下的东西，没有加工好，糟蹋东西。

（听众：杨小楼最主要的特点是什么？）

特点是他装什么像什么。装孙悟空美猴王真是美极了，猴的身子动作自然，舞台上好看、美，他真可以说是美猴王，真是漂亮。他就是猴那么柔软，那么绵，倒杆的时候一蹿上去就倒下来了，那么平着上去，看着又不费力，心里又挺松快的。他演大将就是大将，像楚霸王、姜维，演姜维他就是姜维。演《艳阳楼》，就是一花花公子。他把人物弄得好极了。他还是文武昆乱不挡，真好。三十多年前，在他那个期间里，就没有像他的，周瑞安还勉强，但相差太远了，就是他的身量跟唱法，学的杨先生。像孙毓堃是学杨先生的，可是就一点皮毛，看着就了不得了。他只能是扎靠好看一点，像短打的《恶虎村》《赵家楼》，就不能比了，就没有东西了。他什么戏什么身子有什么的脚步，短打是短打的脚步，猴有猴的脚步，扎靠有扎靠的脚步。学生忌讳开蒙先学猴，那就身上动作全完了。猴非得成了人之后，你控制住了，才能让你唱猴的戏。还有，陈啸云先生给我开的蒙，教的我青衣的唱，那我就像他，我走的脚步就像他。谁给开的蒙就像谁，这很奇怪的，说不清这是怎么回事。（听众：先入为主。）先入为主，那就改不了。梅院长是王瑶卿先生给开的蒙，脚步是朱琴心先生给开的蒙，他就像这俩开蒙先生。像李丹林，是赵芝香先生给开的蒙，你怎么改，老有赵先生的那个后音，这是很奇怪的。我可真是看多了，王金璐是李洪春那一路子，出来总有点那个样子，谁开蒙就像谁。王吟秋就是王瑶卿先生给开的蒙，怎么教他，他总是带那个味。

（听众：就是以后发展、变化，还可以找出那个根。）

不知道怎么回事，他就归在那个音上去了。

（听众：有的时候他习惯了就是一个不自觉，等到自觉时你要来改的时候，里头还有个技术问题。）

（听众：打了个基础，就是根扎在那个地方，你建在那个上面。）

（听众：这也可以这么说，一个人有一个人的特点，不管是毛病也好，不是毛病也罢。他学的时候就学这个特点，特点他吸收过去了。如果要是有人给他分析出来哪一点特点，拼命地改那点特点，或者能够遮过去。）

（听众：最初学的时候，主要是模仿得多，就是模仿，等到后来能分析一些东西了，但是那基础已经打好，连精华、糟粕都一起吸收了。）

周先生他们是看得多了，各地方戏看得多，我们也喜欢看，就启发我们，他怎么就那么舒展，这就有所获了。各地方的戏，各地方的唱，各地方的动作、化装、表情全都有关系。所以李玉茹说：看看梨园戏吧，梨园戏真是古老极了，走脚步俩磕膝盖对着。我说那就是练脚步老的方法，膝盖带进来这么走。你怎么去发展，怎么改别的，这要去运用，可是练是要这么练的。这是很有道理的，俩膝盖对着，脚步就迈不大，他就是要让你练小的脚。

（听众：对于开蒙像谁，多半是相同毛病，毛病容易像，容易学。）

正恰到好处，那可真不容易。像王校长老年专门有那么一个音（示范），有谁要学他，专门也要有这个音，因为不来那个不像王校长，他那么一来，更糟糕了。这个东西要辨别的。我们观察梅院长跟王校长之分，就是王校长一套东西很博很丰富，完全就是这套，他不跟着时代走，东西是好东西。梅院长总是往前进，什么全吸收，古装也是，看画、看电影，而且他那儿人也多。王校长那儿的人完全是艺术界的，就是门里头那点东西，都不上外面吸收。

（听众：古装戏是从梅院长开始的，以前没有古装戏？）

（听众：我记得梅院长的《洛神》就是古装戏。）

（听众：不梳大头的，吊辫子的，就是古装戏。）

曾经那位梅大夫人，梳那一头得多少钱呐！另外加钱，得先拿钱，要不然她不给梳。尤其戏还叫座时，俞振庭先生他们20块钱赶紧就拿了。

（听众：程院长，您赶上跟杨小楼先生同台演戏吗？）

同台我们就是义务戏，全都汇在一起了，那很整齐的。像唱《回荆州》，龚云甫先生的老旦，杨小楼先生的赵云，朱素云先生的周瑜，高庆奎先生的鲁肃，王凤卿先生的刘备。（听众：都是好的。）还唱过《长坂坡》。那阵我也不懂，还是小孩，后来到二十五六岁的时候，要研究艺术了，谁的好处就要看了，但是我也觉得没有什么东西。后来有一次，看到《铁笼山》，那真好，真是大将的威风。他要打多少个人呐，那些人很快的，他是很自自然然的，那就是有步法在里头。人家走十步，他三步就完了，应付有余。俞振庭先生不如他，他能唱。现在武生的唱，就一个李少春、一个孙毓堃、一个王金璐还宗他的唱法。在三十年前，没有人不唱《落马湖》，一直好听，那是合乎武生声调的。那可了不得，真是一代宗师。李少春的唱里还有点俞菊笙先生的味，话白里有杨先生的味，杨先生的音宽、亮。周先生的嘴上还有功夫的，他话白有他的好。其实他就把他那一套拿出来倒好，他这回又有顾虑了。

（听众：顾虑什么？）

恐怕让人觉得太过火了，得规矩一点。这一规矩，好像里头不匀了，忽然冷一下，忽然热一下，有那么一点感觉，要不然就一起火下去了。恐怕是限制住了。从前他发明的不单是粘胡子，还有不吊眉毛，他们早就不吊眉毛了。这阵他的眉毛也吊起来了，是不好看，眉毛这么一来，坐在那儿瞧着老跟大傻瓜似的。不是说吊着眉毛怎么了，吊着眉毛眼睛就有了精神。你要是那么一来和全是慈眉善目的戏不配合。所以不能想起什么就来什么。吊起眉毛来的，说你老生干嘛那么英武啊？眼睫毛画点白的照样有神气嘛，不好吗？可是你要这么一来，远瞧着就不好看了。所以，你说把髯口取消了，胡子画在这儿，你看什么人发明的这个东西（髯口），就是美嘛，你搁在这，远瞧是正好。要是粘胡子唱起来，尤其是京戏唱起来张着大嘴，这儿一胡子，这儿一胡子，太难看了，太不美了。

（听众：那是整个的一套，有髯口配合着吊眉毛。）

你要动一点，就得全部动，不能说我想起这不好就不要了。十样搁在一下，成功一个戏，扮上了是那样的。你说不要这不要那，就不成，不配合。

（听众：唱好以后我看一下，假如不用胡琴伴奏的话，你只要一改就对了，就有味了。）

（听众：不能说不要胡琴，得加东西，丰富起来。）

往上加东西，你还得给机会让他唱，人家要是想弄西洋的，你就得要彻底，把人家好的取来，想事、配合音乐，到一个什么阶段你这里唱起来自自然然的。要是这布景也没弄好，什么也没弄好，胡琴也不要，我这要唱了，就不成了。你非得想一个整个儿的东西。

（听众：比如我们用管弦乐，你规章什么都改了，那我们来演个曲，等于你另外创作一个。你要是在这个基础上的话，音乐还在这就……）

所以我想将来像您还有马可先生讲，帮助京剧来增加音乐什么的，多少得知道戏里边的调子、锣鼓，沿着根本的腔慢慢往上加，就好像先有个四柱，观众就觉得这好了，慢慢再来。观众现在先入为主，他有那个印象了。有好多的，像风声、雨声、之后各种的冷场的地方配上音乐，那是好的啊。

从前王校长说一个演员必须全都得知道用的牌子，全都要会唱，王瑶卿先生是跟着曹心泉先生学的。一个演员必须要知道锣鼓经。锣鼓也是有发明的，有这么一套东西，怎么打法全熟了，熟能生巧，里头就要出东西了。从前也有几个打鼓打得好的，像刘顺先生，他打出来的跟旁人就不同，上来又火又好看，一样的【长锤】，可是他打出来特别极了，一样的旋律，里头像舞蹈着就出来了，这怎么不好呢？他就是熟能生巧，他也不是一个固定的东西，有一套方法，不拘成法。好打鼓的全是这样的，好的唱的也是这样。随便唱，随心所欲的。有好几个阶段，刚学的时候总把毛病学上来，恐怕不像他们；等能够辨别了，能吸收腔调了，我就马上不按照这个节奏来了，就在里头想东西，怎么灵活运用。到了这个阶段，连身段带配合，再创腔，什么全都来了。

（听众：锣鼓经就不像腔，上了好多新东西，锣鼓经我会觉得新东西很少，老早就有这些东西。）

伴奏里头也是有情感的。我那一套东西，真可惜了。有一个白登云、高文诚、吴玉文、周长华、大锣王富贵、小锣陈文荣，就学校的一套。真好，他们拉的也有感情，打的也有感情，锣鼓里也有感情。锣鼓声的高低，你这里急了，他们当然就来了；你在这想，他们也跟着你来，配合着你的动作。要是给你打快一点，你慢一点，那看着就不舒服了，没在一块儿嘛。有一帮人追着打鼓的听，到了地方上，单听他们。（听众：给胡琴叫好儿。）所以胡琴必须要自己带的。为什么呢？从前交代的锣鼓哪儿住、哪儿起全都有规矩的，完全是陪衬演员的，以演员为主。从前是您那儿有一个班，我一个人上您这儿搭班去了，不知道外头是怎么样的，哪儿应该唱他有手势，有交代，哪儿不唱、哪儿要唱、哪几句，全都有交代。后来不成了，先生不教这个，就带个胡琴，带个打鼓的，慢慢就带整堂的了，这就是我的。我要高音，您是低音，你就得将就着我；您这高音，我低音，您是好角儿我得去将就您。今天您高音，我是次中音，相差太远也得跟您配。可现在拉胡琴也有这个毛病，像钟世章他们就是，恐怕人家不知道，我得要响！错了，比如我是次中音的，给我来一个比我高上一点的，我这里唱着就不舒服了。他可响了，外头听见了，这是个大机会。要么童芷苓她们那个座谈会，说现在音乐跟演员竞争、竞赛，你要快我比你还快，你要响我比你还响，这是一个大毛病，不应该这样，得要合作。好像现在音乐独立了，从前完全是附属于演员的，你要什么东西有什么东西。拉胡琴能够把腔拉好，过门拉好，这也是不容易的，拉胡琴很难的。

一个人有一个人的戏，这个人假定要是也会梅院长的腔，也会荀的，也会我的，那简直了不得了，那得抢了。会专门一个人的就了不得。所以说，当一个主要演员是最受罪的，不如当一个二牌的、三牌的，又得钱，又得买他的账，主角是顶苦的，成名一个主角太难了，多少人来攻击你。你像梅先生他们有姚玉芙、李春来，他那儿有一套，我这儿就等于跟一票友似的，没有人管事，全是一个人来，那危险太大。所以您说的关于演员的道德问题是很好的。

（听众：乐队跟演员的关系大不大？）

这关系太大了。今天您是一个主角，我是给您拉胡琴的；今天的配角也有一段唱，那见着拉胡琴的，就得许给他多少好处似的，恐怕调门给你顶高一点，那你上不去了，这是常有的事情。

（听众：今天声音好一点，调可以稍微高一点。今天声音不怎么好，是不是也可以弄掉一点。也没有固定的，高一点低一点他也可以给你打的？）

[听众：你别想固定的调，现在西洋的调固定，那就是倒不了的。昆曲就是那个调（程砚秋：有限制），超不了。《贩马记》的老生的调好高好高。]

我想恐怕您知道很多关于演员道德的问题。像那天报告的东北的好角儿说，次要的角儿就比我叫好儿叫得多，这个好角儿不高兴了。这东西有组织的，今天我跟你好角儿唱了，我要好儿多，那我可有了机会了。这在戏班子里头也是有一套传统的。那个时候听戏的也是好像谁好儿多，谁就是好角儿，有那个组织的。组织叫好儿还算好的，还有一种不道德的，就是你头里有一个戏，末里有一个戏，是好角儿唱，你次一点，就是我组织一下，你唱完了就走了，后头这个更难过了。要是好演员，有道德的演员，你今天同台了，知道你后头这个人什么戏什么腔，头里就不使这个腔。那天我们跟梅院长唱《三击掌》，他全是【西皮】，就是要躲那个东西，你得让这个。先把后头的刨了，那是不道德的。

演员上台必须要互相衬托。王少楼就是我给他带出来的，那阵小孩带出来跑到大班子里很不容易。后来我要出国，他就跟杜丽云去唱。我回来后他又给我唱义务戏，唱《骂殿》，等着我唱完，该我"骂"他（王少楼饰赵光义）了，他唱了一段，该我唱"享荣华受富贵要它何用"，他转过去了，唱这个得有对锋。几年回来了，他这套学会了，没出息啊！等我唱完了，他转过来一唱，这不是很有好儿啊，就好像压过你去了。这是互相的，你要这一来，你跟我唱，我也会躲开你，我就不给你衬托了。老版是他讲什么我这儿在听，听完了给他衬托，你这儿唱也有好儿，也精彩了。你要这么来一下，我也这么一做就得了，你就白唱了。就跟《武家坡》似的，两人对唱，这儿"啊啊"唱【二六】，那儿老生又喝水又漱口，这全不对的，这就是道德问题了。像我，我比他高一层，我好儿多，为什么给你衬出好来？他忘了这是一台戏，要互相描写人物性格，唱也有感情的，也有对方的。他是知道你哪有好儿，哪有腔调，他给你撤下来。所以，我有生以来没有组织叫好儿的。其实我唱得好坏我自己就明白，哪个有好儿了，我就记住了。戏也常常改的，哪儿哪儿不对，或这儿是不宜多唱，或这点不宜多练。全是好儿，那就糟糕了。叫好儿就叫好儿，不叫好儿就不叫好儿，我还不愿意人叫好儿呢，你这里聚精会神，人叫好儿给搅了呢，我还怕人家叫好儿。

从前王蕙芳先生跟梅先生合唱，那阵王蕙芳先生比梅先生高一点。他们合唱的时候，观众认为梅先生比他高了，可是按地位，是王先生先成的名。唱《长坂坡》，梅先生是那个抱着孩子跳井的，等要上去的时候，他把孩子抢过来，他这一抢过来，他就变成跳井的那个了，硬改。临时他都抢过去了，谁抱着孩子谁就是糜夫人，万不能甘夫人抱着孩子。这也是道德问题了。

（观众：像您刚才讲的《回荆州》，这个义务戏很多有名的演员，事先是不是也要排一下？）

那怎么会排呢？全是旧的戏，也差不多。（听众：大路子……）那不会错的。（听众：那唱的几个腔也还是？）普普通通的。那真是好啊。

我们大伙"反战"的时候，唱《八蜡庙》的义务戏，梅先生唱黄天霸，杨小楼先生唱张桂兰，龚云甫先生唱费兴，萧长华先生唱施大人，全是反串，真整齐。那时梅先生刚娶福芝芳太太，杨小楼先生那阵念白："我张桂兰，亦名福芝芳。"台底下"哈哈哈"。剧中张桂兰是黄天霸太太……有意思极了。

三、程砚秋谈《荒山泪》创腔[1]

研究腔调，先要把字高低弄好了，再往上装腔。实际上腔全是旧的，可是字的高低变了，腔就变了。大致全都妥了，就研究字是什么意思，是悲是喜是忧愁，要唱主要还是唱感情。心里有这个意思，你是冷了就冷了，高兴就是高兴了，观众看就是跟你一样的心理，反正就怕在那呆板地唱。

（听众：安腔的时候你们也考虑到动作方面吗？）

想腔、创造腔的时候先有大致的几句腔，哪边是长的，哪边是短的，哪里应该拉腔，哪里应当转快的。想完了之后，要看合不合这一幕戏的环境。腔随时改，这儿过不去了、生硬、不悲，一个字高了把人听得心提了起来，要想怎么往下再缩一下。这是一种笨的办法，把它再低沉一点，就有一种悲哀的感觉。一个腔不定经过多少回改。

《荒山泪》差不多也有20年了，也全都是摸索，也没有写好。那时候打破成规，让它紧凑观众的心理，不要在虚场里走一个过场。《荒山泪》开始，第二个《春闺梦》就把闲的场次全都不要了，要想办法地避免，不能雷同。那会儿编戏，起兵前往往是先起霸，照旧有一套东西。像《荒山泪》和《春闺梦》，虽然是新排的，就尽量避免这个。《春闺梦》是一个战场，但把打仗你死我活的场景全免了。虽然像一出武戏似的，结果是一个文唱，做梦的时候就把兵冲出了。那个时候也是想避免不要跟别的戏雷同。尤其那时候的观众严格极了，只要像一点旧戏的东西，大家就觉得熟悉。这是那时候排《荒山泪》和《春闺梦》的劲头。

多看戏、多听、多见对演员是有帮助的，在整体当中观摩学习帮助太大了。比如要避免杂乱无章地挡起两旁检场，或者让检场的穿上特别的服装，穿蓝缎子的、带着色的衣服，跟剧不那么配，来搬东西显得突如其来的。检场的形象不好看，我就想着戏里边应该怎么处理。《锁麟囊》用丫头代替检场，带上身份，还得安动作。现在三个龙套站着，一个去搬椅子是不可能的，四个人短了一个，那个去搬椅子去了，尤其让观众知道了，是顶不好的。顶好是剧情里结合得进去，你还得想动作，哪样不生硬。搬椅子也得艺术，也得要美。那时有一个《三进士》，有让座的情节，那是（二儿媳见）那个母亲越说越是他们家里人嘛。我就觉得这个好，脑子有印象，将

---

[1] 本节的录音原题为《谈〈荒山泪〉创腔》，整理编辑时略做调整。根据录音内容，该讲座应是程砚秋一边播放京剧电影《荒山泪》，一边进行讲解的。录音中听众发言、情境说明等内容，在文中用括号标出。

来旦角要不也编这么一个戏，带上这个身段也全都挺好的。多看戏，不定哪块儿就采用上一点，多看是对的。我想戏剧，各地方戏全是互相排、互相取经。

想动作永远要紧凑，场上没有那就是在后头换衣服，同时还要把时间全得设计在里头，先想腔调，然后再创造身段。

我还有一种感觉，假设演员没有多年的经验，你让他创造出一个戏完全稳在他身上，是不可能的。一出戏创造出腔调，有动作，有美术，搁在一个人身上，他就能把什么都来一下吗？京剧不是这样的。京剧往往是你学了一出戏，我教你传统的剧目，你摆得让人看着尽情理了，这就相当好了。慢慢地本戏唱得多了，知道得多了，就有比较了，说"我不要像这个，不要像那个"。虽然我的腔调有这么多本戏的腔，大致听上去全是一个样子，就是【西皮】【二黄】【反二黄】，但是你细听里边就有点区别，总有点变化，同时一出戏有一出戏的感情。观众是清楚的，可能你出什么戏，他就看你什么戏。他就给你分出来了，这里不同还是那里不同。或者是高低字不同，或者在底下多绕了一下，或者在上头多绕了一下，他分得清楚极了，这个很有趣。观众有这么一个心理，所以排戏也是这么一个心理，一个戏要有一个戏的腔。

编一部剧还得看剧本有没有把握，能不能成功。要有把握，出来就要让它成功。过去完全是私人的，做服装等是很大的一笔开支，假如你只唱了一两次，还不够服装费呢。反正排一个戏心里就要有把握，观众什么心理，成不成功，自己得有数的。我们有好多作废的剧本，那个时候编剧也不多，就三四个人，全请他们编，编完了，要是看到咱们想的意思和他写出来的不一样、不精彩，那就作废不排了。比如《祝英台》，我在一个半月里就连唱腔带排戏、服装全想好了，可是这个戏我是在两年多前先有印象，这儿应该唱什么，那儿应该唱什么。前三年或前两年我就看西南军区政治部京剧院演《祝英台》，是王吟秋、李蓉芳他们演的，觉得这个戏很灵活，我们要排的时候哪点要加重，哪点松，哪点紧，哪里唱什么合适，看戏的时候咱们心里就要这么打算。等川剧《祝英台》到北京来，把川剧、京剧融合在一起，再把自己的意思粘进来。当然有的京剧就不能来，像《楼台会》，地方戏有地方戏的细致，京剧得有京剧的格局，不能让人看着京剧像福建剧，或者像越剧，那就把风格抛弃了，必须要顾自己本身戏里的风格。越剧有越剧的，福建剧有福建剧的，京剧有京剧的，梆子有梆子的。把大家的好处搁在里头，采用一点儿，不能完全搬。要是完全搬了，那一瞧，这就是越剧的《楼台会》呀。所以，我那天没有《楼台会》，就是想要剧情来得紧凑。说一个半月连腔带排、服装就来了，那不可能，哪有那么聪明的人，就是曾经看过西南的戏全都在脑子里，随时注意，脑子有就用上去。那阵还考虑《祝英台》过去全是地方戏去唱，京剧别唱这个。但是川剧这么一排，觉得很好，京剧排出来跟西南的不同，跟越剧也不同。

电影跟舞台不同，场次也不同，有的在暗场挪到明场。同时，电影里话白和动作有一个画面的设计，完全跟戏上是两面的。台上的东西才是讲究规矩的，有线条的，不是圆了就是方了，主要就是给观众看的，锣鼓全都是有联系的。电影里没有这个，电影里一上场就搁了一个织布机，在台上就不可能，那你怎么上啊？那就妨碍人家视线了。舞台的东西就是要给观众看的。电影不妨碍舞台艺术，电影跟舞台的规律完全不同。

（按：此处背景音有《荒山泪》片段）[1]它唱法两样，那胡琴应该是穆铁芬，他（平时）就用俩手指，按道理【西皮】它是三个手指头，【反二黄】是俩手指的，唱这个腔就得要四个手指头，才能滑到那个音。周长华告诉我："别研究了，再研究我得六指了。"[2]（众笑）往下面滑那么一点，它就变了。还有我研究腔调，不推翻再重来，全是旧有的东西在里头去变化。（音乐）这是旧腔的变化。[3]还有一个取巧的是什么呢？旧的东西贴心，观众容易接受，他们脑袋里有这么一个东西，你变化了一点，他们就会去研究你怎么变化的。完全推翻了再来一个，就没有原来的那个印象。

（音乐）"对孤灯思远道心神不定"，要是在台上，就远远地瞧见了，表示她心理，（电影里）在那儿靠着，瞧着那灯，动作跟表情那就完全两样了。这要是在台上，都是夸大的。它（电影屏幕）就那么一个方块嘛，就限制住了，到时候瞧着、指着那灯，这么一来、一瞧、一伸、一想，就算演完了。这个很不容易掌握，那个来惯了，忽然它变成这样，都得想，连带表情、动作，都有关系。它不是现成的，得把舞台的东西联系实际。在台上还能把焦急拿动作形容出来，作出心里头不安的那个样儿，电影里表现不出来。它会用各种话剧的方法。

（音乐）"忙移步隔花荫留神觑定。"这里她（按：指张慧珠）一出来要让，跑几步，开开门出去，再细

---

[1] 背景音为1956年电影《荒山泪》中张慧珠"谯楼上二更鼓声声送听"起的《盼夫》一段，为【西皮慢板】。此时张慧珠内心担忧高良敏父子迟迟未归。

[2] 此处提到两位琴师，说的是从前《荒山泪》舞台演出时的情况，并非电影中的伴奏。

[3] 此处背景音播至"父子们去采药未见回程"一句末的落腔。

瞧外边——瞧远，瞧了瞧，瞧到这边，老在这边做身子，全跟舞台上的不一样，整个儿得完全变了。（观众：这个"留神觑定"，觑定在哪儿，不能轻易去想呗？就是跟着腔依次走？）唉，她觑定在哪儿呢？在细瞧嘛，在觑定嘛，觑定是在哪呢？哦，原来是她秋风起扫落叶的声音。"之声"就是俩清声字，它的旧腔就在这儿变了。这是什么呢？这就是从前老辈留下的【西皮】固定的腔，【二黄】固定的腔。一般【二黄】呢，第三句就要拉腔了，第四句出。【西皮】也就是这么几个腔。这几个腔始终保持着，变化也就在这里头变化，字的高低也是在这里头变化。这几个腔留下来，从前不定有多少，这东西都是千锤百炼留下来的，淘汰不了了，固定了。青衣没有几个腔，【二六】两三个腔，【西皮】四五个腔，【二黄】也就四五个腔，比较来说【反二黄】还多一点。现在的腔调可以说完全是旧的，就是完全根据四声高低跟感情来。所以我们来看，这就有限制了，得顾到四声了。有的时候不顾到四声，随便那么唱，按照自己习惯的声带自由发展，不管字的音应该唱高还是低，还是得想。我认为我得到这倚字的四声对我的帮助太大了。要是我创新腔，推翻旧的，单独创造一个，观众且不予接受呢！

《锁麟囊》也是，一听的时候，喜欢我的戏的也说："你这太新了。"慢慢地来，听过六回了，他也会唱了，他不觉得新了。这是什么原因？因为《锁麟囊》就在旧的里面，它是有所本的。一出《锁麟囊》完全是新的，那什么时候能学会？赵荣琛也是，刚从重庆到上海，一听见《春闺梦》《锁麟囊》就觉得难了，说这怎么唱？我说怎么唱，你听上几回你就会唱了，单那一月的工夫，他记了不少，就全会了。腔调和拉胡琴一样，非得有基础，抓着规律了，那发展就没问题。要是没有以前的基础，《荒山泪》怎么会那么快两个礼拜就彩排？（复述钟世章外出，临时请张长林学拉伴奏不成的故事。）

（音乐）[1]这里全是悲哀，悲哀就是（婆婆）"死"过去了。【小导板】然后赶紧快请【大导板】，我一个人唱又是一个高的，她（按：指婆婆）就"死"在那儿了。我再慢慢地唱"看老亲和幼子"，完全跟戏台上不一样。（音乐）[2]老的简单，这个【导板】是复杂的，要是随便来一个普通的【小导板】，还要顾虑到观众觉得没有那个好。这个复杂，完全是一个【大导板】，下边也挺慢的。"妈呀，你快瞧瞧我奶奶吧！""咋了？看老亲和幼子痛断我心。婆婆，快快醒来！"唱，

---

1 背景音乐播至张慧珠婆媳得知高良敏父子连夜去采药俱被老虎吃了，婆婆急得昏厥吐血的情节。
2 背景音乐播至"闻凶信他父子山中丧命"后，"看老亲和幼子痛断我心"前【导板】。音乐中止。

然后吐血,这就是一闭幕就完了。将来还得看看哪个合适,可是你要一唱【大导板】,大伙全在那愣着了,台上不能瞧你一人,了解你一个人心里的难过,要是大伙都在台上,那就太僵了,这里恐怕得有一分多钟。(听众提出"看老亲"可以快一点,前面一句可以保留。)(沉默片刻)唉,老旦那儿还是得顾上几句,要不然她下不去,这里是三人把她扶下去,撑着下去的。

我认为上、下交代是旧戏里一个特别的风格,还应该保持住,有上下场,就想上场的艺术的角度,下场也要钻研。不应该一幕刚来一摆幕就换了一个幕,再重来一下,没有这么下去的。这么一来就把这一门艺术断了,就不想我怎么下,是悲着下,还是乐着下,全都没有了,一亮幕一黑就完了。下场的脚步,艺术的美,全在这里,很久没人研究了。《祝英台》里快到后场门那儿多瞧瞧、难舍难分地下去,就比一亮电灯一灭电灯好。只要保持住,就可以享受好多东西。像《得意缘》的二妈,【导板】上来的,下去的时候也有一种的下法。《汾河湾》下的时候,你看也是背起手来下去,挡脸那么一下,就在那儿想主意去了。把孩子一送下,进窑了,那边一摆幕,就完了,把那个过程简掉了。这个东西比方有四五个动作,或者五六个动作,要排本戏的时候,就会想另外再有动作,就七个、八个继续下去,要把这五六个取消了,那就一个没有了。这里有保存的必要,主要就是下场,下场有好多的动作和表情。

从前就一个换场,全都很有研究。观众今天来听,几个钟头坐在这,你得让他精神。戏园子里有旧的规矩,场面有三场,有打开场的、打中场的、打末场的,换场的时候锣鼓不许断,声响"咣啷咣啷",听戏的也知道这是换场了,他们或上厕所,或者其他什么,赶回来跟着又开心。要是没这个,听戏的不知道哪儿(换场),随时哪一块都可以上厕所,幕一闭,换场也没锣鼓了,也不知道你是大休息还是小休息,不知道什么时候换好了,(台下观众)精神就散下来了、不集中了。所以换场时锣鼓响,中间老是"咣啷咣啷"的,思想就老在戏里,精神就上来了。这些事,不断。什么全是不断,场次不许断,意不断,表情话白不断。

电影是今儿拍个头场,明儿拍悲的那场,过两天翻回来又补快乐的那场。跟在舞台上又不一样,舞台上是一直发展的,悲到什么程度,恨到什么程度,它有层次的。(电影)过了十几天了,又拍了,还在想我那天是什么样的来着?想不出来。(听众:它就不深刻了。)

(听众:这里几个音重复得很好,是有意的重复吧?你是怎么唱的?)

(程砚秋哼唱示范"为缴恶税,哪顾生死"至"婆母儿媳都做了未亡人"一段。)

像这句"婆母儿媳都做了未亡人",周日正想了好几个,弦变了,音变了。到"高堂母老儿年幼",唱出来挺容易的,想的时候挺麻烦的,要把这些字全做上去,想哪点应该用悲的。"这滔天大祸谁存问,索赔的公差又到门,无奈何把亡夫的衣衫来换活命"这几个字也把它弄得清楚起来,单音单字分出来。四声高低非得有那个字,才能唱出来。

像有随有和、有和无随、有随无和的,有随有和的胡琴就有过门了,有随无和没过门。有的是有随无和,比如说《锔大缸》。(示范)胡琴是有随有和的,它要过门、托腔。(听众提问"随""和"的意思,程砚秋解答,"随"是过门,"和"是唱着的时候托腔。)昆曲是有和无随的,就没有过门,一张嘴鼻子就响了,沉痛的、表示悲哀的音多。这也是有规律的。

(示范)"好似当头霹雷震,事急情危不顾身。怀抱娇儿苦哀恳,狗强盗,无人性,抢去了娇儿,把媳妇踢倒在埃尘!"这也是见功夫的唱法,就不应该夹锣鼓了,要连起来唱,没有地方找气口。孩子被抢走,婆婆在后头喊:"媳妇快来!"她是进退两难,是追孩子好,还是顾婆婆好,孩子越来越远,婆婆直叫,病得吐血。这件事把婆婆的明场打开了。外头响嚷,老太太出来叫媳妇,问外面在干吗呢。她整理整理进来了:"婆婆什么事情?""外面干吗这么喧哗呢?""宝琏呢?""看打虎的去了,我到厨下给你做饭。""不饿。"婆婆一听看打虎的急了,说被虎伤了怎么好?张慧珠很难告诉婆婆,就吞吞吐吐地背地掸眼泪。婆婆慢慢站起来了,问她咋哭了。"我没哭。""没哭怎么?"她还是不能说,于是说有公差要钱,她没办法。"你说了半天,我没问你这,是宝琏哪去了?这宝琏哪去了?""公差才起身,门外闹抓丁。抓丁的兵士凶又狠,杀气腾腾带血腥。横行如入无人境,兵书册上有夫名。""有夫名,他已然死了啊!""是呀!他是死了!只为儿夫丧了命,抓住了宝琏抵父亲!"这里袖子就多了。

(听众:"老婆婆你慢动手暂息雷霆"这句整个没有胡琴,到"雷霆"这里才跟过来的,是有意这样做的吗?)

是有意这样做的,这样显得突出,愣住一点更有力量。《祝英台》也有这个设计,但是跟这个是两个意思,两个唱法。《祝英台》里:"爹爹,你看那个梁山伯好不好啊?""我跟你说话,你怎么不理我?""爹爹,你怎么不愿意理我?爹爹!"(示范)"老爹爹,你好狠的心肠!"而《荒山泪》这里是很委屈的,你别再打我了,我冤屈极了。(示范)"老婆婆你慢慢慢动手暂息雷霆",你冤枉我了,我告诉你是怎么回事，这和《祝英台》里音阶跟情感完全不同。

（听众：过去有没有这样处理的？）

过去老生里面有，青衣里没有。老生《金水桥》里也是唱得好为难的意思。我在上海唱24场这个，红极了，连花脸都来【哭头】，包公案里的《铡包勉》也把它安上了。创出一个东西很有意思，采用得多了，什么戏也安上，那是在1953年。

（听众：快打快唱以前有没有？）

这就是快打快唱，（示范）"公差才起身，门外闹抓丁。抓丁的兵士凶又狠，杀气腾腾带血腥。横行如入无人境……"这一段全是快打快唱。

（听众：老戏里头有没有快打快唱？）

老戏里头我想应该有，反正我想的这些老戏里全都有，可我还没发现青衣的热场。你是慢打慢唱、慢打快唱、快打慢唱、快打快唱，一定全都有。

【四平调】"王屋山高不可攀，猛虎出没在其间。乱世人命不如犬，四野悲声哭震天。可叹连年遭战乱"，这里好像心里是很感叹的。这里（电影版）话白剪了好些，有好多小丑的话白也全都剪掉了，将来到台上，还得要把它补上。原本按正常的应该是100分钟正好，但是大家好像希望多唱，一下加出了一个多钟头，于是一个多钟头就变成两个半钟头了，勉勉强强压缩到八刻钟，八刻钟等于多出20分钟来了。不休息在黑暗中看100分钟就正好，这是很有研究的，世界上哪一个国家的影片长短也全是这个时间。所以梅院长（按：指梅兰芳）的影片，头里一段生活（场景）多一点了，显得好像挺长似的，实在的确有道理的，它就超过时间了，大概两个半钟头。聚精会神看影片是很累的，一点也不能放松，神经也是疲乏的，尤其是在黑暗的屋子里头就要困了。现在这个戏压缩到120分钟，两个钟头，也不能够上板唱，上板一过门，那就挺长了，几分钟过去了，所以里边净是【散板】转【快板】。

（听众：所以【散板】转【快板】跟时间有关系？）

还有【二六】转【快板】也是这个意思，同时又把上下场剪接了也全都有关系的。

（听众：电影里表演有没有妨碍？）

当然有妨碍了。电影一限制，就好像有点赶了。比如那里有表情，应当是非常之慢的，但你就不能弄太慢了。按道理应该快的是快的，慢的是慢的，这样出来，就完全合乎剧情。我喜欢看的影片也是，有一次看德国演员詹宁斯演一个影片，是他的爱人故去了，一家人全去到坟上，等由坟上回来屋子里就剩他一个人，他回忆屋子里的一切，看他爱人的相片，完全是就在那儿看，看的时间有好几分钟。那个我觉得还不够一点。看到什么程度？也没有动作，就是在那儿呆看，情绪回忆，时间非常之长。我的心理也跟他心理一样，但是就差那么两秒钟的意思，他就不合我的心理了，他就转变另外一个动作了。这个想得好，可是还跟我心理不一样，他再过去那么一点，再有两秒钟，那就很沉着，和普通的表演方法不同，就合乎我的心理了。但是这完全是费片子，没有动作，就净在那摇了。所以在这回，我还有点顾虑，片子那么宝贵，我就没肯用这样的方法。后来补镜头倒有那么一点，小花脸说："你想着预备钱。"他下了之后，张慧珠就是瞧着他下了，等到第二幕是扶着窗户往外看，也是想的这个过程。这里我就想采用那种方法，不过自己感觉，这样一做，这片子不定又费多少。思想上动摇了，还是节省点片子吧。往窗户外看，心里想象，等慢慢地转回来，意思也是非常之慢的。她想起那位喊"征捐一切"的官，有功升了官了，才慢慢起来，"升官了，升官了"，这个完全是得用冷的场子，但是还不合我自己的意思，起码就得要用像詹宁斯静的方法。但他是静的，站在那不动；这儿是动的，是瞧了之后往回来，回想得要慢。窗户外边"升官了，升官了"，一瞧四壁皆空，什么全都没有了。那个是我心里头的，倒不是导演的了。其余的穿插场子全都是导演的。

演戏是一个舞台实践的经验，拍电影也是。后来我们就了解了，不用你说，我们就明白这个道理了。现在我想起拍旧剧的导演，跟普通的不同，不像话剧一样负完全责任。拍旧剧完全是演员做主，动作、唱腔、表情完全是演员做主，他就是给安步位、别出圈、别出框子、别出画面之类的。慢慢演员知道规律倒容易了，假定要是安工作的话，完成这件事情，大家一起合作商量，那很快就可以拍完。

当然，导演也要培养京剧知识，要多拍上几个。比如，武生一切动作全在腿上，结果不照他腿、步伐，净照上半截的化装，净照了上半身，都是要么瞪眼睛、要么逗眼，看着人不正常，全把长处给抹了。懂得什么地方应该怎么样，就好了。

所以那天我说笑话，有一个人她一瞧刀心里起了变化，于是紧接着慢的动作，摸刀起来，刀拿到手里，"你要再来我跟你拼命"。她到那儿好像特别要露出一下手握刀，特写一个镜头。我说这里跟《醉酒》不同，《醉酒》完全是兰花手指，这里露一手就不好看，伸出手用什么姿势去拿这把刀？这按现实的，还是按象征的？是用兰花手、用蝶指吗？怎么拿也不好看。我说你这要特写的镜头，那不晓得得把这手照得多难看呢，一点也不美。有人还说笑话，"看这是劳动人民的手啊"。劳动人民也得分什么戏，舞台上的美得顾到。你在地下，手怎么去？你是这么去，是那么去，

附录 | 529

都不合理，姿势很难处理，就得平着伸过去，还特为照手的特写镜头！我说这个你们得要考虑，人说"没关系，这是劳动人民的手"，我说你们要是这么个看法，那问题就全解决了。我提出来后，不管他们用不用了，后来我瞧没有那个特写了。

这里头有好多小动作，有的咱们认为很好，他们看着不好，觉得乱了或者是怎么样。但是这上头的镜头是露着一点红，下边等到接的时候，还要露一点红，这就太认真了。她自刎的时候我们自己在台上心里头有数，要是还要露一点红，姿势就不同了，转着就不好往出转了，掉下去了再抓起来，好像连个自刎也得有姿势，还得要近情理。自杀这种小地方看上去不要紧，可你当场来了要让他停，还很轻巧地摆上一个姿势，全都要近情理，一点都不容易。原来我没有这个，临时想怎么样把它过去，或者悠着点来，还得有刀扔在地下，往山上跑，但台上没有，台上当场拿起来摸起就自杀了。还得匀出往山上跑的工夫，里头加乱锤，同时刀掉了，一瞧见刀，乱锤，就得要想把头发放到嘴里头，摸起刀子下去了。这里虽然是小地方，但临时想是很不容易的。当时就这么改，你这要往山上跑，不能糊里糊涂地拿起刀来就跑，是往对面跑，还是往后跑，依然不同，当时的想法就是把甩发拿起来，放嘴里咬住，拿起刀子发现自己下决心不活了，于是往山上跑。

平常的练功、练身段、练水袖全都要练两边的。用功全都要左右的，练水袖也是要左右的，耍枪也是要左右的，一边的容易，左右的练惯了，应付这件事情就占了便宜了。这回的水袖就是，往往是在这边用惯了，忽然改了，方向整相反了，整相反还要把身子翻过来，搁到这边来。这就是临时的，临时翻过来，是不容易的。你平常要是没有这种的练习过程，那这部电影就不晓得浪费多少片子了。这不是事先说的，是临时在棚里说的。

有的导演对戏里关于小细节的地方，他们想的好多是不错的，当然舞台上不经常用，但是我倒觉得很好。比如说，他这儿正要钱，抢过去了，那边抓壮丁来了，一听好像后边有叫我的声音，一瞧，来了好些人，但是逃跑的时候，青衣不知道，就让孩子搀老年人，搀的工夫兵就全来了，这么一来，就把青衣截在这边，把小孩截在那边，这点不错，是导演想的。咱们过去的，又拉，又回来，你再拉，我又再跑回来，就不好看了，没有艺术味，不是舞台上的东西。导演说的是很实在的，那个人跌在那儿，她着急，想要过去，总是人很多。我想这不错，就好像自己的灵机就动了，你这儿一个过来，我这儿一转身，一个身子，我又要过去，又给冲散了，又要过去……这里头就有好几个水袖身段，把水袖的功夫也用上去了。我想这一定好看，这是台上可以用的。平常舞台上就没有这个灵活。当然，他人也多了，平常就是4个手下，这场16个。这就是一个灵机，头一回他说了，咱们就这么做了，我觉得做得很顺溜，很紧凑的。片子总是头一个先看看好不好，等第二个再来。可是演员不是这样，演员抓住规律了，就一下聚精会神地来好了，等换第二个，精神就不如头一个。后头疯了的那场也是这个意思。头一回也真是好，我自己感觉好，他们演员也全认为好，袖子两个抖起来整整齐齐的。就是一个没弄好，导演就说不成。既说不成了，后头叫宝琏的口型也没对上。实在是那个紧凑，一整个的心理、情节，聚精会神的；一说不成，精神就散了，内外不一致了。非得有心里的那股力量才能帮衬着外边的紧凑，你外边再怎么紧凑，心里没有戏，那就不好看。

头一场当时全用的我的衣服，头一场的衣服太华丽了一点，青鞋子上的银线太多了，太突出，银边太宽了，要是再注意一点，把它换素雅一点，就配合了。那时我自己想象着不错，比如说我们想褶子的颜色，当时还想青衣不好看，青鞋子不好看，结果正相反，青衣倒照出来非常之好，所以不能主观。

后面场子也紧凑了，灵堂也改了明场了，补上了一个灵堂在那儿唱，那也不错，你们将来要唱的时候也可以改过来。这也是临时到棚里说的。所以我说为什么大家要研究一下更好呢？就拿把暗场改明场来说，我们彩排的时候还是暗场，等到棚里头，才知道点上蜡、布上灵牌、挂上桌围，改外场了。改外场这么一来，光对不上，又换长桌子。我说你也别去找桌子，找桌子又是一个钟头，全都弄好了，要唱了，再一打光说不合适，太往里了。我说太往里，我可以站在头里唱，站在桌子间唱，就成了，减了好多的时间。这也是当时的一点灵机，你得配合他们，完全是你有什么意思，我来将就你。

（听众：本来他是不准备灵堂，他也是临时准备造一个明场？唱也是在外边唱？）

布置他是那样布置的，完全是在外边唱，布好了灵堂，但事先没告诉我。当时就唱这一段要配音，配音你得带身段，你挺傻的在那儿死唱就不美，连水袖、动作、甩发全得用上去。叫门了，你当然要一惊，这一惊不能像普通的戏一听一发愣就成，非得要袖子、甩发全用上去，表示听外面在叫门，这儿哭得很伤心，在舞台上就得有动作，不能一下就愣了，那就不好看了，身段全都得把它用上。甩发也用上了好多种甩发。哪是用的袖子，哪是用的甩发，哪是怎样自刎的，全都是给演员很好的启示的。自刎也得自刎得好看，死也得死得好看，舞台的东西得要弄出美来。

（听众：灵堂的甩发怎么用的？）

灵堂那儿就是连甩发一下全都齐了，帮助表演，不是这么一下就够了，尤其又在前边，唱的一大段，又挺慢的，要在后台完全是唱情绪了，一个人在哭婆婆，这摆在明场，就要动了，不是静的了，"哭婆婆，哭得我泪如雨下"，不能呆板地在那里。虽然现在就是配口型，但是配口型就得想方法，我哪点是怎么样的。后来他说要往后（挪），当时（身段）全用不出来了，你就靠那桌边了，你要是离开一点儿，不成了，要换桌子，换成窄条桌子，不要那么宽。它是一个长桌前头有一个八仙桌，摆着好些东西，就是八仙桌碍事了，想要换一个窄一点的。我说你什么也不用动，你主要就是为了照人，那我站出去，站出去也可以在桌子当中，也可以站这半拉多一点，那就照上这个人了。你身子还靠着桌子，你还得唱，还得注意高低，脸上还得要动，眼睛还要动，同时身上还得要活。这种东西当时是临时来的，不是事先说好怎么样的，演员要是没有经验，就那一场都不晓得要拍多少天。

要钱的那俩人进来，要在台上，那是一边一个的。（张慧珠）钱财让你们取光了，穿上富贵衣了，完后这边一瞧，这边一瞧，你们又干嘛来了？我们还是要钱。尤其这个左右的眼神，也是詹宁斯那种的意思。这个瞧的眼神慢极了，心理和情形是很复杂的，表示心里头很憎恨他们，语气不像以前，什么全是忍耐，只要我们一家过个太平日子就得了，她什么全没了，心理全变了，那就不客气了。那天，他把俩人全搁在这边了，这么一改，（原本）两边都是有身段的，这里头袖子也很多，问题就多了，用不上了，你得另外再想法子。这回全都冲右边的，全给改过来了。后来，我在家也不想，去棚里再说吧。把这距离一切站好了之后，你们在那儿对光，我上一边去想动作。临时想动作，这是顶不容易的一件事。

（听众：他们为什么不让放两边，放两边有什么不好呢？）

恐怕他们还要考虑照的时候便利不便利，搁在一块方便剪接。这回我完全尊重导演，一点主意也没出，你说怎么样，我就照你这么来，唱腔、动作是我的事。布景、设计、剪裁、站法完全不是台上的规矩，他就是大家一场戏，比如五六个人在一块，站法也不一样，舞台上咱们必须全，要让大家看，电影完全是分散着，这也跟舞台上不同。

这一类的地方很多，比如《盼夫》那场，平常我们就不用这个，"听三更真个到月明人静"，外边刮风了，"猛听得窗儿外似有人行"，以为他们回来了，要是在舞台上，"诶，回来了吗？"俩人很高兴地跟着，过门就到"忙移步隔花荫留神觑定"。电影里是好像听见了，得要跑两步，开门再一看，还往远处看，看没有人。"哦！原来是秋风起扫叶之声"，接着跑，他说这地方顶好跑两步，你说青衣怎么跑？青衣还要跑两步出去，你要不跑，他点出来了，那咱们就得跑出两步。同时，跑出去了，唱完了，一瞧低头："原来是秋风起扫叶之声。"这里的袖子代替"扫叶之声"。平常台上不大特意用，这时候全都很显然地让人看清楚了，这是形容的"秋风起扫叶之声"。导演他们倒都很满意，说美极了，我说你们说美极了那就真美极了。他说了，你就得要来，那来不上来，那多难为情。他说，你先跑一个我瞧瞧，那怎么跑？你得用什么样的方法跑，青衣还得带出妆容，还不能很轻佻，不能像普通的跑法。青衣没有这种小步，这种小动作青衣很少用，除了《戏凤》之类的，用什么态度什么脚步，这就是演员去想了。不能过火，还得做开门的姿势，还得做出去跑。

我觉得很有意思，感觉跟舞台两样，舞台上多大的地方，想什么动作就怎么来，现在电影就是一个小方块，跟照相机似的，就在那个画里，就在里头画上几个点，动作、水袖、表情全在里头，限制得太厉害了，所以演员的见机而动必须要有。后头《装疯》一场，添了一个圆场，就是长圆形的，最后来的，为什么要来这么一个身段呢？不是像芭蕾舞似的来一个，

那也有原因的。张慧珠疯了，瞧见儿子、丈夫了，就追到王屋山边，追花眼了，瞧儿子和丈夫又像在后边，又像在前头，是这么一个身段。那天本来来得挺好的，可是褶子上扣着的东西飘带起来了，在后边好难看，第二场照才成了。假定预先要是多考虑一下，还有方法的，就一点毛病也没有，可以整个甩过来，然后再回来。可大家等着你拍呢，你就得自己想法子，就把重的在前，后头留一点。假如要完全尽善尽美，就可以全撩到前头来了，将来演戏可以这么演，也是一个身段。《长坂坡》《江油关》里有这种身子，你看着这些身段也没有什么，但是想的时候，那很费事。

昨天我瞧《八郎探母》挺好，《八郎探母》是不是旧有的，还是又整理过了？

（听众：这是旧有的。）

那是了不得。

[听众：张根（音）他父亲是山西文史馆馆长，原来是个诗人，这是个老专家，七十多岁。他是蒲州人。]

他写的《探母》分析得也挺好。你像这么些文章，还没一个像他可以指出建设性意见的，这就对了，就给人家启发。不是骂得狗血喷头、一钱不值的，人们也不知道怎么了。尤其是演员，你这一说，就可以得到启发，后头就可以改了。

（听众：有人专门家里写剧本，写了26本，都出

本了，演员都不演，说绝对不演出，您戏写得挺好，我就是不演。）

你看哪有演员不喜欢剧本呢，剧本对于演员比房契还重要，比珍珠宝贝还重要，有一好剧本，哪有不接受的？他就没法接受，一个演员演出来，里头得有东西，剧本得是一个剧本。剧本是死的，演员是活的，你得把人家的东西发挥出来。要是演员全都发挥不出来，全被限制住了，老在那死唱【慢板】，再不留身段余地的就不好。好多思想斗争这类东西，就像《周仁回府》之类的，要写起来哪有词？《回府》扔纱帽思想斗争的时候，又捡起来又扔又踢，差不多能有20分钟，人民就是要看这样的东西，净看你在这背书本，那看什么大劲？

（台下有听众提到曲艺剧的问题。）

曲艺要有人帮助他们。什么原因呢？曲艺原来的调子就是复杂的，各种的牌子多，就跟京剧似的。大家全都怕难，其实要是合作的话，演员会处理，哪点应当唱单弦，哪点应当唱什么。有一次我听曹宝禄他们演，我觉得处理得好，他们也来【导板】，旁边的【梅花调】全可以安上去。评剧就是一个上下句，只有现在丰富起来了。曲艺原来就有这么多东西，要帮助他们绝处逢生，《杨乃武》连做带唱还是那个调子，不是挺好吗？

（听众：有一个男演员，甚至现在有50岁了，他在蒲州梆子里也是一位有名的好演员，长得好，但是我们听他唱了两次，他就是没有身段，不会做，就是坐这唱，但是唱得非常好。他没有见过程院长，他说他就买唱片，他在山西晋南一带的县里也演得很苦了，也买不起，他就是没有见过，他说我就是攒钱，就是买程院长的片子。）

将来有机会见面说一说，这帮助太大了。过去是那样的，青衣就是捂着肚子，我们学的时候，刀马是刀马，青衣只要你有嗓子，不管身段，就捂着肚子在那唱。《二进宫》连动也不动。王校长（按：指王瑶卿）的号召，把青衣和刀马合二为一了，打破了界限，比如说《银空山》《金猛关》《樊江关》。后来王校长声望、地位也够了，唱《银空山》的时候，他在前面唱，唱第四、第五的，陈德霖先生比他资格老一点就唱第六、第七的。后来陈先生倒了嗓子，就让他替代，他就有条件，替代可以，可是我替一个，这就得算我的，不给人打补子。我要替了你们这出戏，就算是我唱，有这么个条件。后来陈先生的嗓子始终没恢复，就叫他替代去了，是这么动起来的，不然青衣哪敢动。

（听众：他也着急，他唱那么好，不会动，动不了。）

所以我给学生说脚步，我说你们别看得太普通了，得摸索得准确了，于自己有收获。要是普通人，你老让他走脚步，他就腻了，他不知道这里头的奥妙，台上的活动全在脚步上，你走得腿也不酸了，脚腕子也不疼了，在台上跟飞似的，这么胖也是。跑多少个圆场，咱们就跑吧，跑圆场还得要跑出好儿来，也不能跑得上上下下越跑越累。比如说《青霜剑》就是，【导板】完了一下就是四五个圆场，要跑出好来儿，一亮住，跟着就唱。要是你跑了那么远，没有方法，跑得喘还要唱，那当然累，气当然是不匀了。

越剧的傅全香就是爱看我的戏，要不怎么说是（越剧的）"程派"的。在上海，她看《春闺梦》这个戏，看里面好多的动作、脚步。

尤其现在女角儿的水袖，这上去得有一个美，下去也得有一个美。现在她们下去的时候，就往后一背，一阵风地下去了，那在后边一瞧好难看，甩袖又长，也不利落，脚步也瞧不着，"噌"就下去了，现在女角儿全是这样的，搭着一大片白就这么下去了。为什么要锣鼓打上来，锣鼓打下去，就是要让你走出姿势，让人瞧瞧后边的袖子是怎样干净利落。像《汾河湾》《得意缘》下去全都要走出姿势来，这最要紧。你掌握住水袖了，那就是你要怎么下就怎么下。这回《荒山泪》也是，脚步一走上，全是一样一边平，虽然走那么长，怎么变化？她那个裙子都是一点一点踢起来似的。《锁麟囊》，挺大的一个场景下了，就两

个丫头搀着小姐走下去，你要走出好看来。咱们在上海，他们特意上楼上看脚步怎么回事。这就是什么都没动，就走进后台去了，全是一起一伏、一起一伏，那还算脚步吗？（脚步）尤其是要端庄流利，你让脚腕活动了，就流利了。

（听众提到裘盛戎的花脸戏。）

花脸出来非得雄壮，让人害怕，一唱一换气，挺美，那是花脸。说我唱得挺媚，那还是花脸吗？那是老生的事，那不是花脸。花脸就是要雄壮。裘盛戎的确是掌握着呼吸的，要不然他就没法唱。主要就是主气，本身没有气力，本钱不足，净借外债，那不管事。

曾经老辈的自己就要强，就说河北的许德义先生，唱《收关胜》，比如是三四张桌子地翻下来，你那儿唱《收关胜》摆三张，那我就摆四张，花脸还跟花脸较劲呢，为什么我不如你，你三张我就四张，这一瞧四张了，那又摆五张，就那么竞争，谁也不让谁。他没那么练过，就愣这么来，好像会三张了，心想着四张五张，那就是拼命。你那么唱，我就要得这么唱，你能唱上去了，我比你唱得还要高，是这么竞争的。现在哪是竞争啊，好像全都累松了。自己先把自己瞧小了，我先对自己客气点吧。像盖叫天先生腿摔折了还接上了能再来，不成我再重接。今天有的演员刚有

四、说《宝莲灯》[1]

点伤风就请假了，什么就不干了，歇两天吧。

新的运动一直就喊打倒旧剧，又经过解放之后，又有一阵子要打倒旧剧，旧剧就没被打倒，是什么原因呢？就是祖先给留下的这份遗产是太宝贵了。可是你现在不懂得，说这也不好那也不好，那是你自己毁你的财产，你自己先不宝贝了。

青年演员，要我说，你去多练练去吧，这里头好处多。他们要是说，你得头奖，我也没得二奖，我没受那个罪我也得头奖了，这就坏了。

好，开始吧，孩子。

（学生齐唱，后程砚秋示范）"后堂内来了我王氏桂英，站立在屏风后侧耳听，他父子因何故大放悲声？"

为什么要这样唱？就是为了吸进一口气来。"堂"又上去一个音，这样就好听了，这也是一个腔。"因何故"三字得往上收，不收没力，也缓不出去。"因何故大放"，这里头没有小的刚音，不要来双的。【二黄】里"悲"是立音，"悲"字的音也得挑起来，带一点就好听。你们两个记着，不管是唱高的还是唱低的，腔是要往上去，就得收着最高的那个音。"因何故"，虽然不把它唱清楚，但是意思得到那儿。这里胡琴拉出来了，他是拉双的补咱们单的。后面的是胡琴的，不能把胡琴的唱出来。但是有的时候又要唱一下，得分什么意思，这里不是悲剧，王氏还是大大方方出来的。王氏刚出来找她老爷谈话来了，能悲悲惨惨地出来吗？这就不对了。这里和《鸳鸯冢》还不一样，《鸳鸯冢》一出来就要请人给她写信，人老不给写，自己又有病，唱的时候非得有点悲音。这里就不成，虽然还是那个腔，但是有变化。这里

---

[1] 本节的录音原题为《程砚秋同志在戏曲学校教课——说〈宝莲灯〉》，整理编辑时略做调整。录音主要内容为程砚秋教授学生《宝莲灯》唱段，有大量程砚秋表演、示范，学生跟唱的内容，笔者在文中用括号标出。录音中还有程砚秋教授《玉堂春》部分念白的片段。

"悲声"要缓足了气，不要非得到底，让听众觉得这气真足。应该吸足一口气，吸进去、慢慢地呼出去。"声"字这里得换好几口气，气口得把它压出去，才能透进一口气，得有力量才能吸进这口气，不用力就吸不进。记着把音立起来，不要横着出去。胡琴和咱们的唱法是不同的，胡琴双的部分是补咱们单的不足的，不要把它唱出来，这是胡琴的声。咱们唱单的，胡琴拉双的；有时候咱们要是唱双的，胡琴就要撤几个字，要不然全挂在一块儿，这也是不同。"后堂内"，好听不好听就在这里。你不掌握住这个，将来有好多快唱就唱不了。

像《牧羊圈》，（学生唱，后程砚秋示范）"有贫妇跪席棚泪流满面，尊一声二将爷细听我言。可怜我有八十岁的婆婆她三餐未曾用饭，眼见得就饿死在那那那席棚外边"。

这段完全就是靠嘴和立音唱出来。是"边"（示范），你那么唱，"边"都不成为"边"了。"边"，声音要搁那儿，这也是练嘴上。这段毕竟节奏紧张，锣鼓也得敲得快。慢慢脑子里就有了，将来也就能成了，这个立音也是普通人没有的。为什么能唱出劲头来？就是因为有立音，所以音必须要立起来。"有贫妇跪席棚泪流满面"，这里头全是上口字；"尊一声二将爷"，必须得换点音；下两句上口字、尖团字全都

有了。嘴上没力量，"未"字就出不来。

再唱"后堂内"这段，记着竖起来的音，不要平着出。"后"，一开始唱的时候，好像觉得慢，等你把它唱准了，也有一个方法，不是我就这么慢下去了，但是学的时候要慢一点，要把它弄准确了。让快一点是怎么样？要给打鼓的、拉胡琴的标点。假如我唱得快了，不舒服了，不对了，就要让打鼓的、胡琴的知道这个意思了，到时候快了就慢一下，慢了就快一下，灵活掌握，这就是跟外国戏剧不同的地方。让快就快，主要依据剧情合理，不是一慢就慢半截，该快的时候也这么慢，就不对，就把剧情唱没了。"内"，一定要归音，只要是往上去的音，就要送到底，不要听胡琴拉就跟着下去了。"后堂内来了我王氏"，这里换一个口气，在音里偷一口气。"桂英"二字，要注意嘴型好不好看、美不美，"英"平，要记住这一个字的嘴，不能乱动，乱动，台底下看着多难看。要是腔唱得复杂了，那毛病更多了，你也掌握不住。今天，上海有一位演员，后来腔复杂了，他找这个字，拿着牙咬字发音，好难看。是拿嗓子控制，不能拿牙咬，一咬字，意思也断了，音也断了。腔是在嗓子里头，唱多少还是要在嗓子里转出来。"站立在"，要想着把音立起来，不要这么出去。"屏风后侧耳听"的"侧耳听"这里应该把音放出一点来，不要那么平着，越来，音越

出去了，应该把它放出来。"他父子"要很大方、很自然地唱，不是卖唱，"我唱得多好"，不是，要配合心理、意思、动作去唱。大家唱得比前面好多了，特别要注意"我"是一个气口。这样唱（示范）"因何故"，字也灵活了，又换了气，气也不憋着了，这是呼吸时最要紧的。"大放悲声"的"声"还是在那转，绕着弯。"后堂内来了我"，这个腔好像绕着一个圈，这次就有力量。"屏风后"，这句唱得拙了一点，不要拙，要自然。"他父子因何故大放悲声"，腔也没有唱错，没有重字，没有高低音，意思对，不要唱拙了、唱梗了，力要在里边，不要把外形露出来。

（学生唱，程砚秋示范）"莫不是二奴才不听教训，有道是子不教不能够成人。"

这字得把它归音，"莫不是"，这里有一个撇音，"二奴才"的"才"要收着音，头要轻一点。这是唱腔最要紧，一点也不能放松的。"不听"二字，不把它收住就不好听。"成人"，跟打个圆圈似的，一定要收住，全都要收到鼻子里头。"成"，不压出去的话就普普通通的了，是拿着鼻子发声，多了也不成，要有节奏、有力量。

（示范）"莫不是罗州正堂嫌官小？少不得在品级台前步步高升。这不是来那不是，莫不是二奴才打伤人？"

"莫不是二奴才"的"才"应这样，这是最简单的。"打伤人"就不能慢，必须要快一点。以后还有唱长腔的时候，这种地方要把它控制住，不控制住以后就不能唱，然后要缓两口气。"步步高升"的"升"字要收，下拉字也要顺着拉。"莫不是"，又是这个毛病，不能随便换气。"打伤人"中的"人"，这样嘴型和声音全对了，唱的时候嘴不能乱动乱变，忽然张开了，忽然要瞪眼了，不成立！一个字一个音，不许拿嘴型找字音，那在舞台上多难看！这是毛病，全不能要。"人""嫌官小"，这些高的字不要那么直声豪气。

（示范）"听说是二娇儿打伤人，悠悠头上走三魂。急忙我把老爷问，老爷，哪个奴才（你）打死人？"

"听说是二娇儿打伤人"，这个就不能换气了，怎么没力气了也不能在这儿换气，这是最忌讳的，换气不能随便换气。这里的"悠"字特别不好唱。"哪个奴才打死人"，等到台上唱的时候要收。

（教《玉堂春》念白、学生跟念）："犯妇有话，未曾回应。启禀都天大人，犯妇之罪，并非自己所为，乃皮氏大娘，银钱多了，将犯妇买成一行死罪。临行起解之时，监中有一良人不服，替犯妇诉下伸冤大状，又恐皮氏搜去，因此藏在行枷之内。望都天大人，开一线之恩，当着布按二位大人，当堂劈纽开枷，哎呀，大人啊，犯妇纵死黄泉，也得瞑目了。都天大人容禀。"

"禀"，听着挺响的，忽然不响了，就会引起观众注意，这个就要嗓子控制。（示范）"苦哇"，这就立起来的音，挺响的。（示范）"苦哇"，不响的比响的力费劲。你们早上练这个，完全是嘴上的力量，一个字一个字练清楚、练真着了，你看你练不下一段嘴就酸了，酸了不用管，声也差了，嗓子也坏了，不用管，休息5分钟之后再练，就变样了。要是天天这样子，就不酸了，就跟练脚步似的，练20分钟就酸，要是明天唱两个半钟头的戏呢？就是你把这酸劲过去了，慢慢再恢复回来，脚步就成功了。咱们这段话练得嘴不酸了，就省力了。"千金话白四两唱"就是这样，"千金话白"就是话白念得咬字清楚、嘴上不费劲，再唱起来就容易极了，就成"四两"了，就省劲了。要是不经过这个阶段，那就唱得很累，念一段按道理是不喘气的，现在他们全喘气，可见功夫。

再唱"二奴才"。（示范）"莫不是二奴才不听教训，有道是子不教不能够成人。"要把慢的掌握住，再来快的；一开始就快，那慢的就不成。快的唱慢了，这就费力了，就不容易掌握了。

（示范）"老爷家法付奴手，二堂难坏王桂英。走向前把沉香问，（沉香）哪个奴才打死人？适才打了沉香子，老爷一旁发恨深。撇下沉香我不问，再把秋儿他问一声。"我才打了、适才打了，这两个哪个好？

（示范）"老爷一旁把话论，句句说奴是两样的心！也罢，硬着心肠将儿打，打在儿身痛娘的心。"

这段不能随便换气，锣鼓不要舍不得。"痛娘的心"的"心"不要过火，要很含蓄。这什么原因呢？这是在嗓子里头转，不是嘴上的。可是也不能完全把它收回去，（示范）"痛娘的心"，已经出不来了，转腔要是完全拿气息就转不出声音了。不能收回去，也不能完全放出来，要控制有收有放。"撇下沉香"，这里四个字是四个音，"再把秋儿他问一声"的"声"字就不要唱高了。

"娘""当堂劈枷开枷"，可以练这些。这些非练不可，将来是越多越难唱，为什么"枷"要那么切出来了？未来唱《审头刺汤》，里头有"一家大小发配出京"，要没有jia音，将来唱"一家大小"就全完了，要是不弄好切音，就会越唱越低。所以后来王佩臣就唱不了，没人给他说了，就拿牙就腔了。这不成，非得喉咙里用力。

"当堂劈枷开枷"，这字全是难练的，可是你把它们全练熟了，就成了。练功的时候不用管嘴型，就是要纠正字，等唱的时候贴上片子，自然有一点就够了。练的是十分的，要把字全都放足，你这么练了，但是到台上自然又没有十分了。"当堂劈枷开枷"要练这句话，不管好听不好听，念劈了也不管，差了音也不管，念不下来了也不管。念过一半，再休息两三分钟；再念，就比头一遍好了；要是再休息一分钟，再练；有这么半个月就成功了，成功你再唱。咬字，要是想拿唱把这个字对准了，是不可能的，不可能凭唱改成这个字，要唱快的又得一套功夫。咱们字多了，十个字一句的，完全拿嘴皮子把各种字带出来。那这怎么练呢？这重练过一回。可是这基本是连带唱配合着一块儿，私下用功。李少春说把嗓子横力唱是立音。（示范）"当堂劈枊开枷"，这是立音，（示范）"当堂劈枊开枷"，这是横音。

后记

2024年是中国艺术研究院的前身中国戏曲研究院建院早期的梅兰芳院长诞辰130周年、程砚秋副院长诞辰120周年，2025年是周信芳副院长诞辰130周年，他们是中国京剧艺术大师，更是中国戏曲艺术体系、理论体系的重要建构者。承续此前编撰《梅兰芳画传》《张庚画传》《郭汉城画传》成功立项的创意，戏曲研究所策划《周信芳画传》《程砚秋画传》的图片编辑和评传写作，以期更加全面地展示中国艺术研究院的艺术传统和学术传统。

早在新世纪之初，为了纪念程砚秋先生诞辰100周年，中国艺术研究院戏曲研究所就曾利用本院所藏，编撰过《京剧大师程砚秋》，该项成果后来获得第一届中国出版政府奖提名奖。20年来，程砚秋研究也不断地取得推进，《程砚秋画传》即在此基础上，广泛吸取此前研究成果，力图进一步深化对程砚秋先生艺术、文化的认知。画传编撰工作在2023年即已开始酝酿，2024年元月即着手申报中国艺术研究院基本科研业务费资助项目，同时联络沟通相关编撰事宜，并于1月24日举行沟通会议。戏曲研究所所长王馗组织中国京剧程派艺术研究会程受珩会长、曹川秘书长，戏曲研究所郑雷副所长、孙红侠研究员、李玲研究员，中国艺术研究院艺术与文献馆刘晓辉研究员，文化艺术出版社王红总编辑、刘颖、李梦希一起召开课题启动沟通会，分配相关工作。根据分工，孙红侠负责《程砚秋评传》的写作，并以之作为画传的导语总述；李玲负责编辑程砚秋图片和相关文字说明，以此作为以图证史的主体部分，涉及中国艺术研究院收藏的相关图片由刘晓辉遴选把关；年谱由程受珩、曹川根据此前已经完成的年谱进行整理，由郑雷协助最后的统筹修订；文化艺术出版社的领导和责编全程参与，对工作进度和整体工作给予协助。由此，评传、画传、年谱构成相互呼应、相互阐发的结构形式。

在所有编撰人员的群里，画传参与者不时地对图片、文字、文献、史实、研究成果等进行深入讨论，程砚秋先生家属后人程受珩、曹川一直给予热情支持和配合。至5月27日，孙红侠完成评传初稿，王馗、郑雷以及《戏曲研究》编辑部同事进行了审核，孙红侠根据意见和建议，进行了修订提升。同时，经过协调，中国艺术研究院艺术与文献馆保存的程砚秋20世纪50年代的多段录音资料，也委托国家京剧院韩雨晴进行整理。6月21日，王馗组织画传的编撰会议，对李玲完成的图片工作、孙红侠完成的评传定稿、郑雷协助程受珩修订的年谱等相关部分，进行审定，画传进入又一次的提升修订中。至7月中下旬，王馗、郑雷与责任编辑在文化艺术出版社逐张审核图文资料，该项工作一直延续到8月初。

在这个过程中，王馗与《菊圃钩沉——北平中华戏曲专科学校谈往录》的编撰者刘连伦先生取得联系，沟通其中与中华戏校相关的照片授权事宜；与《粉墨留真——聚焦美丽的京剧》的作者吴钢先生取得联系，沟通其中所涉程砚秋照片授权事宜，并且意外得知身在巴黎的程砚秋后人保存的旧藏，通过吴钢先生沟通联络，获得程砚秋戏衣照片多帧，该项工作一直延续到8月中旬完成；与黄金龙先生取得联系，由此获得杜颖陶先生之女杜洙女士授权的杜颖陶照片一帧；与翁偶虹先生之徒张景山先生取得联系，沟通翁偶虹、程砚秋相关图片的授权事宜。另外，责编李梦希亦与收藏家路增远先生取得联系，沟通程砚秋相关书画资料图片等授权事宜；与封至模家属封山先生取得联系，获得程砚秋与西安相关照片。

画传主编周庆富院长一直关注课题的进展，同时尽力解决课题推进中遇到的相关问题，成书之际，亲自撰写序文，并对编撰委员和相关文字进行了细致的把关；中国艺术研究院科研处、财务处、艺术与文献馆、后勤保卫处等单位付出了重要的努力，《程砚秋画传》科研立项、合同招标、资料使用等工作都融入了这些部门的协助和支持；《戏曲研究》编辑部对评传、程砚秋录音整理等文献进行学术把关，设立专栏进行发表。整个出版过程中，文化艺术出版社组织了专业严谨的编辑队伍，责编刘颖、赵吉平、李梦希，美编赵矗对画传的排版设计、图文内容进行了细致的编辑校对，在出版印行之际，文化艺术出版社和课题组邀请赵景勃先生、吴新苗老师、张静老师对图文进行审校，以保证画传对程砚秋先生生平与艺术介绍的准确和完美，同时重点对相关图片授权事宜进行协调；王馗约请新疆艺术剧院木卡姆艺术团地力下提·帕尔哈提团长审校程砚秋在新疆的照片，李玲协同中国京剧程派艺术研究会的杨明喆老师辨识相关图文信息。这些工作都为该画传所涉图文的准确，付出了努力。

编撰《程砚秋画传》的过程，是深入整理程砚秋先生艺术档案的过程，也是学习研究程砚秋先生及其艺术的过程。程砚秋先生在1949年中华人民共和国成立之后不久，就开始进行戏曲调研，并且成为中国戏曲研究院创院副院长，其调研成果也为中国艺术研究院戏曲学科建设提供了重要规范，对中国艺术研究院艺术、学术和教育工作产生了重要的影响，他的艺术经验和艺德品格深深浸润了中国艺术研究院73年的学术传统。这本画传对程砚秋先生的一生进行的回顾总结，让今天的研究人员对中国戏曲艺术体系、中国戏曲理论体系建设的方向与规律有了更加充分的把握和鲜明的认知。由于编撰时间仓促，错误和疏漏在所难免，敬候各位方家批评指正。

中国艺术研究院戏曲研究所《程砚秋画传》课题组

2024年9月6日